KB119876

어쩌다 한국은

어쩌다 한국은

우리의 절망은 어떻게 만들어졌나

박성호 지음

로고폴리스
LOGO POLIS

저는 '이승 의견가'입니다.

사실 '의견가'라는 말은 제가 만든 게 아닙니다. 대중음악 평론가 서정민갑 씨가 스스로를 일컬어 평론가가 아닌 '의견가'라고 한 것을 보고 크게 공감해 무단으로 따라 써본 것입니다. 서정민갑 씨가 음악 분야에 한정해서 이 명칭을 쓰고 있다면, 저는 그것을 이승으로 확대했습니다. 네, 저승 말고 이승, 그 이승이 맞습니다. 평론가라면 전문성을 토대로 한 권위가 있어야겠죠. 저에게 그런 권위는 없습니다. 다만 저만의 시각으로 세상사를 관찰해 의견을 낼 따름입니다. 그래서 의견가입니다.

저는 유달리 호기심이 강한 사람입니다. 이 세상이 어떻게 움직이는지, 더 좋은 방향으로 달라질 방법은 없는지, 고통받는 사람들이 있다면 그들의 고통은 어디에서 온 것인지, 그리고 그 문제를 해결할 방법은 없는지, 그 모든 것이 궁금합니다. 한번 궁금증이 발동하면 바닥까지 조사합니다. 책을 읽고 뉴스를 검색하고 어떤 때는 직접 이야기를 들어 보기 위해 관련자들을 찾아 나섭니다. 그러다 보면 서로 상관없어 보이는 분야에서 일어나는 일들 사이에 깊은 연관 관계가 있다는 사실을 발견하기도 하고, 어떤 일이 왜 시작되었으며 어떤 과정을 거쳐 지금에 이르게 됐는지 그 '맥락'을 이해하기도 합니다. 그렇게 이해한 맥락을 저와 같은 세상을 살아가고 있는 사람들과 나누고 싶었고, 그 일이 직업이 됐습니다. 이 작은 책은 합정동 '빨간책방'에서 진행한 여덟 차례의 강연에 바탕을 둔 것으로, 몇 년 동안 호기심과 성실함으로 우리 사회를 돌아본 일종의 관찰기입니다.

인터넷상에서 흔히 쓰는 속어 가운데 '떡밥'이라는 게 있습니다. 떡밥은 본래 낚시할 때 쓰는 미끼의 하나인데, '사람들의 관심을 끌기 위해 내거는 흥미로운 주제'라는 뜻으로 쓰기도 합니다. 한때 인터넷상에 떠도는 수많은 떡밥을 상대해온 '키보드 워리어'로서, 그 떡밥들 가운데 자주 거론되고 우리 사회를 이해하는 데 도움이 될 만한 것을 중심으로 한국 사회의 여러 문제를 정리해볼 수 있겠다고 생각했습니다. 그 떡밥들을 노동, 역사, 정치, 언론, 종교, 교육, 국방, 미래 등 사회 전반을 아우르는 주제들로 묶어 풀어봤습니다. 각각 한 권의 책으로 다루어도 모자라겠지만, 한 가지 주제를 충실히 다루기보다 동떨어진 듯 보이는 분야에서 벌어지는 일들이 어떻게 서로 얽혀서 지금의 우리 사회를 만들었는지를 먼저 보여주고 싶었습니다.

이 책에서 다루는 내용은 벌써 많은 독자분들이 알고 있으리라 생각합니다. 또한 당연히 그래야 하고요. 그러나 단편적인 사실을 아는 것만으로 한 사회를 이해하기는 힘듭니다. 개별적인 문제들이 서로 얽히고설켜 끊임없이 새로운 문제를 낳고, 우리의 미래를 어둡게 만들기 때문입니다. 따라서 이승 전체를 관통해서 그 모든 문제들을 조망할 수 있어야 합니다. 이 책이 그려 보인 맥락을 따라 각각의 주제 아래 다루어진 문제들을 더 깊고 광범위하게 탐구해보길 권합니다. 그러다 보면 '어쩌다 한국은' 이런 나라가 돼버렸는지, 자기만의 해답을 구할 수 있을 것입니다. 그럼으로써 이 책이 우리 사회의 변화를 위한 작은 밑거름이 된다면 참 좋겠습니다.

주로 인터넷상에서 활동하는 사람에게 수많은 청중과 만날 수 있는 소중한 자리를 만들어주고, 그 내용을 책으로 엮어주신 로고폴리스 출판사에 감사합니다. 또한 강연 원고를 준비하고 그 원고를 다시 책으로 편집하는 동안 조언을 아끼지 않았던 가족들과, 우연한 기회에 가족이 되어 이제는 우리 집 대장인 양 뻔뻔하게 잘 살고 있는 강아지 탱구에게도 고맙다는 말을 전합니다.

감사합니다.

2015년 11월

박성호

차례

3강 정치 – 권력욕이 망가뜨린 헌정 질서

4강 언론 – 조폭 언론의 날개 없는 추락

5강 종교─양심을 버리고 권력을 택하다

6강 교육─돈과 권력의 인질이 된 학교

7강 국방—우리가 자주 국방이 안 되는 이유

8강 미래—선택은 우리에게 달려 있다

1강

노동

우리의 일자리는 어디로 사라지는가

기술 발전과
노동환경의 변화

인터넷을 떠도는 수많은 '떡밥' 중에서 제가 처음으로 고른 떡밥, 그리고 가장 중요하다고 생각하는 떡밥은 노동입니다. 실제로 저는 온갖 사회문제의 핵심에는 노동문제가 있다고 생각합니다. 노동이라는 말을 꺼내면 사람들은 대부분 노조나 파업 같은 노동계 현안에 대한 이야기라고 생각하죠. 하지만 그런 부분은 노동문제 가운데 극히 일부에 지나지 않습니다.

노동문제는 인류의 생존이 걸린 문제입니다. 사실 인류의 역사는 곧 노동환경 변화의 역사라고 할 수 있거든요. 그런 이유로 노동을 중요하게 생각하는 거지, 민주노총에서 일하시는 정호희 씨를 존경하고 그분과 친해서 그런 건 절대 아닙니다.(웃음)

노동환경 변화에 가장 큰 영향을 끼친 것은 기술의 발전입니다. 기술이 발전하면 사람이 노동하는 환경이 바뀝니다. 원시시대 인류는 수렵과 채집을 기반으로 하는 노동환경에서 생존해야 했습니다. 그러다 어느 순간 도구가 발명되면서 인류 역사는 진보하기 시작합니다. 기술의 발전은 인류 역사에서 노동뿐 아니라 매우 광범위한 영역에 영향을 끼쳤습니다. 문화도 종교도 예술도 모두 기술 발전의 영향을 받았습니다. 그러나 그중에서도 가장 큰 영향을 받은 것은 역시 노동환경이라고 생각합니다.

노동문제는 아무리 강조해도 부족할 만큼 중요한데, 인간 생존에 필요한 삶의 기반이 바로 노동이기 때문입니다. 노동문제를 단순히 돈 문제로 환원할 순 없습니다. 노동을 하고, 노동의 대가로 돈을 받고 하는 풍경은 근대에 와서 생긴 거죠. 사실 인간이 생존을 위해서 하는 모든 행동이 노동이잖아요. 인간에게 필요한 가치를 생산하는 모든 과정이 전부 노동이라는 뜻입니다.

역사적으로 기술 발전이 노동환경을 변화시켜온 과정을 쭉 훑어보면 아주 명확한 하나의 방향이 보입니다. 우리 인류가 역사를 기록한 이래 기술은 항상 생산성이 향상하는 방향으로 발전해왔다는 것입니다. 생산성이란 사람이 일정 시간 동안 노동해서 만들어내는 가치를 수치화한 것입니다. 같은 시간 동안 노동해서 더 많은 가치를 만들어내면 생산성이 높아진 겁니다. 또한 똑같은 것을 만들기 위해서 옛날에는 10시간이 필요했는데 지금은 5시간이면 된다, 이런 경우도 생산성이 향상된 거죠.

인류는 아주 오래전 불을 발견했습니다. 불은 몸을 따뜻하게 하고 날고기를 익히는 데도 사용되지만, 기술적인 관점에서는 도구를 만드는 원초적인 수단이 됩니다. 인류는 불로 광석을 녹여 금속을 뽑아낸 다음, 그 금속으로 도구를 만들었습니다. 금속성 도구가 제작되면서 인류의 생산성은 비약적으로 높아졌습니다. 나무쟁기로 밭을 갈 때보다 청동쟁기로 갈 때 생산성은 비교할 수 없을 만큼 좋아졌고, 청동쟁기로 갈 때보다 철쟁기로 갈 때 더 크게 향상됐을 겁니다. 바퀴가 발명되었을 때도 마찬가지였습니다. 예전에는 장정 한 명이 겨우 쌀 한 가마를 들고 옮겼다면 수레를 이용하면서부터는 쌀 열 가마를 한 번에 옮길 수 있게 됐습니다.

　그런데 이렇게 생산성이 높아지는 게 인류에게 과연 좋은 일일까요? 인류의 행복감을 증대시켰을까요? 에디슨이 전구를 발명*하고 나서 발생한 노동환경의 가장 큰 변화는 야근이 시작되었다는 것입니다. 노동시간이 늘었으니 당연히 생산성은 좋아졌을 겁니다. 물론 이 이야기에도 예외는 있을 것 같습니다. 우리 선조들은 호롱불을 켜놓고 바느질도 하고 새끼도 꼬고 그랬으니, 야근은 이미 우리의 오랜 전통이라고 하겠습니다.(웃음) 어쨌든 산업적인 측면에서 전구의 발명은 인류의 노동시간을 늘리는

---

* 토머스 에디슨은 1879년 12월 3일 최초의 전구에 불을 밝혔다. 당시 에디슨은 해당 전구가 10시간 정도 버틸 것으로 예상했는데, 그보다 훨씬 긴 40시간가량쯤 빛을 냈다.

결과를 가져왔습니다. 그런데 노동시간의 연장이 인류에게 긍정적인 영향을 끼쳤을까요? 지금도 야근이 문제가 되잖아요. 자본은 항상 노동자가 야근하기를 원하죠.

이처럼 기술이 발달하는 와중에 노동자들과 자본가들이 최초로 무력 충돌을 일으킨 사건이 발생합니다. 노동의 역사에서 아주 중요한 사건이라 할 수 있는 '러다이트 운동Luddite Movement'이 바로 그것입니다. 우리 사회에서는 이 러다이트 운동의 역사적인 의미를 학생들에게 제대로 가르치는 것 같지 않아 아쉬움이 남습니다만.

기계에
빼앗긴 일자리

러다이트 운동은 1811년 영국의 요크셔와 랭커셔의 섬유공업지대에서 벌어진 사건입니다. 그 무렵 노동자들이 가장 많이 고용되어 있던 공장이 섬유를 만드는 방적공장이었습니다.

지금은 흔하지만, 섬유라는 것은 인류 역사에서 아주 중요한 물품입니다. 실을 뽑아서 그것을 교묘하게 엮어 피부를 덮을 수 있는 옷감을 만든다는 것은 매우 복잡하고 많은 노동력이 투입되는 일이죠. 우리나라에서 전통적으로 하던 길쌈으로는 하루

종일 해봐야 옷감을 얼마 못 만듭니다. 로마시대 남성들이 몸에 칭칭 감고 다니던 토가toga는 귀족의 상징, 부의 상징이었죠. '나는 부유하기 때문에 이렇게 귀한 옷감을 많이 쓴다'는 걸 과시하기 위해 사용된

1811~17년 영국 중·북부 지역의 직물공업지대에서 일어난 러다이트 운동을 묘사한 판화.

측면이 있을 겁니다. 사실 로마시대에 노예들은 거의 옷을 못 입었다고 해요. 그 시대를 배경으로 만든 1960~70년대 영화에서 노예들이 옷을 입고 나오는 건 사실과는 다른 묘사인 겁니다. 요즘 만든 드라마나 영화에서는 노예들이 거의 옷을 입지 않고 등장하기도 하는데, 미국 드라마 〈스파르타쿠스Spartacus〉를 보면 실제로 그렇습니다. 자막으로는 역사적 고증을 따른 것이라고 하는데, 제가 보기엔 시청률을 의식해서 그런 것 같기도 합니다.(웃음)

아무튼 산업혁명기에 노동자들은 그렇게 귀한 옷감을 생산해내기 위해 자본가들에게 엄청난 착취를 당했고, 자본가들은 값싼 노동력으로 만든 옷감을 팔아서 많은 돈을 벌어들였습니다. 당시 성인 노동자들은 겨우 한 끼 분량의 빵밖에 살 수 없는 돈을 일당으로 받았다고 합니다. 따라서 그런 낮은 임금으로는 도저히 가족을 먹여 살릴 방법이 없는 상태였죠.

그런 상황에서 방적기계가 발명되자 노동환경은 더욱 열악해집니다. 하루에 겨우 빵 하나 살 수 있던 일자리마저 갑자기 없어진 겁니다. 한 달에 1천만 원 벌던 사람이 9백만 원 벌 게 되었다, 그러면 이 사람은 뭔가 다른 방법으로 수입을 보충하려고 하겠죠. 그런데 한 달에 한 70~80만 원 벌어서 겨우 입에 풀칠이나 하다가 일자리를 잃으면 노동자들은 생존을 걸고 싸우게 됩니다.

기술의 발전이 노동환경을 좋게 만들어야 하는데 당시 영국 노동자들은 오히려 생존권을 박탈당할 위기에 놓였던 겁니다. 그들은 그 모든 문제의 원인이 방적기계라고 생각했어요. 물론 근본적인 원인은 자본가에게 있었습니다. 방적기를 이용해서 많은 돈을 벌었으면 공장을 더 지어 일자리를 늘리거나 다른 방법으로라도 노동자들의 생존을 보장해줄 방법을 찾아야 했지만, 자본가들은 자기들이 노동자들의 생존을 책임질 필요는 없다 생각하고 외면했던 겁니다. 그때는 노동법 같은 것도 없었으니까요.

따라서 영국 노동자들에게는 방적기계, 곧 기술의 발전이 가져온 결과가 악마의 열매로 보였을 겁니다. 분노한 노동자들은 밤중에 무장하고 몰래 공장에 들어가서 방적기계를 때려 부숩니다. 이런 행동은 그때나 지금이나 심각한 범죄에 해당합니다. 영국 정부는 이러한 행위에 가담한 노동자를 체포해 사형하는 것으로 대응했습니다. 자본가의 재산을 파괴한 거니까요.

그러면 노동자들은 어떻게 대응할까요? 아이고, 이제 무서워서 못하겠다, 이러지는 않습니다. 노동자들은 집단행동으로 이에 대응합니다. 아예 집을 나가 로빈 후드처럼 산속에 모여 숨어 살면서 야밤을 틈타 공장을 때려 부수고 불을 질렀습니다. 이처럼 기술의 발전이 생산성을 높이기는 했지만, 노동자들의 삶을 몹시 열악하게 만들고 극단적인 무력 충돌까지 빚어냈습니다. 그런 측면에서 러다이트 운동은 매우 의미 있는 사건입니다.

이렇게 노동자와 자본가 사이에 심각한 문제가 생기고 충돌이 발생하면 결국에는 타협을 할 수밖에 없습니다. 계속 싸움만 할 순 없으니까요. 드디어 서로 타협하기 시작합니다. 우선은 자본가들이 양보했습니다. 사람을 더 고용하고 노동시간을 줄이고 임금을 올려주겠다, 그러니 당신들의 파괴 활동을 중단해달라고 요청합니다. 노동자들은 언제까지고 위험한 파괴 활동을 할 수 없으니 적절한 선에서 이런 타협안을 받아들입니다. 이를테면 거래가 이루어진 셈이죠. 그런데 거래에서는 약속을 지키겠다는 보장이 필요하죠? 그래서 양쪽의 합의 내용을 정리해 문서로 만들고, 합의에 참여한 사람들의 서명을 받습니다. 일종의 절차가 만들어진 거죠. 바로 이것이 노동삼권 중 '단체교섭권'의 시초입니다.

노동삼권은 뭘까요? 헌법에 보장된 권리니까 그거 모르면 안 됩니다. 첫째가 단결권, 즉 단체를 만들 수 있는 권리이고, 그다음이 지금 말한 단체교섭권입니다. 그리고 이 타협안이 틀어지면 단체로 행동할 수 있는 권리, 즉 단체행동권이 있습니다. 이 세 가지 권리가 우리 헌법에 명시되기까지 200년 가까운 시간이 걸렸는데, 그중 하나인 단체교섭권이 러다이트 운동의 결과로 생겨난 것입니다. 자본가들이 그 권리를 인정해준 거죠.

그 후 노동자들은 좀 더 발전된 생각을 하게 됩니다. 그 이전에 영국은 마그나카르타Magna Carta(대헌장)* 같은 걸 만들기도 했고 민주주의가 차츰 발전하면서 왕과 귀족이 지배하던 사회에서 신흥 자본가, 즉 부르주아들이 참정권을 얻기 위해 투쟁하지 않았습니까? 그래서 의회가 생기고, 그 의회에 부르주아들이 진출하죠. 이걸 본 노동자들이 우리도 의회에 들어가야겠다고 생각하게 된 겁니다. 그렇게 해서 차티스트 운동 Chartist Movement이라는 것이 시작됩니다. 차티스트 운동은 1838년부터 1848년에 걸쳐 영국에서 벌어진 대규모 사회운동으로, 자본가 계급이 지배하고 있던 의회에 일반 노동 대중이 진출할 수 있게 하자는 운동이었습니다. 그다지 큰 성과를 내지 못하고 마무리되긴 했지만, 이 운동에 담긴 정신은 시간이 흐르면서 의회 구성에 점진적으로 반

---

* 1215년 6월 15일, 영국의 귀족들과 평민들이 왕을 압박하여 작성한 왕의 권력을 제한하는 내용의 문서. 왕의 권리 몇 가지를 제한하고 법적 절차를 존중하며, 왕도 모든 일을 자의적으로 집행할 수 없다는 내용이 담겨 있다. 전제 군주의 절대권력에 제동을 걸었다는 점에서 의의가 있다. 하지만, 문서 자체에 민주주의적인 내용이 담겨 있지는 않다.

영됩니다. 영국 노동당의 기원이 되는 운동으로 굉장히 의미가 커요. 유럽 전역에서 노동자들의 권리를 둘러싼 논의가 나오는 계기가 됐고요.

기술이 발전해가면서 노동자들의 삶이 너무 열악해지니까 그들의 요구를 웬만큼 들어주지 않으면 안 되거든요. 사실 이건 노동자들을 위한 것도 아닙니다. 어느 정도의 요구마저 거부하면 노동자들이 노동을 거부할 테고, 심지어 파괴적인 행동에 나설 수도 있다는 것을 자본가들이 알게 된 겁니다. 그러면 결과적으로 자본가들도 망할 수밖에 없기 때문에 자본가 자신들을 위한 측면도 있습니다. 그런 개념이 사회적으로 정립되고, 노동삼권이 만들어지고, 법적으로 보장되는 일련의 과정이 시작된 겁니다. 그 결과로 200년 뒤의 우리 헌법에는 노동삼권이 명시됐습니다. 성과를 얻은 거죠.

그런데 우리 현실에서 이 노동삼권은 전혀 지켜지지 않고 있습니다. 완벽한 성과가 아니었던 겁니다. 따라서 노동자들의 권리를 보장하자는 움직임은 지금도 진행되고 있습니다. 당시 영국에서는 행동을 먼저 하고 나중에 법이 뒤따라가는 상황이었는데, 우리는 헌법을 먼저 만들고 그걸 현실화하기 위해 운동을 하는 중인 거죠. 뭔가 순서가 바뀐 것처럼 보이기도 합니다만, 어쨌거나 이 모든 변화 또한 기술 발전이 노동환경에 영향을 준 결과입니다. 사회가 기술 발전에 적응해나가면서 그 적응 과정이 법과 제도에 반영되는 중이니까요.

기술 발전은
우리에게 이익일까?

러다이트 운동 이후에 이어져온 사건들을 바라보면서 그 사건들을 어떻게 이해하고 거기에서 어떤 맥락을 뽑아내야 하는지에 대한 의문이 생깁니다. 사실은 이걸 말하고 싶었습니다. 지금까지 말씀드린 건 어쩌면 다 아시는 내용일 겁니다. 제가 진짜로 이야기하고 싶은 것은 일이 왜 이런 식으로 되어가는가, 노동자들은 무슨 생각을 하고 자본가들은 무슨 생각을 해서 일이 이렇게 흘러왔는가 하는 것입니다. 이런 맥락은 노동문제뿐 아니라 모든 사회문제에 적용되는 것이기도 합니다.

일이 되어가는 방향을 알려면 양쪽의 심리를 알아야 합니다. 그리고 일이 잘되게 하려면 양쪽의 심리를 바꾸려는 노력이 필요합니다. 저는 아주 근본적인 관점에서 다시 보고 싶습니다. 자본가들은 자본을 투입하고 가치를 창출하기 위해서 노동력을 삽니다. 노동자들은 자본가들에게 노동력을 팔고 임금을 받죠. 이때 자본가들은 당연히 자신의 수익을 극대화하기 위해 노동자들에게 지급할 임금을 줄이고 싶어 합니다. 즉 노동에 대한 합당한 대가를 지불하지 않으려 하죠. 그런데 노동자를 무한정으로 쥐어짜기만 하면 일시적으로는 이득을 볼지 몰라도 장기적으로는 다 같이 죽을 수 있습니다.

영국에서 벌어진 사건이 바로 이 같은 사례를 보여준다고 할 수 있습니다. 산업혁명기 영국의 노동환경은 극악무도할 정도로 가혹했습니다. 어린아이들한테까지 가혹한 노동을 시키다 보니 이를 견디지 못한 아이들이 열세 살도 채 넘기지 못하고 쓰러졌습니다. 영양실조에 걸려 제대로 자라지 못하고 체구가 작아졌다는 이야기도 있습니다. 이런 지경까지 가면 노동자들이 사라지게 됩니다. 자본가들도 위기에 빠지겠죠. 상품 생산에 필수 요소인 노동력 공급이 중단되면 그들도 존립할 수 없으니까요. 이런 상황을 겪으면서 자본가들에게도 노동자를 어느 선까지 착취할 것인가에 대한 기준이 생겼습니다. 이처럼 자본가들이 한발 물러서면서 노동에 대한 권리가 사회적으로 인정받기 시작했죠. 노동자들은 자신들이 놓인 노동환경, 자신들이 받는 노동의 대가가 어느 선 이하로 떨어졌을 때는 가만 있으면 안 된다는 교훈을 얻을 수 있었습니다. 비록 소수였지만 노동자가 폭력으로 저항했기에 노동환경이 개선된 겁니다. '우는 아이 젖 준다'는 속담은 이런 상황에서의 인간 본성을 잘 보여주는 말 같습니다.

기술 발전에 따라 노동환경이 변하면 이득을 보는 집단과 손해를 보는 집단이 생깁니다. 그러면 두 집단 사이에 갈등이 생기죠. 역사는 이 갈등이 해결되는 방향으로 발전하는 겁니다. 이게 흔히 말하는 정正-반反-합合이라는 변증법적 과정이라고 할 수 있습니다. 그러나 변증법적으로 문제가 해결된다고 해도 그 후의 상황이 그렇게 썩 좋지만은 않습니다. 산업혁명 이후에 아주 열악했던 노동환경은 기본적으로는 좋아진 듯이 보이지만, 노동자들이 자본가들만큼 풍족하게 살 수 있는 상황을 만들어주지는 못했습니다. 문제가 완전히 해결된 적은 없다는 거예요. 둘 다 만족하지 못한 상태인 만큼 계속 갈등이 남게 됩니다.

결국 우리는 다시 처음으로 돌아가서, 기술의 발전이 우리에게 이익이 되는지 해가 되는지 살펴봐야 할 필요가 있습니다. 하지만 기술의 발전을 중단시키거나 역행시킬 수는 없어요. 러다이트 운동을 비하하는 사람들은 이런 이야기를 합니다. 러다이트 운동이 왜 무의미한가 하면, 그 사람들이 전 세계에 있는 방적기계를 다 부술 수도 없고 방적기계가 없던 시절로 돌아갈 수도 없다, 그러니 그 운동은 세상의 변화에 뒤떨어진, 새로운 흐름에 적응하지 못한, 일종의 역사적 반동이라는 겁니다. 그러나 제가 조금 전에 설명한 관점에서 본다면 그것은 분명 의미 있는 행동입니다. 기술이 발전하는 것을 막을 수는 없었지만, 결과적으로 기술 발전에서 비롯된 불공평한 분배 구조의 문제를 해결하는 데 일조했기 때문입니다. 그게 러다이트 운동의 가치인 것입니다.

그렇다면 기술의 발전을 역진시키지는 못하더라도 지금 상태에서 중지시킬 수는 없을까요? 더 이상의 기술 발전은 위험한 일이니 여기서 멈추고 이대로 그냥 천년만년 살자고 합의하는 것은 가능하지 않을까요? 그러나 이 또한 불가능합니다. 왜 불가능한가, 기술의 발전은 우리 의지와 상관없이 항상 진행될 수밖에 없는 것인가, 이런 생각은 해보셨습니까?

기술은 왜
끊임없이 발전하는가

기술이 발전하는 원인은 무언지 생각해봅시다. 방적기를 발명한 사람은 왜 방적기를 만들었을까요? 만약 당시 철학자나 정치가들이 논리를 구성해서 방적기계를 만드는 것은 사회공동체의 이익을 침해한다고 결론 내렸다면 어땠을까요?

우선 기술의 발전과 관련해 생각해볼 수 있는 첫 번째는 공동체의 이익입니다. 어떤 사회적 현상이 벌어졌을 때 사람들은 그 현상이 공동체에 이익이 되느냐 해가 되느냐를 판단하게 되어 있습니다. 이 사회는 본능적으로 그것을 압니다.

그다음 두 번째가 바로 개인의 이익입니다. 모든 개인은 자신의 이익을 생각하지 않을 수 없습니다. 그러나 공동체의 이익에 극단적으로 해가 되는 일이면 아무리 개인에게 이익이 되더라도 그 일은 실행되지 않습니다. 사회가 금지하기 때문이죠. 개인에게 이익이 많이 가고 사회에 해가 되는 행동을 사회에서는 보통 범죄라고 규정합니다. 은행 강도를 생각해보세요. 사회는 큰 손실을 입지만, 개인은 손쉽게 이득을 얻습니다. 이런 건 다 범죄입니다.

기술 발전도 마찬가지입니다. 사회 전체가 공동체의 이익을 침해한다고 판단하면 기술의 발전은 일어나지 않습니다. 그러나 기술의 발전이 사회 공동체의 이익을 침해하는지 늘려주는지는 쉽게 알기 힘듭니다. 아니, 솔직히 말하면 잘 모르는 게 아니라 거의 대다수 사람들은 기술의 발전이 공동체에게 이익이 된다고 생각할 겁니다.

방적기계는 공공의 이익에 부합한다는 겁니다. 왜? 짧은 시간에 더 많은 양의 직물을 생산할 수 있으니까. 이 기술 덕분에 인류는 분명 더 행복해질 거라고 생각합니다. 그래서 러다이트 운동 같은 유혈 사태가 벌어질 거라는 비관적인 예상은 별로 하지 않습니다. 또한 개인의 이익에는 크게 도움이 됩니다. 러다이트 운동이 벌어지건 말건, 자본가들과 노동자들이 타협을 하건 말건, 방적기계를 발명한 사람은 무척 많은 돈을 벌게 됩니다. 실제로 개인에게는 이익이 된 것입니다. 기술 발전이 이뤄질 수밖에 없는 이유를 이제 아시겠죠?

공동체의 이익을 따지고 개인의 이익을 따지고 이 둘이 충돌하는가 안 하는가 하는 문제도 있지만, 세 번째 이유도 있습니다. 어떻게 보면 가장 중요한 이유입니다. 바로 '경쟁'입니다. 사람이 어떤 일을 처음 시작할 때는 이걸 통해 사회가 발전한다거나 하는 대의를 생각합니다. 그리고 돌아서서 두 번째로 이 일로 돈을 번다거나 명예를 얻는다거나 하는 개인적인 이득을 생각하겠죠. 그런데 막상 일을 시작하면 그 순간부터 상황을 지배하는 것은 경쟁입니다. 처음에는 이것저것 고민하지만, 일에 뛰어드는 순간 공동체의 이익이고 개인의 이익이고 다 잊게 된다는 것입니다. 경쟁에서 이기는 것만이 선이 됩니다. 이 시스템이 적나라하게 작동한 것이 원자폭탄을 개발하는 과정이었습니다.

2차 대전 말기에 핵물리학이 발전하면서 핵분열 과정을 실험실에서 인위적으로 발생시킬 수 있게 되었고, 물리학자들은 이것이 이론적으로 어마어마한 위력을 가진 폭탄을 만들 수 있을 거라는 사실을 발견했습니다. 전쟁이 진행되면서 미국에는 독일의 히틀러가 핵무기를 만들고 있다는 소식이 전해집니다. 실제로 만들려고 시도했고요. 그래서 미국은 '맨해튼 프로젝트Manhattan Project'를 기획해서 유명 핵물리학자들을 그 프로젝트에 대거 투입하게 됩니다. 그때 투입된 사람들은 그야말로 당대 최고의 물리학자들이었습니다. 엔리코 페르미Enrico Fermi, 리처드 파인먼Richard Feynman 같은 세기의 천재들이었죠.

이 사람들은 자기들이 핵무기를 만드는 것, 바로 기술의 발전이기도 한 이 작업이 성공하면 인류 공동체의 이익에 굉장히 치명적인 일이 된다는 사실을 알았습니다. 핵무기를 만들어서 자신이 얻는 이익은 거의 없었고요. 거기 불려간 사람들은 이미 사회적으로 알려진 유명 학자들이었고, 명예도 대단해 더는 바랄 게 없는 사람들이었습니다. 핵무기를 완성하면 어마어마한 혜택을 주겠다는 정부의 약속도 없었습니다. 즉 개인적인 이익이 없었다는 것입니다. 공공의 이익을 침해하는 일인 동시에 개인적인 이익도 별로 없는 일이었지만, 핵무기 개발은 빠른 속도로 진행됩니다.

과학자들이 앞뒤 안 가리고 밤을 새워가며 핵무기 개발에 매진한 것은 바로 경쟁심 때문이었습니다. 나치보다 먼저 핵무기를 만들어야 했으니까요. 물론 나치가 먼저 만들어서 미국을 공격하면 자기들이 모두 죽게 될지 모른다는 걱정도 있었을 겁니다. 하지만 그 걱정은 처음에만 유효했죠. 일단 프로젝트가 시작된 이후에는 무조건 우리가 먼저 만들어야 한다는 광적인 열기에 휩싸입니다. 심지어 나치가 핵무기 개발에 실패했다는 소식이 전해진 뒤에도 그 열기는 사그러들지 않았습니다. 그들은 아주 단시간 내에 강력한 핵무기를 만들어내고 실험까지 성공합니다. 나치는 결국 못 만들었고요. 그렇게 해서 인류가 만든 무기 중에 가장 끔찍한 무기가 개발된 겁니다.

이처럼 기술의 발전은 공동체의 이익, 개인의 이익, 경쟁을 통해서 발생합니다. 이 세 가지 이유를 무력화할 수 없는 한 기술은 무한히 발전할 거라고 봐야겠죠. 지금 이 순간에도 기술은 비약적으로 발전하고 있습니다. 우리가 미처 상상하지도 못할 속도로 말입니다.

기술이 이처럼 빠른 속도로 발전한다면 우리가 겪게 될 노동환경의 변화는 러다이트 운동 당시 노동자들이 경험한 변화와는 비교하기 힘들 정도로 엄청날 겁니다. 그게 어떤 변화인지 준비할 시간도 없이 갑자기 들이닥칠 거고요.

여러 가지 이야기를 준비하긴 했는데, 그건 마지막 강의에서 다시 다룰 예정입니다. 간단한 힌트를 드린다면, 요즘 많이 논의되고 있는 '우버택시'나 '에어비앤비' 같은 공유경제의 개념이 포함됩니다. IT기술의 발전이 아주 많은 것을 변화시킬 겁니다. 현재의 우버택시는 앱을 이용해서 자가 운전자가 차를 태워주는 방식인데, 구글은 우버택시를 무인 택시로 운영하려고 해요. 구글이 무인 자동차를 만드는 이유가 바로 우버택시에 투입하기 위해서입니다. 이렇게 됐을 때, 우리의 노동환경은 어떻게 바뀔 것인가 하는 문제입니다. 이런 변화를 진지하게 관찰하고 대응해야 하는데, 과연 우리에게 그런 준비를 할 시간적·정신적 여유가 있을지 걱정이 되네요.

노동자는
누구인가

기술의 발전을 통해 노동환경이 급속도로 변화하고 있는 이 시점에 인터넷상에서는 노동에 대한 떡밥이 어떤 수준에서 다루어지고 있는지를 살펴보는 것은 꽤 의미 있는 일입니다. 나 혼자만의 생각이 아니라 대중의 생각이 담겨 있으니까요. 우선 떠오르는 것은 당신은 노동자인가 하는 떡밥입니다. 과연 노동자는 어떤 사람들인가 하는 문제죠. 이거 좀 어이가 없지 않습니까? 요즘 고등학교에서 학생들에게 노동삼권 같은 내용을 가르치려고 하면 학생들이 자기는 노동자가 안 될 거니까 상관없다는 답을 한다고 합니다. 그래서 너는 나중에 노동자가 아니면 뭐가 될 거냐고 물으면, 대기업 사원이 될 거라고 답변한답니다. 학생들만의 문제가 아닙니다. 블루칼라와 화이트칼라를 나눠서 블루칼라는 노동자고 화이트칼라는 사무직이라고 생각하는 사람이 무척 많습니다. 이런 떡밥을 만나게 되면 힘이 빠지죠.

이걸 어디서부터 설명해야 할지 모르겠습니다. 노동자라는 개념은 아주 단순합니다. 자신의 노동을 팔고 임금을 받는 사람은 다 노동자예요. 그러니까 대기업 임원들도 사실은 반쯤은 노동자입니다. 임원들 중에서도 대기업의 지분을 보유하고 주식 배당금을 받는다면 그 사람은 자본가입니다. 그렇지만 자기 노동력을 제공한 대가로 월급을 받을 때는 노동자인 거죠.

물론 여기에 조금 골치 아픈 문제가 나오긴 해요. 대기업에서 과장급 이상은 노조에 가입할 수 없습니다. 사용자 측이니까요. 그럼 과장급 이상은 노동자인가 아닌가? 노조에 가입도 못하는데? 이런 질문이 나올 수 있어요. 이건 쉽습니다. 노조에 가입할 수 있느냐 없느냐 여부는 노조 규약에 명시됩니다. 노조의 규약은 노조의 자체적인 룰입니다. 노조를 결성할 때 만드는 거죠. 그 규약은 노동 관련법 중 노동조합법에 명시되어 있는 표준 규약을 조금 바꿔 채택하는 겁니다. 그 규약에 과장, 부장도 노조에 가입할 수 있다고 정하면 가입할 수 있는 거예요.

보통 노조 가입이 어려운 경우는 평소 업무가 사용자 측의 이익에 중요한 영향을 주는 일을 맡은 경우입니다. 주로 업무지휘권과 인사권이죠. 그것들은 완전히 사용자 측의 일입니다. 예를 들어 팀장이 팀원에 대한 인사권을 가지고 있다면 이런 사람은 노조에 가입할 수 없습니다. 노동조합법에 그렇게 명시되어 있거든요. 이런 경우는 노조 규약을 바꾼다고 해도 소용이 없는 거죠. 상위법에 위배되기 때문에 의미가 없는 거예요. 연구 직종처럼 자기 밑에 부하가 없고 인사권이 없지만 직급이 높은 사람들도 있습니다. 부장급 연구원들에게는 업무지휘권이나 인사권이 없어요. 그런 사람들은 노동조합에 가입할 수 있다는 겁니다.

그러니까 게시판이나 SNS에서 누가 노동자냐 아니냐 하는 떡밥이 나온다면 그것은 아주 자명한 떡밥이니까 싸우실 필요가 없습니다. 노조 가입에 관련된 이야기가 나오면 그것은 노조 규약에 따른 것이며 노조 규약은 노동조합법을 어길 수 없고, 그래서 인사권이나 업무지휘권이 있는 사람은 노조에 가입할 수 없지만 나머지는 다 가능하다는 정도로 정리하고 끝내면 됩니다.

그다음 역시 결론이 명확한데도 자주 나오는 떡밥입니다. 바로 '노조는 과연 필요한가'입니다. 앞에서 이야기했던 러다이트 운동 이후에 시작된 노동운동의 역사를 보면 발전된 자본주의 사회일수록 노조는 반드시 있어야 한다는 것을 알 수 있습니다. 노동조합이 없다면 자본주의 사회가 아니라는 이야기입니다. 그렇게 쉬운 얘기인데도 우리 사회에는 노조가 필요하지 않다고 생각하는 사람이 무척 많습니다. 또는 노조를 사회주의자들이나 공산주의자들의 집단이라고 보는 경향까지 존재합니다. 이런 사람들과 논쟁을 벌이는 것은 몹시 피곤한 일일 겁니다. 노동운동사를 다 이야기할 수도 없고요. 그럴 때 저는 주로 독일의 사례를 얘기하곤 합니다.

독일에서는 초등학교 때부터 학생들에게 노사 간에 벌어지는 협상 과정을 연습시킨다고 합니다. 아이들이 노동자 측에도 서보고 사용자 쪽에도 서보고, 서로의 입장에서 협상하는 연습을 해보는 겁니다. 이처럼 어려서부터 노조에서 협상하는 방법을 배우기 때문에 그 사람들은 노조가 당연히 있어야 한다고 생각합니다. 노사 간에 올해 임금 인상률이 5퍼센트인지 7퍼센트인지를 놓고 이야기할 뿐이지, 노조를 인정하네 마네, 파업이 불법이네 아니네, 업무 방해를 했네 아니네 하는 논란 따위는 생기지 않아요. 그러다 보니 독일의 노조연맹은 전 세계에서 가장 강력한 위력을 가지고 있습니다. 어느 정도냐 하면, 파업을 하면 회사에서 월급을 주지 않잖아요. 그러면 노조원들의 생계를 보조해야 하니까 노조에서 월급이 나갑니다. 그런데 월급을 주려면 노조에 자금이 있어야 하겠죠? 독일의 노조연맹은 독일의 모든 노조 가입자가 파업했을 때 그들에게 3년 동안 월급을 지급할 정도의 자금을 비축하고 있습니다. 대단한 일이죠. 지금 이 날씨에 굴뚝에 올라간 분들이 계신 우리나라와 비교하면 정말 천지 차이입니다. 독일같이 자본주의가 발달한 나라와 우리나라 현실을 비교해주면, 노조의 필요성에 관한 문제는 어지간히 설명이 됩니다.

그러나 그런 이야기를 해도 절대 설득되지는 않습니다. 하지만 설득이 안 된다고 해서 인터넷상에서 벌어지는 논쟁이 무의미한 것은 아닙니다. 그런 논쟁에서 설득해야 할 대상은 나와 논쟁하고 있는 그 사람, 절대 설득되지 않을 그 사람이 아닙니다. 내가 제시한 논리로 관전자들을 설득하는 것이 목표가 되는 겁니다. 따라서 절대 싸움에서 이기려고 하면 안 됩니다. 그냥 자기가 할 이야기를 최대한 잘 정리해서 깔끔하게 마무리하면 되는 거죠. 물론 노조 이야기가 나왔을 때 독일의 사례를 이야기하더라도 상대는 이렇게 말하곤 해요. "우리가 독일이가? 우린 독일하고 다르지."(웃음)

귀족노조라는
레토릭

그다음에 진짜 상대하기 힘든 떡밥이 '귀족노조' 이야기입니다. 이야기할 때마다 가슴 아픈 주제입니다. 대기업 노조를 중심으로 꽤 높은 수준의 보수를 받으면서도, 사회적 연대는 모른 체하고 임금을 더 올려달라고 주장하면서 회사 측을 괴롭히는 악당 이미지가 담긴 용어입니다. 매우 악의적인 표현이긴 하지만, 이런 표현이 사람들 사이에서 유통된다는 것은 그 표현이 어느 정도 현실을 반영하고 있다는 말이기도 합니다.

그러나 귀족노조를 비난하는 사람들에게는 뭔가 더 중요한 목적이 있습니다. 가장 큰 목적은 노조 자체를 부정하기 위해서 귀족노조를 소재로 쓰는 거라고 볼 수 있습니다. 노조에 대한 일반인들의 감정을 악화시키기 위해 귀족노조라는 용어를 사용하는 거죠. 그런 부류의 대표주자는 〈조선일보〉입니다. 무슨 파업이나 이런 게 벌어지면 언제나 굉장히 비판적으로 보도합니다. 그 사람들한테는 노조가 자본주의 사회에 필수적이며, 파업은 노동자의 정당한 권리이고, 우리나라 헌법에 왜 노동삼권을 보장하라고 명시되어 있는지 아무리 이야기해도 소용이 없습니다. 그 사람들이 꼭 대기업 편을 들기 위해 그러는 것 같지도 않습니다. 〈조선일보〉가 꿈꾸는 사회는 노조가 없는 사회입니다. 예를 들면 유신체제의 국가죠. 그럴 때는 귀족노조에 대해 이야기할 필요 자체가 없다고 봅니다. 귀족노조 이야기를 하지 말고 먼저 노조 이야기를 할 필요가 있습니다. 노조가 필요하다고 생각하느냐부터 시작해서 설득해나갈 수밖에 없는 거죠.

두 번째는 감성적인 태도입니다. 저는 귀족노조가 어떤 면에서는 정말 효율적으로 만들어진 레토릭이라고 생각해요. 노조를 피상적으로 이해하는 사람들은 대부분 노조를 임금을 올리기 위한 수단 정도로 생각하는 경향이 있습니다. 그러니까 노조 하면 바로 임금 인상을 떠올리는 것입니다. 동시에 이런 생각을 하는 사람들의 기본 마인드는 자기보다 월급이 훨씬 많은 사람들이 있다는 걸 불쾌하게 여긴다는 거죠. 나도 할 만큼 고생하는데 어떤 놈들은 운이 좋아서 월급을 훨씬 많이 받는다고 생각합니다. 귀족노조는 그런 생각에 불을 지르는 어휘입니다. 그렇게 나보다 월급을 많이 받는 그놈들이 월급을 더 달라고 난리를 친다면 그거야말로 불쾌한 일이거든요. 이건 정말 감정적인 레토릭이 됩니다.

노조가 무엇을 요구하는지, 실질적인 평균 임금이 얼마인지는 다 빼고, 그냥 '당신보다 일은 별로 안 하는데 돈은 많이 받는 집단이 있다. 그 집단이 돈을 더 달라고 파업을 한다'는 식으로 이야기를 전개하는 겁니다. 여기에 넘어가는 사람들이 많습니다. 이런 짓을 아까 첫 번째 그룹에 속한 사람들이 하게 되면 두 번째 그룹에 속한 사람들이 '맞아, 그놈들 나쁘네'라는 반응을 보이게 마련이죠.

요즘 인터넷상에서 인기 있는 최규석 작가의 〈송곳〉이라는 웹툰을 보셨나요? 〈송곳〉은 어느 대형마트에 노조가 생겨서 사측과 싸운 이야기를 극화한 내용인데, 그 아래로 댓글이 많이 달려 있습니다. 그중에서 제가 보고 놀랐던 댓글이 있어요. '그래, 노조는 이렇게 힘든 사람들이 해야지, 왜 대기업에서 노조를 하느냐'는 내용이었습니다. 이 댓글은 노조에 아주 호의적인 분이 쓴 것처럼 보입니다. 비정규직 아주머니들이 노조를 결성하고 외국인 점장과 싸우는 게 무척 감동적으로 다가온 거예요. 약자를 위해 정의를 실현하는 것도 그렇고요. 그래서 노조는 이런 곳에 필요하지, 왜 대기업에서 노조를 하느냐는 얘기를 하게 되는 겁니다. 진짜 맥이 풀리는 상황이죠.

귀족노조를 감정적으로 이야기하는 것보다 더 안 좋은 세 번째 경우가 있습니다. 바로 관습적인 경우입니다. 이건 진짜 답이 없어요. 해결할 길이 없습니다. 귀족노조라는 말을 싫어하는데,

그게 뭔지조차 생각해보지 않고 그냥 싫어하는 거예요. 집안 분위기가 그렇고 주변 사람들도 다 싫어하니까 나도 싫다는 겁니다. 이런 사람들에게 귀족노조가 뭐냐고 물어보면 잘 모른다고 대답하곤 합니다. 노조가 필요한지 아닌지를 이야기하면 생각해본 적 없다고 대답하고요. 그런데 이런 사람들이 실제로 정말 많습니다. 지난 200년 동안 우리가 헤쳐나온 거리가 그것밖에 안 되는 거예요. 앞으로 갈 길이 어마어마하게 멀겠죠.

그런데 이런 떡밥들이 인터넷에 떠다니고 그것에 대응하는 과정을 생각해보면 이런 결론이 나옵니다. 첫 번째 그룹은 의도가 있으니까 안 넘어올 테고, 두 번째 그룹은 감정적으로 흥분해 있으니까 설득이 안 될 테고, 세 번째 그룹은 그런 이야기 자체가 싫으니까 하지 말라며 가버릴 겁니다. 이런 사람들을 설득하는 과정에서 우리는 무엇을 얻을 수 있을까요? 얻을 수 있는 게 거의 없어 보입니다. 누구를 설득한다는 것이 거의 불가능한 마당에 왜 이런 논쟁을 해야 하는가 하는 회의감이 몰려옵니다.

그러나 얻을 것이 분명히 있습니다. 내 생각을 정리할 수 있다는 겁니다. 제 경험을 돌아보면 정말 그랬어요. 몇 시간씩 '키보드 배틀'을 하고 나면 '아, 오늘도 쓸데없는 데 꽂혀서 시간만 낭비했다. 피곤하고 눈도 아프네'라는 생각이 들었지만, 그러고 나면 생각이 훨씬 더 잘 정리되더라는 거죠. 제 생각이 발전해왔다면 그런 과정을 토대로 발전했을 겁니다. 그리고 여기서 중요한 것 하나, 남을 설득하기 전에 내 생각을 정리하고 나를 설득하라는 겁니다. 이건 무척 중요한 문제예요. 그런 기회를 많이 마련할수록 좋습니다. 가장 좋은 것은 내 생각을 정리해서 글로 써보는 겁니다. 댓글이든 트위터든 아무 데라도 좋습니다. 아주 짧은 한 문장이라도 쓰다 보면 차츰차츰 생각이 정리됩니다. 매우 좋은 일이지만 부작용도 있습니다. 몇 달쯤 지나서 자기가 예전에 썼던 글을 보면 무척 창피합니다. 내가 이런 글을 이렇게 썼구나, 딴에는 열심히 쓴다고 했는데 이 정도밖에 안 되네, 하는 생각이 들면서 부끄러워지는 부작용이요.(웃음) 그래도 발전이 있으니 좋은 일이긴 합니다만, 지금 이 순간 저 자신 또한 부끄러워지는군요.

일자리 없는 미래

결국 노동에 관련한 떡밥들 중에서도 가장 중요한 것은 '그렇다면 앞으로 어떻게 될까'라는 문제입니다. 처음에 기술의 발전이 언제나 생산성을 향상시킨다고 말씀드렸습니다. 지금도 기술 발전으로 인한 생산성의 향상 속도는 빨라지고 있고요. 이 방향을 바꿀 수는 없습니다. 이제 생산성이 비약적으로 향상될 일만 남았는데, 이게 궁극적으로 어떤 결과를 가져올 것인가 하는 질문이 던져집니다.

생산성이 향상된 덕분에 전에는 천 명이 하던 일을 한 명이 합니다. 예를 들어 항구에 있는 물류센터에 가보면 컨테이너를 옮기는데, 예전 같으면 운송 차량도 사람이 몰았지만 이제는 다 자동화되어 있습니다. 상품 포장도 그렇고, 항구 내 이동도 그렇습니다. 암스테르담처럼 세계적으로 손꼽히는 큰 항구에서 오가는 엄청난 물동량을 고작 일곱 명의 직원이 감당한다고 합니다. 얼마 전까지만 해도 몇만 명이 일하던 곳인데 말입니다.

이건 세계적인 추세예요. 막을 방법이 없습니다. 이런 추세가 앞으로 우리 삶에 어떤 영향을 줄지 궁금합니다. 모든 생산 활동은 인류가 먹고살기 위해 하는 겁니다. 소비를 위해서 상품을 만들고 가치를 만드는 거잖아요. 그런데 그 전체 인류가 소비하는 데 사용하는 가치를 10분의 1도 안 되는 사람들이 모두 생산할 수 있는 상황까지 가고 있는 중입니다. 그러면 나머지 90퍼센트의 사람들은 어떻게 될까요? 놀고먹어도 될까요? 아니죠. 이 90퍼센트는 노동을 못하게 되니까 돈을 못 벌고, 돈을 못 벌면 생존이 위험해지겠죠. 예전에는 80퍼센트가 일하고 20퍼센트가 놀고먹는 정도의 비율이었는데, 점점 바뀌고 있습니다. 생산에 필요한 인구가 점점 줄어들고 있는 거죠.

전 세계에서 가장 발전한 자본주의 구조는 북유럽의 '사민주의social democracy'입니다. 사민주의가 가동되려면 기본적으로 완전고용 상태가 되어야 합니다. 완전고용 상태는 100퍼센트의 노동자가 모두 일자리를 갖는 게 아닙니다. 노동자의 일부는 늘 실업 상태에 있거든요. 그런데 실업의 형태에 따라 다른 거예요. 일하고 싶고 일할 능력이 있는데도 일자리가 없어서 못하는 경우는 완전고용이 아닙니다. 회사를 옮기기 위해, 또는 쉬거나 자기 능력을 향상시키기 위해 공부하는 경우가 있죠. 사고를 당하거나 질병에 걸려서 잠깐 일하지 못하는 경우, 또 나이가 아주 많거나 아주 어린 경우도 포함되고요. 구체적으로 실업자 비율이 3~4퍼센트일 때를 완전고용 상태로 간주합니다. 일을 하고 싶어 하고 일할 수 있는 사람들이 모두 일하는 상태, 즉 완전고용 상태가 유지되면 사민주의가 가동됩니다. 일하는 사람들이 자기가 벌어들인 상당 부분을 세금으로 내고, 정부는 그 세금을 모아서 일을 못하는 사람을 완벽하게 먹여 살리는 겁니다. 이게 사민주의적 복지사회의 본질이거든요.

그런데 기술 발전으로 생산성이 높아지면서 일자리가 줄어들면 사민주의도 붕괴하게 됩니다. 전에는 80퍼센트의 사람들이 고용되어 사민주의 체제가 작동 가능했다고 하면, 이제는 50퍼센트밖에 고용하지 못하는 겁니다. 사민주의 국가들은 이 문제를 해결하기 위해 굉장히 애쓰고 있습니다. 근무시간을 줄이는 등의 대책을 내놓고 있죠. 유럽이 노동자들 편하라고 노동시간을 줄인 게 아니에요. 스웨덴의 노동시간도 처음에는 주당 50시간 정도였는데, 이게 45시간이 됐다가 40시간이 됐다가 이제는 아예 주당 20시간으로 줄이려고 합니다. 그것도 모자라서 안식년 제도를 마련해 이제는 4년 일하면 1년은 의무적으로 쉬게 하고, 쉬는 동안 임금은 정부가 제공하기도 합니다.

이러는 이유는 노동자를 너무 사랑하고 위해서가 아니라 사민주의적 국가구조, 사민주의의 경제구조를 지키기 위해서입니다. 왜냐하면 일하는 사람들이 많아야 세금을 걷을 수 있고, 그 세금으로 나머지 사람들을 먹여 살리는 복지 체제가 가동하기 때문입니다. 그러지 않으면 사회가 붕괴하거든요. 이제는 스웨덴 같은 나라에서도 막다 막다 힘들어서 복지 정책을 후퇴시키고 있습니다. 예전만큼 지원하기는 힘들다는 거죠. 일자리가 줄어들고 있다는 것이 가장 큰 원인이고요.

자본주의의 붕괴와
그 징후들

문제는 일자리가 줄어드는 현상이 일시적인 불황 때문이 아니라는 것입니다. 기술 발전이 생산성을 향상시켜 일자리가 줄어드는 겁니다. 이는 본질적인 문제이며, 거스를 수 없는 역사의 흐름입니다. 막을 수도 없고, 되돌릴 수도 없습니다. 이 문제는 이미 전 세계적으로 확산되고 있습니다. 기술의 발전이 사민주의까지 붕괴시키고 있고, 조만간 실제로 붕괴시킬 겁니다. 그러면 어떻게 해야 할까요? 방법이 없죠.

많은 사람들이 미래에는 지식산업이나 IT, 바이오 같은 신성장 부문이 산업을 주도할 거고 일자리를 많이 창출할 거라고 이야기합니다. 그런데 이건 아주 큰 착각이에요. IT 산업의 가장 큰 특징은 노동력을 필요로 하지 않는다는 것입니다. 기존 일자리마저 줄이는 것이 바로 IT 산업입니다. IT 산업 부문에서 가장 활발하게 이루어진 공장 자동화 같은 것을 보면 알 수 있죠. 자동화 기계가 도입되면서 생산에 필요한 노동력은 급격하게 줄어들었어요.

세계 시가총액 순위로 톱 3에 들어가는 구글 같은 기업이 사람을 얼마나 고용하는지 살펴보면 문제의 심각성을 깨달을 수 있습니다. 구글에 견주면 변두리 구멍가게 수준인 LG의 전기밥솥 공장이 사람을 더 많이 고용합니다. 구글은 천문학적인 수익을 내고 있지만 고용된 사람은 몇만 단위에 불과해요. 미국에서 가장 잘나간다는 회사가 그렇게 사람을 고용하지 않는데, 우리나라에서 IT 산업을 활성화해서 과연 얼마나 일자리를 만들 수 있을까요?

10여 년 전 참여정부 시절에는 한국을 아시아의 금융허브로 만들겠다는 발상을 얘기한 적이 있었습니다. 이거 대표적으로 실패한 정책입니다. 만약 성공했다 해도 금융은 대표적으로 사람을 안 쓰는 분야입니다. 실제 일은 전부 컴퓨터가 하지 사람은 거의 필요 없습니다. 요즘은 엑셀 프로그램 하나로 과거 몇천 명의 회계사가 하던 일을 할 수 있는 시대입니다. 이제는 컴퓨터 프로그램과 네트워크가 일을 다 해주고 있습니다. 천재 수학자 몇 명이 밤잠을 설쳐가며 언제 투자하고 언제 회수할지만 결정하는 게 금융사업이거든요. 사람이 다 없어진 거죠. 일반 은행들도 이제 창구를 서서히 없애는 중입니다.

기술 발전 때문에 일자리가 줄어드는 상황은 되돌리기 힘든 비가역적인 반응으로 우리 사회를 구조적으로 막다른 골목으로 몰아넣고 있는 것처럼 보입니다. 위험을 과장하는 게 절대 아닙니다. 저는 그런 거 되게 싫어해요. 음모론도 싫어하고요. 그러나 아무리 생각해봐도 현재 사회에서 인류의 미래를 위협하는 가장 큰 요소는 기술 발전에 따른 생산성 향상과 일자리 감소 문제입니다. 이 문제는 얼마 안 가 자본주의의 붕괴를 초래할지도 모를 만큼 심각합니다.

저를 좌파 빨갱이 아니냐고 생각하는 사람들이 있는데, 솔직히 저는 자본주의를 매우 좋아하는 사람입니다. 오히려 우리 사회가 제발 좀 자본주의를 제대로 해봤으면 좋겠다고 생각합니다. 스웨덴 같은 나라는 그래도 사민주의라도 해봤잖아요. 우리는 그 전 단계도 못해봤는데 말입니다. 그렇게 자본주의를 제대로 해보지도 못한 사회인데 자본주의 자체가 붕괴해버리면 큰일이잖아요. 심지어 대응할 수 있는 시간 여유도 없을 것 같습니다.

과연 우리는 이 문제에 어떻게 대응해야 할까요. 아직 이렇다 할 답은 없죠. 일자리가 줄어들면 어떤 상황이 벌어질지 좀 더 구체적으로 이야기해볼까요. 아주 단순하게 숫자를 들어서 이야기해봅시다. 한 나라에 100명이 삽니다. 한 명이 먹고살려면 1만 원이 필요하다고 가정해봅시다. 처음에는 50명이 일해서 50명이 1인당 2만 원씩 만들면 이 나라가 먹고삽니다. 50명은 일하고 50명은 놀아도, 일하는 50명이 세금을 1만 원씩 내서 복지 제도를 통해 나머지 50명을 먹여 살릴 수 있습니다. 100명이 다 먹고 사는 거죠. 그런데 차츰 기술이 발전하면서 100만 원을 만드는데 50명이 아니라 5명만 필요하게 됩니다. 그러면 5명이 1인당 20만 원씩 만들어서 100만 원을 만들잖아요. 똑같이 100명이 먹고살 수 있는 구조인데, 국가는 5명한테서 세금을 걷게 되지요. 1명이 2만 원씩 벌 때 국가가 1만 원씩 세금을 걷었다면, 1명이 20만 원씩 벌 때 10만 원씩 걷으면 될 것 아닙니까. 그러니까 제가 설명드리고 싶은 건, 50명이 만들건 5명이 만들건 똑같이 100만 원어치의 가치를 생산하면 사회는 유지되는 게 아니냐는 논리가 된다는 겁니다. 그러면 일자리가 줄어도 사회가 붕괴하지 않죠.

그러나 현실은 그렇게 움직이지 않습니다. 생산을 주도하는 자본가들은 생산성 향상의 효과를 결코 노동자들에게 나눠주지 않기 때문이죠. 1인당 2만 원을 생산할 때와 1인당 20만 원을 생산할 때 주는 임금이 별로 다르지 않습니다. 사람을 10분의 1로 줄였으면 임금을 10배로 줘야 한다고 생각하기 쉽지만, 그렇게 주는 곳은 어디에도 없습니다.

삼성의 1인당 생산량은 과거보다 비약적으로 늘어났어요. 그런데 1인당 임금의 상승폭은 절대 생산성 증가폭을 따라가지 못하게 되어 있어요. 그러면 정부는 그만큼 세금을 걷지 못하게 됩니다. 임금이 별로 늘지 않았으니 세금도 별로 늘지 않겠죠. 그러면 정부의 복지 재원은 노동자들이 생산한 양이 증가한 만큼 늘어나지는 못한다는 것입니다.

그 돈들이 다 어디로 갔을까요? 분명히 생산성이 높아져서 생산은 많이 했는데, 그 돈들이 어디로 가서 세금으로도 들어오지 않고 100명을 먹여 살리지 못하게 되는 걸까요? 결국 그 잉여 이익은 자본이 가져간다는 이야기입니다.

자본의 독식을
논하다

아주 개략적인 수치지만, 우리나라 대기업들이 근래 10년간 이익잉여금으로 쌓아둔 돈이 2014년 기준으로 국가의 1년 예산을 넘어섰습니다. 이익잉여금은 말 그대로 남은 돈이에요. 직원들 월급 줄 거 다 주고, 주주들 배당 줄 거 다 주고, 그러고도 돈이 남습니다. 회사 입장에서는 그걸 어딘가에 투자하더라도 다 쓰는 것이 맞습니다만, 하다 보면 어쩔 수 없이 남을 수도 있잖아요. 그래서 법적으로 허용되는 것이 이익잉여금 계정입니다. 그런데 대기업들이 현재 이익잉여금으로 쌓아놓은 액수의 총합이 대한민국 정부의 1년 예산을 넘어섰다는 것입니다. 그 돈이 어디서 왔을까요? 바로 생산성 향상의 효과가 노동자에게 배분되지 않고 누적되어 남은 것입니다. 이런 상황이니 생산성이 높아졌다고 해서 사회 구성원이 모두 먹고살기는 불가능하다는 결론이 나옵니다.

이렇게 말하면 대기업이 무척 나쁜 것처럼 들리지만, 그들이 법을 어긴 것은 아닙니다. 사회적인 룰을 어긴 것도 없습니다. 그들은 단지 자본주의적 정의에 따라 충실하게 행동했을 뿐입니다. 기업 윤리에도 정확히 들어맞는 것이고요. 기업은 수익 증가를 위해 노력해야 하고, 그들이 이익잉여금을 쌓아놓는 것은 주주들에게 몽땅 배당금으로 나눠주는 것보다 훨씬 더 도덕적인 결정입니다. 대기업들이 이익잉여금을 쌓아놓는 건 앞으로 시장이 어떻게 변할지 모르니까 기업의 안전을 위해 예비 자금을 확보해둔다는 측면도 있기 때문입니다. 시장 상황이 갑자기 변해 매출이 뚝 떨어질 수도 있는데, 그래도 직원들한테 월급은 줘야 하고 기업은 살아남아야 하거든요. 또 시장의 변화에 따라 새로운 분야에 투자할 여력도 확보해두어야 합니다. 이익잉여금을 쌓아놓는 게 결코 나쁜 일은 아니라는 이야기입니다.

그런데 그렇게 옳은 일이 사회적 관점에서 보면 기술력이 높아지고 생산성이 향상되면서 일자리가 줄어드는 연쇄 반응을 통해 구성원 전체가 다 굶어 죽는, 자본주의 붕괴의 원인으로 작용하게 됩니다. 이를 자본주의의 구조적인 모순의 하나로 인식하는 것이 옳은 판단일 겁니다.

토마 피케티Thomas Piketty도 자신의 《21세기 자본》에서 이 맥락을 그대로 설명하고 있습니다. 피케티는 자본주의 체제가 생산해낸 부를 평범한 사람들에게까지 확산시키고 개인의 자유를 보장한다는 개념에 반대해, 국가의 재분배 기능이 사라진 자본주의에서는 자본가에 의한 비민주적인 소수 지배가 생겨난다고 주장함으로써 세계적인 논란을 불러일으켰습니다. 생산성이 향상되어 소수가 생산을 담당하면 자본의 이득이 늘잖아요. 그러면 그 자본의 이익이 사회로 환원되어 순환되어야 한다는 게 본래 자본주의의 기본 원칙인데, 피케티는 그 원칙이 지켜지지 않는다는 사실을 증명했습니다. 약 200년 동안 수십 개국에서 발생한 데이터를 모두 검증해봤더니, 그 발전된 자본주의 체제 아래의 나라들에서 공통적으로 지난 200년간 모든 재화가 제대로 분배되지 않고 꾸준히 자본으로 집중되었더라는 것입니다. 피케티의 업적은 새로운 아이디어나 새로운 사상을 만든 데 있지 않습니다. 그저 사상 최대로 광범위한 데이터를 모아 분석했을 뿐입니다. 역대 어떤 경제학자도 시도할 엄두를 내지 못했던 것을요.

그리고 피케티는 이렇게 말합니다. "자, 이제 우리는 이 문제에 대해서 이야기를 시작해야 한다." 이 결론을 받아들이기 힘든 우파 경제학자들이 반박해야 하는데, 반론 자체가 거의 불가능한 이유는 피케티의 주장이 매우 광범위한 데이터에 기반하고 있기 때문입니다. 반박하려면 그만큼의 다른 데이터가 또 필요하거든요. 또 반박하려고 보니까 피케티가 이렇다 하게 주장한 것이 없습니다. 그냥 데이터가 이렇게 말하고 있다고 보여줬을 뿐이죠. 그리고 이제 이야기를 시작하자고 하니까 반대론자들 처지에서는 무척이나 난감한 겁니다.

기본소득이라는
대안

저는 그 징후가 다 맞아떨어진다고 생각합니다. 기술이 발전하면서 생산성이 향상되는 건 어쩔 수 없는 현상입니다. 그런 상황에서 노동자와 자본가 사이에 갈등이 생깁니다. 갈등은 투쟁을 불러오고, 사회적인 타협으로 갈등이 조금은 해소됩니다. 그렇게 해서 만들어진 게 노동삼권이고, 노동법이고, 노동자 보호에 대한 개념입니다.

그렇지만 기술 발전은 더 가속화할 테고, 자본주의를 수정해서 안정시켜줄 거라 믿었던 사민주의마저 흔들리고 있는 이 상황에서, 이 모든 게 단순히 단기적인 불경기 탓이 아니라 구조적인 문제라는 점이 밝혀진 이 상황에서, 점점 소수의 노동력에 의해서만 가치를 생산하는 사회가 지속된다면 자본 쪽으로의 가치 편중은 더 가속화하겠지요. 이 상황을 역전시킬 방법은 현재로서는 없어 보입니다.

벌써 오래전에 마르크스는 자본주의의 종말을 예언했습니다. 그런데 그 예언은 틀렸습니다. 자본주의는 마르크스의 예언과 달리 망하지 않았습니다. 아직은 무엇이 될지 모르겠지만, 자본주의는 반드시 길을 찾아낼 겁니다.

이 문제와 관련해 현재 논의되고 있는 거의 유일한 대안으로

'기본소득basic income'*이라는 구상이 있습니다. 이 자리에서는 기본소득에 대해 자세하게 얘기하지 않겠습니다만, 매우 간단한 아이디어인 것은 분명합니다. 이 사회의 모든 구성원에게 그냥 돈을 좀 주자는 겁니다. 일을 하고 싶은데 못하고 있는 사람들이 너무 많고, 그 사람들을 복지제도로 감당하기 힘든 것도 사실이니까, 그냥 강제로 좀 배분하자는 겁니다.

이렇게 말하면 엄청 공산주의적인 생각 같죠? 그러나 아주 많은 학자들이 기본소득은 매우 우파적인 아이디어라고 생각합니다. 또 상당수의 마르크스주의자들은 기본소득을 싫어하기도 합니다. 기본소득이 노동의 가치를 떨어뜨린다고 생각하기 때문이에요. 일하지 않는 사람에게 왜 돈을 줘야 하는지 의문일 수도 있습니다.

저는 기본소득이라는 아이디어가 좌파적이건 우파적이건 상관없이, 위태롭게 벼랑 끝으로 달려가는 자본주의에 브레이크를 걸 수 있는 거의 유일한 대안이라고 생각합니다. 유럽에서는 이제 막 논의가 시작되고 있습니다. 우리나라에서도 많은 사람들이 이 아이디어에 관심을 기울이기 시작했죠. 사실 우리 사회에서는 기본소득을 이야기하면 거의 공산주의자로 취급받는 경향

---

* 기본소득에 관한 자료들은 '기본소득 한국 네트워크(http://basicincomekorea.org/)'에서 확인할 수 있다.

이 있긴 합니다만, 그럼에도 불구하고 이야기를 꺼내야 하는 이유가 있습니다.

첫째, 자본주의가 이렇게 본질적인 이유에서 위태로운 상황으로 달려가는 건 부정할 수 없는 현실이기 때문입니다. 둘째, 이 상황을 완화하거나 붕괴를 늦출 수 있는 아이디어가 반드시 필요하기 때문입니다. 저는 이 문제가 인터넷 공간에서 활발하게 논의되어야 한다고 생각합니다. 이 떡밥은 매우 좋은 떡밥이며, 많은 사람들이 이 떡밥을 물게 될 겁니다.

기술 발전으로 노동환경이 극단적으로 변화하고 있고, 이 변화로 인해 자본주의 자체가 위기를 맞고 있는데, 자본주의의 붕괴를 막을 수 있는 대안은 있는가 하는 떡밥입니다. 그래서 이 이야기를 강의의 맨 처음 떡밥으로 내놓은 겁니다. 오늘 이야기는 이것으로 마무리하겠습니다.

2강

역사

갈등의 뿌리, 반복되는 역사의 모순들

합의 없는 사회,
그 속사정

  이번 시간에는 무슨 이야기를 할까요? 팸플릿에는 멋진 제목이 적혀 있지만, 사실은 역사를 바라보는 제 관점을 이야기할 생각입니다. 광고는 언제나 과장되기 마련이죠. 그것이 세상의 진실입니다.(웃음) 하지만 제가 오늘 하고자 하는 얘기가 단순히 역사에 관한 것은 아닙니다. 도대체 어떤 역사를 겪어왔기에 우리 사회가 이 모양이 됐는지, 그것을 이야기해보고 싶습니다. 바로 합의가 힘든 우리 사회 이야기예요.

  한때 잘나가던 '키보드 워리어'의 시각에서 볼 때 너무 답답하다는 느낌이 들 때가 많습니다. '키보드 배틀'을 벌였을 때 이겨도 이긴 것 같지 않고, 져도 진 것 같지 않아요. 논쟁이 벌어지면 최선의 결과는 둘이 토론을 거쳐 합의에 이르는 겁니다. 완전히 합의하지 못하더라도 뭔가 생산적인 결론을 내는 것이 좋죠. 둘

다 결론에 기여했으니까요. 그렇지만 둘 사이의 의견 차이만 확인한채 아무런 통합된 결론을 내리지 못하는 경우는 둘 다 지는 거라고 볼 수 있을 겁니다. 물론 키보드 워리어들 사이에서는 마지막 댓글을 다는 사람이 이기는 거다, 부모님 욕하는 사람이 지는 거다, 이런 격언이 떠돌기는 합니다. 워낙 답이 안 나오니까 이런 농담이 나온 거겠죠.

키보드 워리어들의 댓글 논쟁뿐 아니라 사회적 토론에서도 생산적인 결론이 도출되는 경우는 지극히 드뭅니다. 〈백분토론〉 〈끝장토론〉 같은 프로그램에서 합의를 이끌어내는 걸 보신 적이 있나요? 아니, 토론 말고도 우리 사회에서 뭔가 의사결정이 필요한 상황에서 토론과 합의를 통해 멋진 결론을 내는 걸 보신 적이 있나요? 거의 없는 것 같습니다. 대부분의 경우, 의사결정은 권력을 쥔 일방의 의지에 따라 이루어집니다. 특히 최근에는 그런 경향이 더욱 강해지는 것 같습니다.

저는 그 점이 몹시 궁금했어요. 왜 우리 사회는 서로의 의견을 조율해서 합의안을 만들어내지 못할까? 유럽 사회에서는 노사가 대타협을 해서 임금 인상 가이드라인을 정하거나 앞으로 제도를 어떻게 변화시키겠다고 결정했다는 이야기가 가끔 들립니다. 그리고 세계의 패권을 차지했지만 민주주의가 썩 발전했다고 보기 어려운 미국을 봐도, 공화당과 민주당이 만날 싸우는 것 같지만 꽤 많은 합의를 합니다. 미국의 정치 드라마 〈웨스트 윙

The West Wing〉을 보면 그런 장면들이 많이 나옵니다. 겉으로는 싸우지만 물밑에서는 합의점을 찾는.

우리는 왜 그걸 못할까요? 한쪽에서는 국회를 점거하고 농성을 하고, 한쪽에서는 법안을 날치기로 통과시키거나 직권 상정을 해버리고 한단 말이죠. 그나마 합의처럼 보이는 것도 사실 이해관계가 얽힌 '거래'일 뿐입니다. 예를 들면 여당 쪽에서 반드시 통과시켜야 하는 새해 예산안 같은 것을 통과시켜주는 조건으로 야당이 발의한 법안 몇 개를 세트로 통과시켜준다거나 하는 식이죠. 이건 합의라기보다는 거래입니다. 합의란 그 법안의 세부사항을 점검하여 서로 양보할 수 있는 선으로 조정하는 것을 의미하니까요.

그럼 유럽인이나 미국인들은 우리보다 사람의 품질이 좋아서 합의가 가능하고 우리는 불가능한 걸까요? 도대체 우리는 왜 합의를 못하는 걸까요? 국가적인 차원에서뿐만 아니라 사회적인 면에서도 합의가 안 되는 것 같아요. 어떤 사안에 대해 서로 웃으면서 합의하지 못하고 결국은 힘의 대결로 가는 경우가 많습니다. 최근 밀양의 송전탑 설치 문제라든가 제주의 해군기지 건설 문제가 그렇게 양쪽 힘의 대결로 귀결되고 있지요. 원전 문제나 핵폐기물 처리시설 문제도 마찬가지입니다. 도심에서는 쓰레기 소각장의 위치 문제나 교도소·화장장 같은 혐오시설 설치 문제가 힘의 대결로 귀결되곤 합니다.

아주 사소하게는 물건을 사고팔 때도 양쪽이 만족하는 게 아니라 강자의 뜻에 맞추게 됩니다. 거래라는 건 양쪽 모두에게 이득이어야 이루어지는 거잖아요. 그런데 우리 사회에서는 대부분의 거래가 한쪽이 마지못해 울며 겨자 먹기로 이루어지는 경우가 많습니다. 합의할 줄 모르는 거죠. 그러다 보니 '갑질' 문제가 세상을 시끄럽게 합니다. 합의에 따라 양쪽이 모두 행복한 결말을 맺는 방식이 아니라 권력을 쥐고 있는 '갑'이 모든 것을 자기 좋은 대로 결정하는 것, 이게 바로 '갑질'의 기본 형태가 되겠죠.

그럼 우리는 왜 이렇게 합의를 못하는 걸까요? 제가 떠올린 답은 이겁니다. 우리 근현대사에 누적된 모순이 많기 때문이라는 것. 너무 많은 모순이 쌓여 있고 그걸 해결하지 못해서 서로 말이 안 통한다는 것입니다. 좀 뜬금없는 결론이라고 생각하실 수도 있겠지만, 왜 그런 결론을 내렸는지 이번 시간에 설명드리도록 하죠.

역사의 모순,
그 의미

원래 이번 시간에 말씀드리려고 했던 것은 역사의 모순입니다. 모순矛盾. 많이 쓰이는 말이지만, 막상 물어보면 잘 정리가 안 되죠. 이 말의 기원은 다들 아실 겁니다. 초楚 나라에서 무기를 팔던 상인이 이 방패는 어떤 창으로도 뚫을 수 없다고 자랑하고, 동시에 이 창으로는 어떤 방패도 뚫을 수 있다고 이야기하죠. 그럼 그 창으로 방패를 뚫으면 어떻게 되나요? 말이 막히게 됩니다. 모순의 어원은 이렇습니다.

논리적인 관점에서 모순은 두 개의 명제가 동시에 참이 될 수 없는 상황을 가리킵니다. 사실 엄밀하게 보면 창과 방패 이야기는 모순에 속하지 않습니다. 둘 다 거짓이기 때문입니다. 논리학적인 모순은 아리스토텔레스의 '대당사각형Square of opposition'이라는 개념에 등장합니다. 양쪽 명제가 둘 다 동시에 참이거나 둘 다 동시에 거짓일 수 없어야 합니다. 예컨대, '모든 사람은 흑인이다'라는 명제와 '어떤 사람은 흑인이 아니다'라는 명제가 그런 경우입니다. 둘 다 동시에 참이 되거나, 거짓이 될 수 없는 명제들이에요. 그런데 창과 방패 이야기에 나온 모순도, 아리스토텔레스의 논리학적 모순도, 역사의 모순과는 다른 이야기입니다.

그렇다면 흔히 말하는 역사의 모순란 과연 무엇을 말하는 걸까요?

이건 저희 세대가 교과서처럼 여겼던 《변증법적 유물론》에 나오는 이야기예요. 변증법적 역사관에서 보면 모든 사회는 자본이나 생산수단의 소유 여부 또는 많고 적음에 따라 계급이 나뉩니다. 계급 사이에서는 서로 이익이 되는 대안을 찾기가 불가능하다는 이야기입니다. 즉 어느 한쪽이 이익을 보면, 다른 한쪽은 반드시 손해를 보게 되어 있다는 거죠. 그런 모순이 존재할 때 계급투쟁이 일어난다고 합니다. 혁명이 일어난다는 거죠. 사회주의의 발전 단계를 그렇게 설명합니다. 모순은 어찌 보면 변증법적 유물론의 핵심이에요. 이 사회에는 반드시 모순이 있으며 그 모순에서 계급투쟁이 발생한다, 계급투쟁은 혁명을 이루는 원동력이며 이를 통해 모든 사회는 사회주의 국가로 발전한다는 논리 구조를 취하고 있습니다.

여기서 의문이 생깁니다. 사회주의 국가에는 아무런 모순이 없을까요? 사회주의 국가는 모순을 해결한 사회니까 모순이 없어야겠죠. 그러면 더 이상 계급투쟁이 없을 것이고, 그러면 인류는 영원토록 사회주의 안에서 행복하게 살 수 있다는 말일까요? 그렇진 않을 것 같은데 말이죠. 그리고 반드시 모순이 있어야 사회가 변화, 발전한다는 생각도 있습니다.

아무튼 우리가 이야기할 때 나오는 '누적된 역사의 모순'에서 '모순'은 변증법적 유물론에서 나온 개념이라는 점을 말씀드리고 싶습니다. 우리보다 앞선 시대의 지식인들이 이 말을 많이 한 까닭에 역사 속에서 벌어지는 복잡한 문제는 다 모순이라고 관습적으로 이야기하는 경향이 생긴 것 같기도 합니다. 이렇게 말하면 그쪽을 전공하신 분들은 아주 중요한 철학적 개념을 왜 이렇게 엉터리로 설명하느냐며 화내실지도 모르겠습니다. 하지만 그렇게나 중요한 개념을 잘 아시는 분들이 지난 수십 년간 우리 사회를 왜 이 모양으로 만들어놨는지 궁금하기도 합니다.(웃음)

모순이 불러온
'한'의 정서

현실에서는 그런 모순들이 조금 다른 형태로 등장합니다. 직장에서 일하다 보면 가끔 그런 이야기가 나오죠. 왜 저 사람은 무슨 일을 할 때 맺고 끊는 바가 없는가. 일을 깔끔하게 마무리하지 못한다는 뜻이죠. 그런데 개인적인 문제는 그 사람만 욕먹고 끝날 수도 있지만, 사회적인 문제로 가면 그리 간단하지 않습니다.

사회적인 사건에도 분명히 맺고 끊는 바가 있어야 합니다. 어떤 사건이 깔끔하게 끝맺음되었다는 건 무슨 뜻일까요? 그 사건의 관련자 모두가 불만이 없어야 한다는 뜻입니다. 서로 만족할 수 있게 사건이 마무리되면 제대로 끝난 겁니다. 그런데 사건 관련자 100명 중 80명이 불만을 품은 채로 사건이 끝났다면 이건 제대로 마무리되지 않은 거죠. 물론 그 사건과 관련된 집단 사이에 모순 관계가 없다면 모두를 만족시킬 수 있는 방법이 존재해요. 하지만 모두, 아니 대부분을 만족시킬 수 있는 방법이 없는 경우도 꽤 많습니다. 그걸 모순이라고 정의할 수 있을 겁니다.

모순이 해결되지 않은 상태로 마무리된 사건은 상당수 사람들에게 억울함을 남기게 됩니다. 억울함이 남아 있으면 그 일은 끝난 게 아니에요. 그 사람들이 억울함을 해결하려고 하겠죠. 복수할 수도 있고요. 끝이 나지 않는 거예요. 역사적인 사건도 그 사건 내부에 모순적인 상황이 포함되어 있으면 해결하기가 쉽지 않습니다. 특히 분명 해결책이 있는데도 권력을 가진 누군가가 원하는 대로 일이 종결될 때도 이런 억울함이 남게 됩니다. 그처럼 제대로 해결되지 않고 힘으로 덮은 사건이 무수히 쌓여 있는 상황을 '누적된 모순'이라고 할 수 있겠죠.

이런 누적된 모순은 역사를 보는 관점에서 아주 중요한 동력으로 작용하는 것 같습니다. 누적된 모순은 끊임없이 갈등과 사고를 일으킵니다. 단순하게 말해서 누가 내 가족을 죽이고 도망갔다면, 내 처지에서는 가해자가 밝혀져 응분의 처벌을 받고 내가 입은 피해가 조금이나마 복구되기 전에는 결코 그 사건이 끝나지 않을 겁니다. 우리 근현대사에는 이런 식으로 모순이 해소되지 못하고 그대로 쌓여가는 경우가 많았습니다.

널리 쓰이지만, 저는 몹시 마음에 들어 하지 않는 말이 하나 있어요. 우리 민족 특유의 정서를 상징하는 '한恨'이라는 말입니다. 긍정적으로 보면 그럴 수도 있을 거예요. 워낙 고생들을 많이 했으니 한이 쌓였겠죠. 하지만 그걸 미화하는 것은 결코 좋게 받아들이기 힘듭니다. 누구 마음속에 한이 쌓였다는 얘기는 억울함이 있다는 뜻이고, 모순이 해결되지 않았다는 뜻이다. 그런데 우리 민족 전체에 한이 쌓여 있다고요? 그건 우리 민족이 일 마무리를 잘못한다는 고백이나 마찬가집니다. 왜 항상 모든 일에 한 맺힌 사람들이 나오는가, 이러면 안 되는 거죠. 그러니까 모든 일이 잘 끝나고 억울한 사람이 없어서, 한 맺힌 사람이 없는 게 올바른 상태, 정상적인 상태입니다.

그런데 너무 많은 모순이 존재했고 그 모순들에서 비롯된, 해결되지 않은 사건이 많은 상황에서, 일부 행복한 사람들이 억울한 사람들에게 우리 민족에게는 원래 한의 정서가 있는 거니까 그걸 복수로 풀려고 하지 말고 예술로 승화시켜 '서편제' 같은 걸 불러라, 이렇게 미화하고 있다는 느낌이 든단 말이죠. 해결하기 싫은 겁니다. 왜? 그 문제를 해결하려면 내가 얻은 행복감이 사라지니까. 돈 문제라면 내가 차지했던 것을 토해내야 하니까 그러겠죠.

이렇게 우리 민족사에서 흔히 발견되는 모순은 '한'이라는 이름으로 가려지고 있습니다. 개인적으로 〈서편제〉라는 영화를 무척 좋아합니다. 마지막 장면이 정말 슬프잖아요. 그렇지만 우리가 살고 있는 사회와 관련해서 '한'을 들먹인다면, 저는 결코 그 '한'이라는 글자 하나 때문에 모든 것을 포기하고 주저앉을 생각은 없습니다.

근현대사의
모순과 마주하다

우리가 지나온 역사, 멀리 갈 것도 없이 과거 150~200년 정도만 돌아보더라도 한 또는 억울함이라고 표현할 수 있는, 모순된 역사의 풍경을 아주 쉽게, 많이 확인할 수 있습니다. 너무 지독하게 쌓여 있어서 어디서부터 실마리를 풀어야 할지 모를 정도입니다. 게다가 그런 사건들이 또 다 연결되어 있어요. 하나를 해결하려면 그 앞에 있는 사건을 해결해야 하고, 또 그걸 해결하려면 더 앞의 사건을 해결해야 해요. 그래서 감히 해결할 엄두를 못 낼 정도입니다. 너무 두껍게 쌓여 있는 거죠. 그러다 보니 모순된 사건들이 자체 재생산되기도 합니다. 앞 시대의 모순된 사건에서 유발된 억울함이 직접 관련이 없는 후대의 사건에서도 문제를 일으킬 수 있다는 말입니다.

사회마다 모순이 생겨나는 속도와 소멸하는 속도가 제각각입니다. 그러면 우리 사회는 어떨까요. 우리나라는 특히 최근의 100년 정도를 놓고 보면 모순이 해결되는 속도보다 쌓이는 속도가 훨씬 빠른 것 같습니다. 지금도 오히려 더 많은 모순이 쌓여가고 있어요. 그러면 한국 근대사에서 어떤 일들이 있었는지 잠시 살펴보도록 할까요?

조선이 망하고 일제강점기로 접어들기 직전, 아주 유명한 사건이 있었습니다. 바로 '동학농민운동'이에요. 당시 조선의 지배 계층과 호남지역 백성들이 대립하면서 일어난 사건이죠. 지금 생각해보면 둘 사이에 타협 가능한 대안이 있었을 것 같아요. 그러니까 고을 군수 조병갑의 폭정을 좀 처벌하고, 백성들을 다독일 수 있는 방안을 내놓는 거죠. 그러나 조선의 지배층은 백성들과 타협할 생각이 전혀 없었어요. 동학을 일으킨 백성들과 합의할 만한 대안이 있는데도 자기들 기득권을 내놓기 싫어서, 또 이 백성들을 진압할 힘이 없어서 일본을 끌어들였죠. 이 사건을 계기로 일본은 한반도에서 주도권 쟁탈전에 뛰어들었고, 청일전쟁과 러일전쟁을 일으켜 한반도를 집어삼키게 됩니다.

이 큰 역사의 흐름 속에서 놓치기 쉽지만 그러나 꼭 주목해야할 것이 동학혁명의 결과로 억울함을 품게 된 사람들입니다. 물론 그 사건과 직접적으로 관련된 사람들은 그때 이미 죽음을 당했겠지만, 억울한 사람들의 가족과 친구들은 어떨까요? 이 사람들의 억울함은 세월이 흐르면 저절로 사라질까요? 그렇지 않습니다. 그 억울함은 대를 거듭해 이어지게 됩니다. 실제로 어린 나이에 동학에 참여했다가 살아남은 사람들이 독립운동을 하게 되고, 그들의 자녀들 또한 부모와 같은 길을 걷게 됩니다. 그 과정에서 그 사람들의 세계관도 변했겠죠. 저 권력자들이 우리 부모를 죽이고 동료를 죽이고 우리 삼촌을 죽였다, 그러니 나는 저항해야 하며 그게 옳은 일이다, 이런 생각을 품게 됩니다. 그런 생각이 대를 이어 전달되면서 모순도 대를 이어오게 된 거죠.

어떻게 생각하면 철저하게 힘의 논리라고 생각할 수도 있는데, 조선시대 지배계층은 파렴치한 구석이 있었어요. 저 무지렁이 백성들 손에 나라의 권리를 넘겨주느니 외세에 넘기겠다는 식이었죠. 1910년경에는 그렇게 일본에 주권을 넘겨주게 됩니다. 창피한 이야기지만, 을사조약乙巳條約(1905) 같은 것도 어떤 면으로는 자발적인 조약이었다고 볼 수 있습니다. 물론 거기 참여한 대신들이 그 조약에 조인할 권리가 있었는가는 충분히 논쟁이 가능하겠지만, 큰 틀에서 보면 일본은 별다른 유혈 사태 없이 조약을 맺을 수 있었던 것입니다.

일본 군대가 들어와서 그냥 뒤에 서 있기만 하고, 대신들은 자발적으로 국가의 주권을 팔아넘김으로써 어마어마한 대가를 챙긴 겁니다. 정말 부끄러운 일이죠. 조선의 지배계층과 피지배계층을 나눠서 생각해보면, 지배계층은 주권을 넘긴 다음 그 대가를 받았다는 것을 분명히 알 수 있습니다. 그 사람들에게는 별로 억울함이 없을 거예요. 인터넷으로 검색해보면, 1920년대 고관을 지낸 윤덕영*이란 사람의 저택 사진을 찾을 수 있을 겁니다.

---

* 순종의 두 번째 황후인 순정효황후의 백부이다. 1895년 신사유람단의 일원으로 일본을 시찰했으며 1910년 한일병탄조약 체결 때 고종과 순종을 협박해서 옥새를 빼앗는 등의 방법으로 조약 체결에 가담했고, 그 공훈을 인정받아 일제로부터 훈1등 자작 작위와 은사금 5만 엔을 받았다.

지금의 서울 옥인동 일대로, 언덕 위에 거의 성채를 방불케 하는 집이 있습니다. 그리고 그 언덕 아래에는 소작인들의 작은 초가집이 있습니다. 이 초가집과 대저택의 대조적인 모습이 조선 지배계층과 피지배계층의 차이를 감성적으로 느끼게 합니다. 거기에 한 가지 포인트가 더 있습니다. 초가집 왼쪽으로 이층 양옥집한 채가 더 있거든요. 윤덕영이 딸을 위해 지은 저택입니다. 이집만 해도 초가집보다 몇 배는 더 큽니다.(이 저택은 해방 후 서울대학교 미대 교수였던 박노수 화백의 집이 되었다가 지금은 박노수 미술관으로 쓰이고 있습니다.)

그들은 나라를 팔아넘긴 대가로 도대체 얼마를 받았던 걸까요? 그들은 절대 억울하지 않을 겁니다. 자신이 내린 결정에 충분한 대가를 받았으니까요. 오히려 자신들이 받은 그 대가를 부정한 축재라고 비난하는 사람들을 불쾌하게 여기겠죠. 반대로 그 결정 과정에 참여하지 못한 피지배계층은 혹독한 대가를 치르게 됩니다. 일본이 조선에서 생산되는 대부분의 자원, 즉 쌀이나 천연광물을 가져가는 규모에 비례해서 피지배계층은 고통스러운 경험을 하게 됩니다. 이것도 굉장히 억울한 일이죠. 자기가 참여하지 않은 결정 때문에 입은 피해도 역사의 모순 중 하나라고 볼 수 있습니다. 그래서 이 사람들의 가슴에는 또 억울함이 쌓입니다. 이 사람들이 동학운동에 참여해 싸우던 그 사람들과 결코 다른 사람들이 아닙니다.

조선 땅에서 그렇게 고통받던 사람들이 결국에는 만주나 연해주로 가지요. 그러나 그곳에서도 좋은 꼴은 못 봅니다. 연해주로 간 사람들은 훗날 스탈린에 의해 우즈베키스탄 같은 곳으로 강제 이주*를 당합니다. 한겨울에 기차를 타고 시베리아 대륙을 횡단해야 했던 한인 이주민들에게 난방이나 식량이 제대로 공급되지 않았을 것은 뻔한 일입니다. 통계가 너무 복잡해서 확실하지는 않지만, 이동하는 도중 약 20퍼센트가 넘는 사람들이 죽었다고 합니다.

이주자들이 도착한 곳은 우리나라와 너무 다른, 우리 땅에서는 듣도 보도 못한 벌레와 파충류가 있고 경험하지 못한 풍토병이 있는 곳이었습니다. 그들은 거기서도 온갖 고난을 이겨내고 끈질기게 쌀농사를 성공시켜서 소비에트 전체에 식량을 공급하는 역할을 맡게 됩니다. 그 동네에서 한인 이주자들은 '카레이스키(고려인)'라 불리며 대접받고 살았습니다. 경제권을 쥐기도 했다는군요. 그렇다고 해서 선조들이 강제로 이주당했던 문제가 해결된 건 아니죠. 거기에도 역시 억울함이 쌓여 있습니다. 우리가 제대로 된 국가를 이루고 살고 있다면 도의상 그들의 아픔을

---

* 스탈린 시대 소련이 1937년 대규모 민족 이주 정책의 일환으로 시행한 '고려인 강제 이주'는 소련의 영토였던 시베리아의 극동 지방에 사는 대부분의 한인(약 17만여 명)을 중앙아시아로 이주시키는 정책이었다. 이 과정에서 2만 5천여 명 이상이 숨진 걸로 기록되어 있지만, 실제로는 그보다 훨씬 더 많은 수가 죽은 것으로 알려져 있다.

어느 정도 해결해야 한다고 생각합니다. 그런데 우리는 전혀 못하고 있죠. 생각도 못하고, 행동도 못하고. 이렇게 모순은 계속 쌓여나가는 거예요.

만주에 있던 사람들은 또 어떨까요. 이 사람들은 사실 근대적인 국가에 대한 소속감 따위는 별로 없었을 겁니다. 그저 한반도에서 먹고살기 힘드니 북으로 도망가서 만주 벌판의 주인 없는 땅에 살았던 거죠. 그런데 당시 만주 정세 때문에 벼락 맞은 듯한 일을 당하게 됩니다. 일제에 저항하던 우리나라의 무장 독립군들이 청산리에서 전투를 벌였는데, 그 전투에서 크게 패한 일본군이 전술적인 목적에서, 또 한편으로는 분풀이 삼아 그 지역에서 독립군을 지원할 만한 가능성이 있는 조선인 촌락을 공격한 거예요. 남자들은 잡아가거나 죽이고 여자들과 아이들, 노인들은 수용소에 가둡니다. 마을은 다 태워버리고요. 이걸 '청야 작전'이라고 하는데 아주 끔찍한 일이었죠. 그럼 거기서 논과 밭을 일궈서 살다가 쫓겨난 사람들은 어떻게 될까요. 가슴에 피멍이 드는 거죠. 겨우겨우 살아난 사람들은 평생에 걸쳐 일본과 싸우게 됩니다. 일부는 상해 임시정부 광복군에 합류하기도 하고, 또 더 많은 일부는 마오쩌둥의 팔로군에 합류했어요.

어쨌거나 그들이 겪은 고통은 일종의 역사적 모순으로 남아 대를 이어 지속됩니다. 그런 사람들에게 대한민국은 국가 차원에서 어떤 보상을 하거나 역사를 확인해 훈장을 주거나 적절한 예우를 갖춰 대우해준 적이 없습니다.

여전히 해결되지 않은
모순들

이번 시간에는 역사를 쭉 훑어가면서 사람들 마음에 억울함을 쌓은 사건들을 이야기할 텐데 지루할지도 모르겠네요. 일반적으로 한 사회의 헤게모니를 쥐고 있는 세력이 바뀌면 한동안은 이전 사회의 모순들이 해결되기 마련입니다. 프랑스의 경우 드골 정부는 독일 치하에서 프랑스 독립운동에 투신한 레지스탕스가 겪었던 고통과 억울함을 종전 후 무서울 정도로 깨끗이 해소해줍니다. 레지스탕스 활동을 한 사람들한테 직접적으로 위협을 가한 사람은 물론, 그들이 숨어 있는 위치를 알려주거나 레지스탕스에 반하는 행동을 한 사람들은 모조리 재판에 회부해 처벌받게 합니다. 나치에 부역한 언론인들도 몹시 무섭게 처벌했죠. 반대로, 위험을 무릅쓰고 레지스탕스에 협조한 사람들에게는 아주 큰 특혜를 제공합니다. 그렇게 프랑스는 독일 치하에서 발생한 모순의 상당 부분을 해결하고 넘어갑니다.

우리는 그걸 못한 겁니다. 일제가 물러간 뒤 독립운동가들은 내심 기대를 했을 겁니다. 이제 세상이 바뀌었으니 저 일본 순사들 감옥에 좀 넣고 욕도 좀 해줘야겠다는 생각을 당연히 했겠죠. 그런데 뜻밖에 미국에서 독립운동을 했다는 이승만이 국내로 들어와 헤게모니를 장악하는 과정에서 자신의 약한 지지 기반을 극복하기 위해 아주 중요한 우군인 미군정에 더해, 이제 존립 근거를 잃고 처벌만 기다리고 있던 친일 경찰들을 대거 등용한 겁니다. 당연히 모순은 해소되지 않고 증폭되었겠죠.

심지어 일제 치하의 경찰, 흔히 말하는 친일 경찰들에게 정당성을 부여해주는 흐름마저 생겨납니다. 사실 이 사람들도 해방 직후에는 그래도 세상이 바뀌었으니 경계하는 마음이 있었겠죠. 일제강점기처럼 독립운동가들을 괴롭힐 마음을 먹지는 못했을 겁니다. 그런데 이들에게 명분이 생깁니다. 좌익 계열이었던 상당수의 독립운동가들을 공산당, 빨갱이라는 구실로 가혹하게 탄압하기 시작합니다. 저들은 우리가 새로 만들 나라에서는 함께할 수 없는 빨갱이들이고, 따라서 제거해야 할 대상이라는 명분을 내세워서 말이죠. 이 과정을 통해 우리 사회에서는 일제 35년간 누적되어온 온갖 모순이 증폭되기 시작합니다.

또 있습니다. 이제는 일본과의 싸움이나 중국과의 싸움이 문제가 아닙니다. 좌우 이념 대립으로 내전이 벌어집니다. 사상이 다른 사람들끼리 서로 죽이기 시작하죠. 이런 전쟁이 벌어지면 민간인들도 어지간히 각오를 합니다. 하지만 정말 받아들이기 힘든 것은 우리 편에 의한 죽음일 겁니다.

다들 잘 아시겠지만, 잠깐 설명하자면 '보도연맹保導聯盟 사건'이라는 게 있었죠. 보도연맹은 사상이 의심스러운 사람들을 묶어서 관리하겠다는 일제의 '시국대응전선사상보국연맹時局對應全鮮思想報國聯盟' 체제를 그대로 이어받은 단체입니다. 그런데 이 단체가 진짜 사상이 북조선과 친하고 좌익인 사람들만 관리했으면 그나마 나았을 텐데, 해방 직후 불안한 정국에서 아직 조직이 정비되지 않은 상태이다 보니 잡아들여야 할 사람들의 할당량을 정하고 그 할당량을 채우기 위해 좌익과 아무 상관도 없는 농민들까지 마구 집어넣었단 말이죠. 그리고 전쟁이 터지니까 이 사람들을 가차 없이 죽여버린 겁니다. 이렇게 당한 사람들과 그 가족들의 억울함은 어떻겠습니까.

그뿐이 아닙니다. 전쟁이 터지면 병력이 필요하죠. 새로 군인을 뽑아야 합니다. 그래서 아주 큰 계획을 세워서 전국적으로 '국민방위군'이라는 군대를 창설합니다. 자원 입대한 사람들을 훈련시켜서 대한민국 국군의 병력으로 쓰려고 한 거죠. 그런데 전쟁 중에 공무원의 기강이 흐트러지면서 군인들을 먹이고 입힐 자금이 어디론가 다 사라지고 맙니다. 그 결과 국민방위군 수십만 명이 서울에서 경남 지방까지 걸어서 이동하는 끔찍한 일이 벌어져요. 보급이 거의 없었거든요. 그래서 걷다가 마을에 들어가서 얻어먹고, 주지 않으면 빼앗아 먹곤 했습니다. 게다가 계절은 또 추운 겨울이었습니다. 엄청난 수의 사람들이 굶어 죽고

얼어 죽고 했어요. 아주 유명한 사건이었습니다.* 결국 책임자 몇 명이 사형을 당했지만, 가장 큰 책임이 있는 이승만은 전혀 책임을 지지 않았죠.

이것까지는 백번 양보해서 전시 상태의 군 내부에서 일어난 일이라고 할 수 있겠지만, 거창 양민 학살 사건은 그 대상이 민간인이라는 점에서 더 끔찍합니다. 1951년 국군은 경남 거창 인근의 산악 지대에 사는 사람들을 대상으로 토벌작전을 펼칩니다. 명분은 분명하죠. 전선이 경상도까지 내려갔다 올라갔다 했기 때문에 적군이 산에 숨어 있을지 모른다는 것이었습니다. 그런데 토벌 과정에서 전공에 눈이 먼 지휘관들이 산속에 숨어서 반정부 활동을 하는 게릴라들만 죽인 게 아니라 무고한 민간인들까지 죽입니다. 몇 명을 죽였는지 보고하고 포상을 받은 거죠.

이런 일은 주민들 처지에서는 날벼락이나 마찬가지입니다. 나는 누구 편도 아니고 산에서 약초 캐다 팔면서 잘 살고 있었는데, 갑자기 적군도 아닌 국군이 와서 죽이는 거죠. 이 사건도 덮일 뻔하다가 동군 출신 국회의원 신중목의 보고로 공개되어, 당시 부산에서 열린 임시 국회를 통해 조사가 시작되면서 역사에

---

* 1·4 후퇴 때 국민방위군 간부들이 약 25억 원의 국고금과 물자를 부정 착복해 군인들에게 식량·피복 등 보급품을 지급하지 못하게 됐고, 그 결과 방위군 수만 명이 아사한 사건이다. 이승만에게 우호적이었던 역사학자 유영익도 9만 명 이상이 사망했다고 기록했으며, 〈중앙일보〉 보도에도 50만 명의 병력 중 20퍼센트 이상이 사망한 것으로 되어 있으니, 실질적인 사망자 수는 10만 명을 훨씬 웃돈다고 볼 수 있다.

남았습니다. 이런 문제가 알려졌으면, 잘못한 군인들을 처벌하고, 그 사건으로 피해를 입은 가족들에게 국가 차원의 보상을 해주고, 가해자들을 역사에 기록해서 다시는 이런 일이 일어나지 않게 해야 그나마 모순이 좀 해소되는데, 이 또한 제대로 이루어지지 않았죠. 정말 혈압 올라가는 이야기들이에요.

그때 거창에서 피해를 입은 사람들의 가족이 겪은 정신적 충격이 어느 정도였는지 한번 느껴보시라고 조금 더 설명드리겠습니다. 이 사건은 이승만 정권 내내 제대로 논의 되지 않았어요. 국회에서도 덮어버렸고요. 피해자들은 그 억울함을 마음속에 담아두고 버텼을 거예요. 그런데 한 10년도 안 돼 4·19 혁명이 일어나고 이승만 정권이 붕괴하잖아요. 그때부터 20일 뒤인 5월 11일, 유가족들이 이 사건의 진상조사와 피해보상을 요구했어요. 이때 어떤 일이 벌어졌냐 하면, 사건 당시 군인들이 운동장에 사람들을 다 불러 모아놓고 공무원 가족과 군인 가족은 살려주기 위한 선별 작업을 했는데, 이 지역에서 면장을 하던 박영보라는 사람이 군인 옆에 서서 그걸 도왔거든요. 그 사람 손가락질한 번에 사람들이 죽어나간 거예요. 그래서 이 사람은 거창 양민학살 사건 피해자들에게는 어떤 상징적인 존재로 마음속에 남아있었습니다. 피해자들을 살릴 수 있는 최후의 한 사람이었는데 자신들을 배신했다고 생각한 거죠.

1960년 5월 주민들이 박영보를 불러서 그 당시 잘못을 인정하고 사과하라고 요구하자 그는 사실 자체를 부인하고 도망을 가요. 주민들의 분노가 폭발합니다. 박영보를 잡아다 기둥에 묶어놓고 산 채로 태워버렸습니다. 이 사람들이 겪은 억울함의 두께를 우리는 이해하기 힘들어요. 정상적인 상황에서 사람을 태워죽인다는 게 이해가 안 되잖아요. 억울함이 정말로 두껍게 쌓이면 이런 일이 벌어질 수 있는 겁니다.

1960년 5월은 정말 혼란스러운 시절이었죠. 거의 무정부 상태였거든요. 그런 상황에서도 이 사건은 사회적으로 아주 큰 이슈가 됩니다. 국회 차원에서 재조사를 하고 피해보상을 하되, 처벌할 사람은 처벌해야 한다는 논의가 활발하게 일어났어요. 그런데 갑자기 박정희가 등장한 겁니다. 결국 그 모순도 해결하지 못하게 돼요. 박정희가 집권한 18년 동안은 피해보상은커녕 책임자 처벌도, 진상조사도, 엄두를 내지 못했어요. 그러는 사이 피해당사자나 가족들은 나이가 들어 차례로 세상을 떠났고요.

심지어 박정희는 주민들이 집단으로 와서 이 문제를 해결해달라고 요구하자 계엄령 아래서 집단행동을 하는 사람들은 엄벌에처하겠다고 엄포를 놓습니다. 불순 세력으로 몰아서 유가족들을 잡아넣기도 했죠. 사회 각계각층에 억울한 사람이 너무 많으니까, 그 사람들이 일제히 나와서 자기의 억울함을 풀어달라고 하면 감당할 자신이 없었는지도 몰라요. 그렇다고 해서 그 피해자들을 억압한다는 것은 그 누적된 모순을 열 배는 증폭시키는 처사였죠. 그래서 거창의 피해자들은 박정희 정권이 끝날 때까지 또 참아야 했습니다. 그 뒤로 전두환 정권이 들어서서 또 참았어요. 결국은 김대중 정권에 들어서서야 유족들을 위로하는 유적비 정도가 만들어집니다. 그러나 문제를 해결할 수 있는 기회는 이미 다 지나가버린 뒤였습니다. 사람들의 마음속에는 영원히 풀 길 없는 원한만 남아버렸겠죠.

대화 없는
사회

사회적 모순을 풀어야 할 주된 책임은 그 시점에서 그 사회의 헤게모니를 쥔 사람에게 있습니다. 물론 사회 구성원들이 모순 해결을 요구해야겠지만요. 그런데 우리나라 역대 권력자들은 이상하게도 사회의 모순을 해소하는 데 별로 관심이 없었어요. 어쩌면 당연한 일일지도 모르겠습니다. 자기 권력을 유지하는 일이 가장 중요한 권력자들에게, 해결해야 할 모순을 안고 사는 이들은 그다지 중요하지 아니었을 테니까요.

그런데 그들은 그처럼 해결되지 않은 모순들이 자꾸 누적될 때 후대에 어떤 악영향을 주게 될지 전혀 이해하지 못했던 것 같습니다. 그저 억누르고 외면하고 있으면 사람들이 잊을 줄 알았던 거죠. 하지만 문제들이 해결되지 않고 점점 더 누적되면 언젠가는 어떤 형태로든 터져나올 수밖에 없습니다. 그 결과가 바로 오늘날 우리 사회에서 발견할 수 있는 극단적인 의견 대립과 도저히 통합될 수 없는 집단 간의 견해차라는 무서운 상황입니다. 서로 다툴 일이 전혀 없는 집단 사이에서도 과거의 누적된 경험 때문에 사사건건 의견 충돌이 생기곤 하죠. 즉 해결되지 않고 누적되어온 모순들이 새로운 모순을 만들어내는 겁니다.

예를 들어 친일 행위로 재산을 모은 집단과 독립운동가의 후손 집단 사이에는 서로 반목할 수밖에 없는 상황이 연출됩니다. 이 두 집단 사이에 정상적인 대화가 가능할까요? 서로가 상대를 한 사회를 이루는 동등한 공동체의 구성원으로 여기기 힘들 거예요. 저 사람이 나한테 특별히 잘못한 건 없습니다. 내가 저 사람한테 당한 것도 없고. 그렇지만 과거부터 쌓여온 모순과 인과관계가 있다는 것만으로도, 아니, 단지 그 사람들의 후손이라는 이유만으로도 반목하게 되는 거죠. 반목은 소통 불능 상태를 불러옵니다. 무슨 말을 해도 순수하게 받아들이지 못하게 되지요. 집단 간의 의사소통이 어려워지는 상황이 시작되는 거예요.

저마다의 경험이 대를 이어 너무 달라지고 누적된 불만과 억울함이 너무 많이 쌓이다 보면 두 집단 사이의 사고방식 자체가 달라지기도 합니다. 이쯤 되면 그 모순을 대화와 타협으로 해결하기가 거의 불가능해요. 최초의 모순은 돈과 얽힌 문제, 단순한 억울함일 수 있어요. 동학농민운동 때 농민과 관리들 사이에는 빼앗긴 세금, 이런 문제였겠죠. 그런데 갈수록 이게 죽고 사는 문제가 됩니다. 그래서 후대로 가면 우리 조상들의 원수가 되는 거죠. 30~40년만 거슬러 올라가 보면 확인해볼 수 있는 모순의 결과로 억울한 일들이 잔뜩 쌓인 사람들한테 그게 우리 민족의 정서라 할 수 있는 한이 쌓인 거니까 예술혼으로 승화하라고 주문한다면, 약 올리는 일밖에 안 되는 거죠.

우리 사회에는 그런 사례가 엄청나게 많습니다. 억울하게 당한 사람들 처지에서는 너무 화가 나는 거죠. 영호남 사이의 지역감정이라는 문제의 바닥에도 이런 구조가 숨어 있습니다. 흔히 말하는 영남 패권주의와 호남의 차별 문제는 항상 승자 쪽에 서 있던 사람과 항상 억압받던 사람들 사이에 의사소통이 불가능해지면서 생기는 문제라고 생각합니다. 해방 이후 영남이 혜택을 받았던 것은 사실입니다. 그러니 호남분들에게 너희가 참아라, 이렇게 이야기하거나 이제 지난 일이니 모두 잊고 새로 시작하자고 권하는 것은 너무 잔인한 처사입니다. 하지만 현재의 영남 사람들이 문제의 원인도 아닙니다. 지금까지 이익을 봤으니 이제부터 손해를 봐라, 이럴 수도 없는 노릇이잖아요. 해결책이 없는 겁니다.

더욱 심각한 문제는 그렇게 오랜 시간 동안 모순이 누적되다 보니 양쪽의 사고방식이 달라져버렸다는 겁니다. 그 결과 영남과 호남 사람들 사이에 의사소통 자체가 어려워지기 시작합니다. 과거부터 누적되어온 모순이 현실적으로 드러나는 것 중 하나가 바로 지역감정인데, 이 문제는 도대체 어디서부터 풀어가야 할지도 모르겠어요.

박정희,
그리고 역사적 모순의 심화

세월이 흘러, 이승만 때와는 차원이 다른 군사 쿠데타를 거쳐 박정희와 그의 동료 집단이 사회의 헤게모니를 장악하게 되죠. 일반적으로 헤게모니를 쥔 집단이 바뀌면, 그 이전 사회의 모순을 해결하고 넘어가는 것이 상례입니다. 정통성을 확보하기 위해서도 그렇게 하기 마련이지요. 그러나 우리는 그러지 못했습니다. 어쩌면 박정희가 권력을 차지하는 과정에서 정통성이 없다고 생각했기 때문에 더 그랬을 수도 있어요. 어차피 정통성을 확보하지 못한 바에야 나보다 더 정통성 있는 집단은 없애버려야 한다는 비뚤어진 생각을 하게 된 것 같아요. 이를테면 야당 정치인들. 그런 사람들이 자신을 위협할 수 있다고 생각했는지 그 사람들을 가장 먼저 탄압합니다. 이전 정권에서 피해를 본 사람들의 문제를 해결해주려 하기보다 그 사람들을 더욱 탄압하고

자 합니다. 그러면서 우리가 계속 이야기했던 그 모순들이 또 쌓여갑니다.

물론 박정희도 이 사회가 어떤 방향으로 나아가야 할지 나름대로 고민했겠죠. 그리하여 앞선 사회의 문제점을 해결하기보다는 완전히 새로운 무언가를 하겠다고 결정을 내려버립니다. 바로 '경제개발계획'입니다. 귀찮은 일은 치워버린 거죠. 그렇게 해서 우리 사회도 본격적인 경제개발 단계에 접어들게 됩니다. 이승만 시대의 경제는 원조경제였죠. 거의 모든 생산 기반이 파괴되었고, 농업 생산량마저 떨어졌으니까요. 그 속에서 사람들 먹이기에 급급하니까, 구호물자 받아서 분배하는 게 전부였어요. 그렇게 해도 해마다 봄이 되면 식량이 모자라서 쌀 시장을 통제할 정도였죠.

박정희 정권이 경제성장을 지상 과제로 생각했던 것도 솔직히 이해는 갑니다. 사람들이 봄마다 굶어 죽는데 역사적 모순이 뭐가 중요하겠습니까? 먹고사는 문제를 해결하지 않고서 무슨 정치를 이야기하고 민주주의를 이야기하겠느냐, 경제개발이 급선무다, 이렇게 판단한 것까지는 크게 비난하고 싶지 않습니다. 그러나 방법이 문제였습니다. 남한에 특별한 자원이 없으니까 일단 경제개발을 시작하기 위한 종잣돈이라도 받아오자고 눈을 돌린 게 미국과 일본이죠. 그중에서도 먼저 일본과 한일회담을 통해 1965년 한일협정韓日協定을 맺게 됩니다. 그런데 이 협정도 우리가 지금까지 이야기해온 모순을 증폭시키는 결과를 가져옵니다. 그때만 해도 우리나라 사람들이 일본에 대해 품고 있는 감정이 아주 나빴어요. 바로 얼마 전까지 몇십 년간 일본의 지배를 받았으니까요. 이 문제를 해결하지 않고 일본이 과거에 저지른 모든 책임을 묻지 않을 테니 돈을 얼마 달라는 식으로 한일협정이 맺어지자, 굴욕적인 한일회담 반대라는 이슈가 또 생겨난 겁니다.

어떤 사람들은 일본이 한반도를 지배한 시간이 일본에 의해 한반도가 근대화된 시간이라고도 말합니다. 그런데 과연 누가 근대화의 혜택을 받았는지 생각해보자는 거죠. 그 혜택을 받은 사람들에게는 일본에 의한 근대화가 좋아 보일 수 있겠죠. 하지만 혜택은커녕 심한 착취를 당한 사람들 처지에서는 그게 좋아 보이겠냐는 겁니다.

1965년 당시 대부분의 사람들이 일본에 반감을 품고 있는 상황에서 경제개발에 쓸 종잣돈을 받기 위해서라고는 하지만 지나치게 저자세로 조약을 맺었고, 그럼으로써 우리가 일본에 책임을 물을 수 없는 입장이 돼버립니다. 여기에서 파생된 문제가 무척 많죠. 일본군 위안부 문제와 관련해서도 이제는 우리가 일본정부에 공식적으로 보상을 청구할 권리가 없어져버렸습니다. 일본은 아주 안심하고 팔짱 끼고 보는 거예요. 그 알량한 돈 몇 푼 쥐여주고 말입니다. 이것은 당면 과제인 경제성장을 위한다는 명분 아래 역사의 모순을 더욱 가중시키는 행위였던 겁니다. 아마 박정희는 이런 판단을 하지 못했을 겁니다. 최소한 그때는요.

박정희 정권은 미국을 상대로도 경제 차관을 요구합니다. 그 무렵 미국은 2차 대전 이후 유럽을 개발*하듯 아시아도 개발하려 했고, 자신들의 헤게모니를 더 강화하기 위해 해외 원조를 활발하게 하고 있었어요. 양쪽의 이해관계가 맞아떨어지니까 차관이 들어오게 됩니다. 이 과정에서 거액의 차관을 어떻게 쓸 것인가 하는 문제가 나옵니다. 경제성장을 위해 투자해야 한다면 어디에 투자할 것인가, 누구에게 투자할 것인가, 선택해야 하는 거죠. 그때 그 선택에 포함된 사람과 배제된 사람이 또 한 번 분리되는 거예요. 이렇게 선택된 사람과 배제된 사람이 나뉘면서 미래의 갈등 요소가 또 빚어지는 거죠.

물론 그 선택의 기준을 공정하게 할 수도 있었겠죠. 그런데 이런 큰 이권이 오가는 일에는 늘 역사에 공식적으로 기록되지 않은 일이 생기기 마련입니다. 뇌물이라든가 요즘 말로 리베이트 같은 것이 오고 갑니다. 그 순간에는 비밀리에 이루어지니까 아무도 모르는 것 같지만 시간이 지나면 다 드러나게 돼 있어요.

---

* 2차 대전 직후 미국은 국무장관 조지 마셜George Marshall이 제안한 '마셜 플랜'에 따라 유럽 부흥 계획을 입안하고 실행한다. 공산주의의 확산을 막는 것이 주목적이었던 이 계획으로 서유럽 국가들은 유례를 찾아보기 힘든 수준의 경제 성장과 번영을 누리게 됐다. 이 계획이 성공하자 미국은 유럽 이외의 지역에서도 비슷한 계획을 추진하려 했고, 이로써 아시아 지역에도 대규모 원조가 이루어진다.

아무튼 선택에서 배제된 사람은 선택된 사람의 성장을 납득하지 못하고 또 갈등의 씨앗을 심게 되는데, 이건 아주 위험한 일입니다. 만약 서로 경쟁해서 더 열심히 잘한 사람이 성공한 거라면, 즉 공정했다면 사회적인 모순과 갈등을 불러일으키지 않아요.

그러나 박정희 정권은 그 과정에서 이런 생각 자체를 못했던 것 같습니다. 그저 자기랑 친하다는 이유로 돈을 밀어주었는데 한번 밀어주기 시작하면 계속 밀어주게 되죠. 그렇게 정권의 비호 아래 급속도로 성장한 기업들이 오늘날 우리 경제를 지배하고 있는 삼성·현대 같은 대기업들의 모태가 됩니다. 경부고속도로 건설은 현대에 준다거나, 무역의 상당 부분을 삼성물산에 넘겨준다거나, 심지어 그 사람들이 '사카린 밀수 사건'** 같은 범죄를 저질러도 덮어주고 밀어주게 됩니다. 부실시공 같은 다양한 사회문제를 일으킨 현대도 마찬가지고요. 그러면 나머지 선택받지 못한 사람들은 이러한 현실을 납득하기 어려웠을 테고, 따라서 억울함이 계속 쌓여갔겠지요.

총체적으로 봤을 때 박정희는 그렇게 무리해서 경제의 규모 자체를 키웠습니다. 이건 꽤 큰 공이라고 볼 수 있어요. 경제 규모 자체가 작아서 아무것도 못하던 시절에 비하면 매우 성공적

** 1966년 삼성그룹의 계열사인 한국비료공업이 사카린 원료 55톤가량을 건설자재로 속여 밀수하려다가 적발된 사건이다. 이병철의 아들 이맹희는 차후에 이 밀수 사건은 박정희와 이병철의 공모하에 자신이 직접 지휘한 사건이라고 고백했다.

인 결과입니다. 그렇지만 박정희는 오늘날 사회 각 분야, 집단 간의 의사소통을 불가능하게 만든 사회적 모순을 몇 배로 증폭시켰어요. 사회를 분열시킨 거죠. 이제는 과거의 어떤 모순, 독립운동이나 해방이나 양민 학살 같은 사건으로 억울하게 쌓인 모순에 더해 돈을 놓고 다투는 양상이 전개되기 시작합니다. 즉 경제성장에서 이익을 얻은 사람과 거기에서 배제된 사람으로 나누어지기까지 한 거예요.

이런 모순이 발생하고 불만이 표출되면 새로운 논리가 등장합니다. 일단 선택과 집중을 통해 한 사람을 키우고 나중에 파이가 커지면 분배할 테니 조금만 기다리라는 겁니다. 하지만 이런 논리는 미봉책에 불과합니다. 불만은 언젠가는 터지고, 사람들은 불행해지며, 사회는 불안정해집니다. 이런 논리 가운데 대표적인 것이 바로 낙수효과落水效果입니다. 사회 규모가 커지고 경제가 활성화하면 경제적으로 후순위에 있는 사람한테까지도 경제효과가 돌아간다는 이론입니다. 낙수효과는 레이건 정부 시절 미국에서 크게 유행했습니다만, 이제는 자본주의 사회에서 결코 가능하지 않다는 사실이 입증된 가설입니다.

박정희 정권이 아주 중요한 일을 한 건 맞습니다. 우리 사회를 본격적인 경제개발 궤도에 올려놓았고, 임계점을 돌파했다는 평가를 받습니다. 다시 주저앉지 않을 정도로 크게 성장했죠. 남미의 많은 나라들은 다시 주저앉기도 하고 그랬지만, 대한민국은 미국의 도움을 받은 나라들 중에서 가장 모범적으로 자체적인 경제 운용이 가능한 나라가 되어 경제 규모를 꾸준히 키웠습니다. 사회 시스템의 품질은 저하되었을지 모르지만, 세계 10위권의 경제국으로 성장한 거예요. 하지만 과거부터 누적된 모순은 해결되지 못한 채 더욱 심각해졌으며, 사회 각 계층과 집단 간의 의사소통은 더욱 어려워지는, 극도로 분열된 사회가 되고 말았습니다. 과연 박정희의 공과를 측정하는 저울은 어느 쪽으로 기울어야 마땅할까요?

경제성장이 뿌린
모순의 씨앗들

이제 그 점을 따져볼 때가 됐습니다. 그런데 여기서 가장 난감한 문제는, 우리 사회가 지금부터라도 과거 수십 년간의 역사가 과연 좋은 것인지 나쁜 것인지 논의해봐야 하는데, 정작 그 사회적 대화를 시작할 공론의 장이 없다는 것입니다. 경제성장의 대가로 사회적 모순을 해결할 기회를 놓쳐버렸고, 그 때문에 모순이 더욱 누적되면서 사회 각 계층 간의 불화가 심화되고 사고방식이 서로 다른 집단들이 아예 대립하는 형세가 돼버린 상황에서 범사회적인 규모의 총론적 대화를 나눌 장이 과연 어디에 존재할 수 있느냐는 겁니다. 이제 우리 사회에서 대화는 거의 사라져버렸습니다. 양쪽으로 갈려서 서로 자기 주장만 나열하고 있을 뿐, 상대의 처지를 이해하고 진정한 대화와 타협을 모색할 기회는 사라져버린 겁니다.

모순적 사건이건 아니건 의견 충돌이 빚어지면 사건이 종결되는 과정에서 수혜자와 피해자가 생겨나게 됩니다. 이건 어쩔 수 없는 일이에요. 하지만 그 사건으로 발생한 혜택과 손실의 균형을 최대한 빨리 맞춰줘야 합니다. 그래야 사람들이 서로 다른 집단과 대화할 수 있어요. 우리가 지난번 그 일에서 피해를 봤으니, 다음엔 너희가 양보해야 한다는 식으로 말입니다. 그리고 앞으로 이런 일이 또 생기면 피해와 수익의 차이를 조금 더 좁혀서 서로 만족할 수 있는 결론을 내는 시스템을 만들자, 이런 논의가 가능해져야 합니다. 그러나 한쪽 집단은 일방적으로 계속 피해를 보고 반대쪽 집단은 계속 수혜를 보게 되면 시간이 지날수록 둘 사이의 소통은 불가능해집니다. 그렇게 되면 수혜자 집단은 미안해서라도 자신이 수혜자 집단이라는 사실을 부정하게 됩니다. 사회는 원래 그런 거고, 자신들은 정당한 대가를 받았을 뿐이라면서, 자기들에게 불리한 이야기를 하는 피해자 집단의 문제 제기를 부정하게 돼요. 저 사람들은 근거도 없이 피해의식에 사로잡혀 있다, 이렇게요.

우리 사회에서는 이런 경우를 아주 많이 볼 수 있습니다. 항의

시위를 하는 철거민들을 보고, 저 사람들 보상금 받으려고 저러는 거야, 이런 인식이 우리 사회에 팽배해 있습니다. 부당 해고 당해서 항의하는 노동자들한테도 너희는 대기업 다녀서 좋겠다, 이렇게 말하는 겁니다. 딱히 그 사람들 개인이 미워서 그러는 건 아니겠습니다만, 사회가 전반적으로 그렇게 돌아가다 보니 넓게 퍼져나간 잘못된 인식입니다. 수혜자 집단의 사람들은 자신이 수혜자라는 사실을 자꾸 부정하고, 피해자 집단이 어떤 행동을 하려고 할 때 그들이 피해자 집단이라는 것을 본능적으로 부정합니다. 사고방식의 기저가 이렇게 작동하게 되면 두 집단 사이의 대화는 불가능해집니다. 이렇게 생각이 다른데, 어떻게 대화를 하겠습니까. 아무 말도 할 수 없는 거죠.

이런 경우가 점점 더 많아지고 일반적으로 퍼져 나가면 걷잡을 수 없게 됩니다. 모든 논의는 겉돌고 합의는 불가능해져요. 그저 양쪽의 힘겨루기가 지속되면서 승자도 별로 아름답지 못한 꼴을 보이게 되며, 패자는 내가 옳았지만 결국 저쪽이 힘이 더 세서 억울하게 당했다며 절대 승복하지 않습니다. 아무것도 해결되는 일이 없는 거죠. 박정희 정권이 경제 정책을 그런 식으로 시행하는 바람에 수혜자와 피해자가 나뉘고 집단 간의 의사소통이 막혀버린 겁니다. 어쩌면 그 책임이 경제 규모를 키운 공로보다 훨씬 클지도 모르겠습니다.

경제가 급속도로 성장 한 대가로 우리 사회는 이런 비용을 지불하고 있는 중입니다. 우리보다 훨씬 더 힘든 경험을 하고서도 사회적 대타협을 이룬 유럽의 많은 나라들이 우리보다 비록 경제 규모는 작을지언정 더 내실 있고 안정된 사회를 이루고 살아가는 모습과 상당히 비교되는 일이기도 합니다.

사회적 시설물 하나를 만드는 데도 관련자들이 수십 년에서 길게는 수백 년에 이르는 시간 동안 논의를 이어가는 모습이 유럽에서는 그리 드문 일이 아닙니다. 하지만 우리 사회에서는 그런 일을 '효율'의 관점에서 용납하지 않습니다. 피해자가 생기건 말건 후딱 해치워버리죠. 이게 우리 사회 밑바닥에 깔려 있는 가장 심각한 문제라고 해도 과언이 아닐 겁니다.

우리는 이제 국제경제 시스템의 변화, 기술의 발전 때문에 1970~80년대와는 완전히 성격이 다른 위기를 맞고 있습니다. 어느 한쪽의 의지대로만 결정을 내리고 권력을 동원해 추진하는 방식으로는 이러한 변화에 대처하기 힘듭니다. 위기의 성격이 바뀌면 대응책도 바뀌어야 합니다. 대응책을 바꾸려면 사회 구성원들이 의견을 모아야 하고요. 박정희 정권 시대에 생겨난 모순과 그로 인한 사회적 분열이 당시에는 그렇게 심각해 보이지 않았을 수도 있습니다. 그러나 지금 와서 보면 우리에게 닥쳐올 위협에 대응할 수 있는 사회적 능력 자체를 제거해버린 꼴이 되었습니다.

매우 심각한 문제입니다. 이제는 우리 사회가 이 문제에 대응하려고 해도 그럴 만한 방법이 없는 거죠. 처음에 우리가 이야기한 것처럼, '우리 사회는 왜 토론과 타협을 통해서 생산적이고 합치된 의견을 내지 못하는가'라는 질문에 대한 답이 여기에 있습니다. 실제로 각 집단들이 서로 의사소통을 못한다는 것은 우리 사회의 생존이 달려 있는 심각한 문제입니다.

박근혜 대통령이 집권 2년여 만에 두 번째 기자회견을 열었습니다. 너무 적은 횟수입니다. 한 나라의 의사결정을 책임지고 있는 최고 책임자가 유권자들에게 1년에 한 번밖에 이야기하지 않는다는 것, 심각한 소통 부족의 사회라는 반증입니다. 그 내용조차 박정희 시대와 비슷한 수준에 머물러 있습니다. 어떤 의혹을 제기했을 때 아니라고 하면 논란을 멈추고 힘을 합쳐야지, 그 논란을 확대 재생산해서 어쩌자는 겁니까, 우리가 그럴 여유가 있는 나라입니까?, 라는 것은 70년대에 귀가 따갑도록 많이 듣던 이야기예요. 모든 국민이 경제 발전을 위해 단결해야 하는데 싸울 여유가 어디 있느냐는 논리였죠.

우리 사회의
정신적 퇴행

단결하는 것은 좋습니다. 좋은 방향이 정해지고 그 방향을 향해 모두 단결해서 나아가면 아주 좋은 결과가 나오겠죠. 그러나 그 방향은 아직 정해지지 않았습니다. 도대체 그 방향을 설정할 권한은 누구에게 있는 걸까요? 다가오는 미래의 위기는 일찍이 우리가 본 적도 경험한 적도 없는 그런 위기인데, 어떻게 방향을 세우기도 전에 단결부터 하죠? 답이 없는데 말입니다.

전문가들이 문제 해결 방법을 짜내고 시급하게 논의해야 하는데, 그에 필요한 소통의 장조차 마련하지 못하고 있죠. 이것이야말로 실업률 증가, 전 지구적인 경제 위기, 경제성장률 둔화 같은 표피적인 수치보다 본질적으로 더 중요한 자본주의의 구조적 문제일 수 있습니다. 우리 사회는 이 중요한 문제들을 전혀 논의도 못하고 있는 상황입니다. 더 안타까운 일은 사회적 의사소통이 부족한 이 상황이 문제라는 인식조차 못하고 있다는 겁니다. 저는 이게 정신적 퇴행이라고 봅니다.

1970~80년대 이후, 우리 사회는 경제 규모는 키웠을지 모르지만 삶의 질은 지극히 나빠졌습니다. 특히 노인분들의 삶의 질이 몹시 나빠졌어요. 그러나 그분들은 이 상황을 이해하지 못하시는 것 같습니다. 나는 열심히 일했고 돈도 많이 벌었는데, 사는 게 왜 이렇게 팍팍해지는가에 대한 답을 얻지 못하고 있는 거죠. 스스로 이해하지 못하는 고통을 자꾸 당하다 보면 사람은 정신적으로 퇴행합니다. 문제를 미래 지향적으로 해결하려 하는 게 아니라 흔히 말하는 'good old days', 좋았던 옛날을 자꾸 생각하

게 됩니다. 연세가 많으신 분들은 특히 더하죠. 그래서 자신들이 엄청나게 고생했던 예전 이야기를 들려주고 싶은 거고, 좋았던 옛 시절로 돌아가고 싶은 겁니다. 그때처럼 총화단결總和團結의 깃발을 또다시 높이 세우면 옛날처럼 잘살 수 있을 것 같은데, 요즘 젊은 애들은 왜 그러지 않는지 불만도 생기고, 그래서 〈국제시장〉 같은 영화가 대박을 치는 거죠. 영화는 사회현상을 보여주는 지표 구실을 합니다. 옛 향수에 젖은 영화가 대박을 친다면 지금 그 사회가 향수에 젖어 있다는 것을 뜻합니다. 즉 이분들은 과거의 향수에 젖어, 기술 발전이 실업률을 높이고 그로 인해 자본주의가 위기에 빠졌다는 현실을 애써 무시하고 있는 겁니다.

과거의 한때 좋았던 경험들, 그것이 결코 자연스럽거나 지속 가능한 것이 아님에도 그런 경험을 또 해보고 싶어 합니다. 대표적인 것이 부동산 가격 폭등으로 인한 불로소득이죠. 경제 규모가 급속도로 커지면서 부동산 가격이 상승하면 어떻게든 마련한 아파트 값이 뛰어 저절로 자산이 늘어납니다. 1980년대와 90년대, 심지어 노무현 참여정부 시절에도 부동산 가격이 급상승했는데, 부동산 가격이 급상승했다는 것은 누군가는 상승된 만큼 이득을 봤다는 말이잖아요. 이제는 완전 '레전드' 같은 이야기지만, 70년대의 부동산 투기 광풍은 어마어마했습니다. 아파트 분양에 경쟁률이 몇천 대 일이고, 분양 받자마자 돌아서서 분양권을 팔면 몇천만 원 이득을 보던 시절이 있었거든요. 노인분들은 그런 좋았던 시절을 다시 경험하고 싶어 합니다. 하지만 그런 일은 이제 구조적으로 다시 일어날 수 없어요.

일자리 문제도 마찬가지입니다. 지난 시절, 경제 규모가 급속히 확대될 때는 일자리가 아니라 사람이 부족했습니다. 늘어나는 일자리 수가 매년 사회로 진출하는 신규 인력에 비해 훨씬 많았죠. 모든 대기업들이 신규 인력을 충원하기 위해 전쟁을 치렀어요. 어지간한 대학에 입학하면 1학년 때부터 대기업 인사 담당자들이 학교로 찾아와 입사 계약을 권합니다. 온갖 선물을 주고 공장도 견학시켜줍니다. 파티도 열어주죠. 저도 어느 기업에서 보내온 버스를 타고 학과 동기들과 함께 놀러 가서 잔디밭에서 바비큐 파티 하고 선물 보따리 받아본 경험이 있습니다. 그러고 나서 계약서에 서명만 하면 남은 학교생활 동안 등록금은 물론 생활비까지 지원해주겠다고 합니다. 조건은 3년에서 5년 동안 그 회사에 의무적으로 근무해야 한다는 것뿐이었죠. 요즘 현실에 비하면 어디 머나먼 다른 나라 이야기 같습니다. 하지만 실제로 그런 시절이 있었어요.

그런데 지금의 20대는 어떤 상황에 놓여 있나요. 그 시절과는 완전히 다릅니다. 좋았던 그 시절은 절대 다시 오지 않을 거예요. 그건 아주 가난한 국가의 경제 규모가 팽창하는 과정에서 일시적으로 나타난 예외적인 현상일 뿐입니다. 이제 세계적인 규모로 확대된 대한민국의 경제 상황에서 그런 꿈 같은 일은 다시 벌어지지 않습니다. 솔직히 말씀드리면 그런 시절을 겪은 제 또래 사람들이 지금의 젊은 계층에게 미안함을 느껴야 한다고 생각해요. 각 개인이 시대의 변화에 어떻게 책임을 지겠냐고 반박할 수도 있겠지만, 결국 우리는 그 좋은 시절을 겪으면서도 미래에 대비하지를 못한 겁니다. 즉 앞 세대 모두에게 공동의 책임이 있는 거죠. 이런 책임감을 조금이라도 느낀다면 기회 자체를 박탈당한 지금의 젊은 세대에게 '아프니까 청춘'이라는 둥, 좀 더 노력하라는 둥, 그런 무의미한 얘기는 못할 겁니다. 정말 가슴 아프고 미안한 일입니다.

71년,
또 다른 광주 이야기

혜택받는 집단과 혜택받지 못한 집단 사이에 어떤 일이 벌어지는지를 아주 잘 보여주는, 박정희 시대의 또 다른 사건을 이야기해볼까요. 1980년 5월의 광주에 대해서는 다들 아실 겁니다. 하지만 1971년의 광주를 아시는 분은 별로 없더군요. 여기서 광주는 전남의 광주가 아니라 경기도 광주, 즉 지금의 성남시예요.

1971년께에는 서울 전역이 개발 중이었습니다. 전쟁 이후 생겨난 판자촌을 다 철거하고 거기에 신식 건물을 짓느라고 바빴던 때예요. 당시 서울시는 청계천 일대의 판자촌을 모두 철거하고 청계천을 덮는 복개 공사를 주도했어요. 그 과정에서 수많은 철거민이 나왔는데, 서울시는 그들에게 살 곳을 제공할 수가 없었어요. 그때 이미 서울시의 땅값이 무섭게 오르고 있었거든요.

그래서 경기도 광주, 지금의 경기도 성남에 대규모 주택단지를 조성합니다. 땅을 고르고, 구획을 나누고, 도로 깔고, 철거민들을 강제로 이주시켜요. 그때는 협상이고 뭐고 없었습니다. 서울시에서 입주권 주고 가서 살라고 하면 그 말을 따를 수밖에 없었던 시대입니다. 그런데 가보니 집이 없어요. 허허벌판에 길만 닦여 있는 거예요. 집은 이제 막 짓는 중이었고요. 게다가 그곳에 간 사람들은 두 가지 문제에 부딪히게 됩니다. 하나는 광주에 새로 짓는 집에 입주할 수 있는 비용을 낼 수가 없다는 거였어요. 청계천 판자촌 주민 대부분이 일용직 종사자였을 텐데, 단독주택을 짓고 입주할 돈이 어디 있겠어요. 혹시 국가에서 저렴하게 제공하면 몰라도 낼 돈 다 내고 입주하라는데 할 수가 없는 거죠. 그래서 세를 들거나 하는 식으로 살게 됩니다. 다른 하나는 광주에 새로 지어진 건물들에 수도나 전기 같은 시설이 미비해 전혀 살 만한 상황이 아니었다는 겁니다. 그거야 우물물과 호롱불로 버틴다 해도, 일하러 서울로 나갈 수 있는 교통편이 없습니다. 그때 광주에서 서울 가는 버스는 하루에 딱 세 대뿐이었어요. 막막한 상황인 거죠.

결국 사람들은 1971년 8월 11일 서울시장을 향해 분노를 터
뜨립니다. 약 3만 명의 사람들이 시위를 벌이다가 사람들이 점점
더 모여들어 버스를 뒤집어서 불태우고, 당시 유일한 행정관청
이었던 광주의 성남 출장소를 점거하는 등의 과격한 행동을 하
게 됩니다. 서울에서는 전투 경찰 육칠백 명 정도를 투입했는데,
모두 무장해제를 당할 정도였어요. 시위대 수가 엄청 많았던 거
죠. 결국 경기도 광주시 일대가 10만 명쯤 되는 사람들에게 사흘
동안 점거되는 사태가 벌어집니다. 무정부 상태가 된 거예요. 박
정희 정권 18년 동안 이런 일은 유일무이했습니다. 공권력이 무
력화되는 사상 초유의 상황이 벌어진 겁니다. 상황이 심각해지
자 박정희 대통령은 당시 서울시장을 앞세워 타협안을 제시합니
다. 타협이 아니라 거의 일방적으로 무릎을 꿇습니다. 버스를 증
차하라, 새집에 입주할 수 있는 가격을 현실적으로 낮춰라 등 시
위대의 요구 사항을 모두 들어주겠다고 약속합니다. 사람들은
승리의 기쁨에 취해서 해산했죠. 하지만 그 약속은 하나도 지켜
지지 않습니다. 권력에 의해 일방적으로 피해를 본 집단이 또 생
겨난 겁니다.

　　그때 강제 이주를 당했던 사람들은 비록 입주권은 있었지만
도저히 신도시에 입주할 형편이 안 되었기에 결국 한 명 두 명
다시 서울로 복귀합니다. 어쩔 수 없는 거죠. 그러면 그 사람들한
테 주어졌던 입주권, 그 딱지는 어디로 갔을까요? 당시 서울에서

새롭게 성장하던 소시민 계층, 아직 중산층에는 진입하지 못한 하위 계층이 그걸 사서 광주에 입주하게 됩니다. 그렇게 광주에 중하 계층의 대규모 주택지가 생기면서 성남시를 형성하게 되죠.

아무튼 이 진행된 사건을 후대에 와서 '광주 대단지 사건'*이라고 일컫는데, 저는 이 사건이 80년 5월의 광주만큼이나 중요하다고 봐요. 광주 대단지 사건을 이끈 사람들은 박정희 정권 전반에 걸쳐 유일하게 정권에 저항해 잠시나마 정권을 굴복시켰습니다. 이들의 저항 정신은 그 사건 뒤에도 사라지지 않고 계승됩니다. 지금도 성남시가 전국에서 시민단체의 활동이 가장 활발한 지역이죠. 저항 정신이 가장 높은 도시 중 하나예요. 환경운동도 가장 활발하게 벌이고 있습니다. 저항 정신은 결코 위험하거나 나쁜 것이 아닙니다. 권력의 부당함에 저항하는 시민의 힘은 민주주의의 기본이니까요.

그렇지만 이런 저항 정신이 발휘될 정도로 극단적인 불통의 상황이 오면 안 되겠죠. 즉 광주 대단지 사건은 소통이 막히면 어떤 일이 벌어지는지를 아주 잘 보여준 사례라고 봐도 될 것 같습니다. 말하자면 우리 사회가 살아남으려면 이런 불통을 해소해야 한다, 모순을 해소하려는 노력을 쏟아야 한다, 라는 겁니다. 좀

---

* 한국학중앙연구원의 임미리 박사는 저서 《경기동부》에서 '광주 대단지 사건'의 경험이 축적된 결과 성남 지역 시민운동이 활성화되었고, 그 영향이 후에 '경기동부'로까지 이어진다고 설명하고 있다.

더 많은 의사소통을 하는 것이 그 시작을 위한 유일한 길입니다.

모순 해결을 위한 노력,
그러나……

해방 이후 70년이 지났습니다. 그런데 우리 사회가 그동안 누적된 모순을 해결하고자 노력한 적이 있긴 할까요? 아주 짧았지만 있었습니다. 김대중 정부와 노무현 정부 10년간 '과거사 진상 규명 위원회'가 있었죠. 제가 지금 여러분께 말씀드린 대부분의 사건이 다 거기에서 언급되고 확인된 내용들입니다. 하지만 애석하게도 결과는 잘 안 나왔어요. 모순을 해결하려면 모순에 관련된 사람들, 가해자 집단과 피해자 집단이 서로 동의할 수 있을 정도의 소통이 이루어져야 하는데, 과거사 진상 규명 위원회가 설치된 시점에 우리 사회는 이미 소통이 불가능한 상태였기 때문입니다. 과거사 진상 규명 위원회를 만드는 것 자체를 놓고도, 역사적으로 누적된 모순을 확인하고 진상을 규명해서 해결하고자 하는 노력이라고 평가하기보다는 정권을 잡은 쪽에서 반대편에게 행하는 보복 조치로 간주하는 사람들이 많았습니다.

그래서 실제로 이명박 대통령이 정권을 잡자마자 과거사 진상 규명 위원회는 무력화됩니다. 거기에서 공식적으로 밝혀낸 진상을 부정하지는 않았지만 그대로 덮어버린 경우가 많아요. 수혜자 집단에 속하는 사람들은 그런 논란 자체가 없기를 바라는 겁니다. 자기들은 영원토록 수혜자 집단이 될 수 있다고 보기 때문에 그러는 거겠죠.

하지만 그렇게 되면 한 사회의 미래는 사라지고 맙니다. 모순의 불씨는 덮어둔다고 해서 꺼지는 게 결코 아닙니다. 언젠가는 다시 피어올라 모두를 불태우게 될지도 모릅니다. 지금부터라도 그 모순을 줄일 수 있는 방안을 찾아야 해요. 그렇다면 도대체 무엇부터 해야 할까요?

저는 이런 제안을 하고 싶습니다. 어떤 방법으로든 우리 사회에서 서로 동의할 수 있는 의사소통 시스템을 만들어야 한다는 겁니다. 미약하나마 제가 여러분 앞에서 땀 뻘뻘 흘리며 이야기하는 것도 그 노력의 일환이라고 볼 수 있습니다. 비슷한 집단 사람들끼리 모여서 서로 동의할 수 있는 이야기를 하고 박수 치는 건 아무 의미가 없어요. 자기와 의견이 다른 사람과 이야기해야 합니다. 사람은 절대 완벽하게 설득되지 않습니다. 하지만 양보 정도는 할 수 있습니다. 그러기 위해 우리에게 필요한 것이 제도입니다. 저는 그걸 사회의 의사소통 시스템이라고 말하고 싶어요. 심정적으로는 동의되지 않아도 강제적으로라도 서로 양보할 수 있게끔 만들어주는 시스템. 또한 그 시스템은 쉽진 않겠지만, 모두에게 이익이 되는 시스템이어야 합니다.

다시,
정치를 말하다

사회적으로 강제력이 있고 동의하기 싫어도 동의할 수밖에 없는 의사소통 시스템, 그게 바로 정치입니다. 우리 사회에는 그런 시스템이 없다고 주장해놓고 그게 정치라고 하면, 정치는 지금도 있지 않으냐고 반문할 수 있겠죠. 그러나 제 말은 우리 정치가 지금 제구실을 못하고 있다는 뜻이에요.

처음에 출발할 때부터 우리 사회의 각 계층이 토론과 타협을 하지 못한다, 합의를 하지 못한다는 주장을 해놓고, 이제 토론과 타협·합의를 위해 정치가 필요하다는 이야기를 하려니 뭔가 앞뒤가 안 맞는 것 같기도 합니다. 하지만 현실이 그렇습니다. 정치는 해방 이후 꾸준히 존재해왔습니다. 그러나 그 정치가 우리 근현대사에 누적된 모순을 해결하진 못했죠. 정치인들도 여와 야로 갈라져 상대가 받아들일 수 없는 이야기만 하고 있습니다. 거기에서 그치면 그나마 좋을 텐데 서로 막 때리기도 합니다. 그래서 다들 정치를 불신하고 있습니다.

하지만 그 모든 엉터리 같은 상황에도 불구하고 우리에게 정말로 필요한 것은 '제대로 된 정치'라는 사실은 변함이 없습니다. 아니, 오히려 그렇기 때문에 더욱더 정치가 절실하게 필요합니다. 정치는 다름 아닌 사회적 의사결정 시스템입니다. 이번 시간

내내 얘기한 사회적 의사소통의 결여 문제는 정치가 제대로 가동하면 해결될 수 있습니다.

바로 그 이야기, 사회적 의사결정 구조로서의 정치 이야기를 다음 시간에 진행해볼 생각입니다.

정치

권력욕이 망가뜨린 헌정 질서

정치의 핵심,
의사결정 시스템

우리 사회에는 역사적으로 너무나 많은 모순이 쌓여 있기 때문에 각 집단들 또 개인들 간의 의사소통이 굉장히 어렵다, 그래서 서로에게 도움 되는 합의를 이끌어낼 수 있는 합리적 대안을 잘 만들지 못한다, 이런 말씀을 지난 시간에 드렸습니다. 그렇지만 의사소통이 안 된다고 해서 결정해야 할 것을 결정하지 않을 수는 없습니다. 사회에는 결정해야 할 많은 것들이 매순간 쏟아져 나와요. 그럼 어떻게 해야 할까요? 의사소통이 안 된다고 해서 포기할 수는 없습니다. 그래서 모든 국가와 사회에는 강제적인 구속력으로 결정을 내리는 기관들이 존재합니다. 그런데 사실 기관은 부차적인 문제이고, 사회에는 필요에 따라 의사결정을 내리는 시스템이 만들어질 수밖에 없어요. 그 시스템을 우리는 정치라고 부릅니다.

정치의 핵심은 의사결정입니다. 정치 이야기를 하겠다더니 왜 의사결정에 관한 이야기를 하느냐고 물을 수도 있을 거예요. 정치 하면 보통 정파성 문제를 떠올리곤 합니다. 정치 이야기를 한다, 또는 늘 해오던 대로 인터넷 등에서 '키보드 배틀'이 시작되었는데 주제가 정치다, 그러면 대부분의 경우 그 주제는 실제로 이 정파성에 관한 것입니다. 어떤 정당을 지지하는가, 그 정치인이 잘하는가 못하는가, 나는 왜 그 사람을 지지하는가, 왜 나는 저 사람을 반대하고 비판하는가, 이런 싸움이 벌어지는 거예요. 일반적으로는 그런 것을 정치에 대한 이야기라고 생각하는데, 저는 그런 대부분의 논쟁이 별로 의미가 없다고 생각해요. 내가 어떤 걸 그룹을 좋아하느냐 걸스데이를 좋아하느냐, EXID를 좋아하느냐, 이런 싸움밖에 안 된다고 봅니다.

물론 자기가 어떤 정파성을 지향하고 어떤 정치인을 좋아한다는 이야기를 하더라도 왜 그런지를 합리적으로 설명할 수 있으면 생산적입니다. 그러나 많은 경우 그 이유를 설명하지 못합니다. 여러분도 아마 그러실 거예요. 우리나라 정치를 전혀 모르는 사람에게 내가 좋아하는 정당이나 정치인에 대해 설명해서 설득할 수 있는가. 아마 힘드실 겁니다. 특히나 인터넷상에서 짤막짤막하게 오가는 댓글 논쟁에서는 더욱 어려운 일이지요. 설명이 불가능할 뿐 아니라 사실 스스로도 몰라요. 머릿속에 정리가 되어 있지 않습니다. 자기가 왜 이 정파를 선택했는가에 대해서 말이죠.

가끔 친구들과 모였을 때 이런 농담은 합니다. 너는 왜 문재인을 지지하느냐. 잘생겨서. 물론 잘생겨서 지지할 수도 있어요. 그걸 뭐라고 할 수는 없습니다. 그런데 이런 경우는 대개 두 가지로 나뉘어요. 먼저, 자기가 왜 문재인을 지지하는지 구구절절 설명하기 싫어서 농담처럼 말하는 거죠. '굳이 너한테 설명할 필요는 없지' 이렇게 생각하면서요. 그다음은 정말 잘생겨서 지지하는 거죠. 실전 선거에서는 외모가 무척 중요한 역할을 해요.(웃음) 제가 아는 분 중에 지자체 선거에 출마하신 분이 있는데, 모발이 없어요. 출마하기 6개월 전에 머리를 심으시더라고요. 다른 사람인 줄 알았어요. 그만큼 정치인에게 외모가 중요하지만, 그것이 내가 어떤 정파를 지지하는 것에 대한 논리적인 이유는 되지 못합니다.

이처럼 사람들은 정확한 이유를 대지 못하면서도 특정 정파와 정치인을 지지하기 마련이죠. 이런 사람들은 투표일에 놀러 가는 사람들보다는 그래도 정치에 도움이 되는 사람들입니다. 그런데 지지하는 정당이 있는 경우도 사실 집안 분위기나 부모님 의견을 따라가는 경우가 많죠. 그래도 저는 투표일에 놀러 가는 것보다는 낫다고 생각해요. 어쨌든 선택을 한 거니까. 물론 부족하죠. 현대 민주주의 국가에서 그렇게 중요한 선택을 하는데, 내가 왜 그런 선택을 하는지 이유를 대지 못한다는 것은요. 이건 사실 선택이 아니라 찍는 거죠. 우리는 최소한 여기서 한 걸음 정도는 더 나아가야 한다고 생각합니다.

그러나 우리가 합당한 이유를 구체적으로 대지 못하더라도 상대적으로 비교 정도는 할 수 있지 않을까요. 대충 살아온 약력과 지금 하는 행동만 봐도 독재자의 딸과 전직 대통령의 비서실장 중에서 상식적으로 후자를 선택하는 것이 당연해 보여요. 그런데 그러지 않잖아요. 많은 사람들이 독재자의 딸을 선택했고, 또 그런 선택이라도 해주는 것을 고마워해야 할 만큼 우리 사회는 정치에 무관심합니다. 관심이 없을 뿐만 아니라 주변 분위기에 휩쓸리죠. 그렇지만 이제 더는 그러지 말자고 지금 여러분이 여기 모여서 이렇게 이야기를 듣고, 또 고민하시는 거잖아요.

그러면 내가 어떤 정파를 지지하는 합리적인 근거를 만들어내려면 어떻게 해야 할까요. 도대체 무엇부터 알아봐야 할까요. 사실 합리적인 근거를 만들어내려면 먼 과거로 거슬러 올라가 기원부터 이것저것 다 따져봐야 돼요. 예를 들어 새정치민주연합이라는 정당을 지지한다면 이 정당이 어떻게 만들어졌고, 어떤 사람들이 모여 있고, 이 사람들이 예전에 어떤 활동을 했는지 다 따져봐야 하는 거예요. 새누리당을 지지하는 이유를 찾을 때도 마찬가지입니다.

자신이 누군가를 지지하는 합당한 이유를 만들어서 투표한다는 것은 사실 생활인들에게는 가혹한 요구일 수도 있습니다. 역사를 공부하고 지금 출마한 후보들의 약력도 다 공부해서 투표해라, 그러지 않으면 민주공화국 시민의 자질이 없다, 이럴 수는 없잖아요. 심지어 꽤 많은 사람들은 자기 삶에 충실하느라 이런 일에 관심을 안 둘지도 모릅니다. 그것도 크게 나쁜 건 아니에요.

하지만 거기에 만족하지 말고 한 걸음만 더 나가서, 내가 누군가를 지지하는 합당한 이유를 어떻게 만들어야 하는지 한번 생각해보자는 거죠. 그런 식으로 생각하면 선거 즈음해서 다음 아고라나 SNS에 넘쳐나는 글들이 별 의미가 없다는 걸 알 수 있어요. 특히나 2012년 대선 때 인터넷에 돌아다닌 상당수 댓글들이 우리가 낸 세금을 받는 분들이 쓴 글이었다면서요. 그래서 저는 여러분에게 정치에는 특정 정파를 지지하는 근거를 만드는 합리적인 방법보다 훨씬 중요한 게 있다는 말씀을 드리고 싶었습니다. 우리나라의 정당을 비교 분석해준다거나 하는 걸 기대하셨다면 죄송합니다. 저는 완전히 다른 방향으로 나갈 겁니다.

의사결정
시스템을 만들다

다시 처음으로 돌아가서 정치는 곧 의사결정이라는 것을 생각해보죠. 내 뜻은 이러한데 네 뜻은 어떠냐에서 시작해 우리 사회가 이 수많은 사람들의 뜻을 어떻게 모아서 결정할 것인가, 이걸 고민해보자는 거예요. 우리나라의 정식 국호는 대한민국입니다. 대한민국은 일제강점기 상해에 있던 임시정부의 법통을 이어 1948년에 생겼죠. 그래서 1948년 8월 15일이 건국일이다, 아니다 그냥 정부 수립일이다, 나라는 그전부터 있었다, 이런 논쟁도 있었습니다.

일제강점기에는 우리 사회의 모든 사안을 일본인들이 결정했습니다. 우리나라 사람들의 뜻을 반영하지 않았어요. 그런데 전쟁에서 패망한 일본인들이 물러가고 나니 갑자기 의사결정 시스템에 공백이 생겨버린 거죠. 1945년부터 1948년까지는 우리 사회가 아무런 의사결정을 못했어요. 사회가 정지돼버린 거예요. 이때 강대국들이 협상해서 남한에 미군정*을 실시합니다. 미군정이 처음 하려고 한 일은 남한 사회에서 한국인이 스스로 의사결정을 할 수 있는 시스템을 만드는 거였어요. 자기네들 할 일은 거기까지라는 거죠.

그런데 그때 이미 남한 사회에는 우리 스스로 의사결정을 하겠다는 사람들이 있었습니다. 그들의 생각 중 미군정의 견해와 맞지 않는 부분이 있었기 때문에 결국은 미군정이 남북한 총선

---

* 1945년 8월 광복 이후부터 1948년 대한민국 정부 수립까지 미군정은 일제 치하 조선총독부의 행정권, 치안권 등을 그대로 물려받는다. 군정 사령관으로 부임한 미육군 중장 존 하지는 미육군 원수 맥아더의 예하 지휘관이었다.

거는 잊어라, 남한만의 단독 선거를 하자고 했습니다. 여기에 찬성한 쪽은 이승만과 그 동료들이고, 반대한 쪽은 김구와 그 동료들이죠. 김구 계열은 단독 선거에 반대해 초대 총선거에 참가하지 않습니다. 후보를 내지 않았어요. 물론 개인적으로 몇 명이 나오긴 했습니다.

그러면 1948년 5월에 치러진 총선거의 의미는 뭐냐? 우리 사회에서 해방 이후 최초의 의사결정이 이루어졌다는 것입니다. 그 의사결정의 내용은 뭐냐? 이것은 둘로 나뉩니다. 먼저, 앞으로 우리 사회에서 의사결정을 대리할 사람들을 뽑았습니다. 직접 의사결정을 하는 게 아니라 의사결정할 사람들을 뽑아서 그 사람들이 대신 의사결정을 하게 하는 거죠. 이때부터 대한민국 땅에서는 대의代議 민주주의, 즉 의회 정치가 시작됩니다. 대의라고 하니까 큰 대大 자를 써서 '큰 뜻'이라고 생각하는 분들을 만난 적이 있어요. 대의에 쓰인 대代 자는 '대신하다' 또는 '대리하다'라는 뜻입니다.

어쨌든 1948년 5월 총선거가 실시되고, 초대 의회가 구성됩니다. 상식적으로 생각할 때 초대 의회에서 가장 먼저 할 일은 무엇일까요? 바로 가장 상위법인 헌법을 만드는 일입니다. 그래서 우리는 이 의회를 제헌의회라고도 합니다. 헌법을 만든 의회라는 말이죠.

하지만 대한민국이 출범하자마자 2년도 안 되어 한반도에서 세계적인 규모의 전쟁이 벌어집니다. 우리는 출발을 제대로 못했어요. 초장부터 아수라장이었던 거죠. 온갖 우여곡절을 겪으면서 시작됐는데, 우리나라만 이렇게 이상한 건가 싶어서 그 시기 다른 나라의 역사를 한번 살펴봤어요. 우리가 불행해서 우리 땅에서만 그런 일이 벌어진 줄 알았거든요. 그런데 다른 나라도 다 똑같았습니다. 순탄하게 출발한 나라는 거의 없어요. 그러니까 너무 슬퍼하지 마시라는 거예요. 그런 과정을 거쳐 헌법이 만들어지고, 대통령이 선출되고, 내각이 완성되고, 입법부·사법부·행정부가 구성되고, 공화국 시스템이 출범한 거죠.

대한민국 헌법
수난사

한 나라의 헌법을 처음 만들 때는 다른 나라 헌법의 좋은 점들을 다 끌어모으죠. 그런데 그렇게 애써 만든 멋진 헌법이 자신의 집권에 별로 도움이 되지 않는다는 사실을 확인한 이승만에 의해 수난을 겪습니다. 계속 뜯어고쳐요.

압권은 1954년에 일어난 일입니다. 당시 헌법은 대통령의 중임, 그러니까 대통령직을 두 번 하는 것을 금지하는 조항이 있었어요. 그런데 초대 대통령에게는 그 조항을 적용하지 않는다는 예외 규정을 중심으로 하는 헌법 개정안을 자유당 의원과 무소속 의원들이 국회에 제출한 것입니다. 그리하여 11월 27일 헌법 개정안이 국회 표결에 부쳐진 결과, 재적 의원 203명 중 참여한 202명 가운데 찬성 135표, 반대 60표, 기권 7표가 나와 개헌 정족수에 1표가 모자라부결이 선포됩니다. 헌법을 개정하려면 재적 의원의 3분의 2 이상의 찬성이 필요하거든요. 그러나 자유당은 이를 받아들이지 않고 이틀 후인 29일 '사사오입四捨五入'이라는 해괴한 논리를 펼치며 개헌안이 가결되었음을 선포합니다. 135표를 반올림하면 재적 의원 3분의 2에 해당한다는 논리였습니다. 그 뒤 이승만 정권은 3·15 부정선거를 저지르다 4·19 혁명으로 권력에서 물러나게 되지요.

제1공화국이 막을 내리면서 우리 사회는 다시 의사결정 방법을 고민하게 됩니다. 우리가 의사결정을 의회에 맡기고 그 의회에서 만든 법에 따라 정치를 하라고 대통령을 뽑았더니 바로 독재를 하더라는 거죠. 그래서 제2공화국 헌법에서는 대통령의 권한을 크게 축소합니다. 의사결정 시스템을 크게 뜯어고쳐 총리를 세우고, 이른바 내각책임제에 기반한 시스템을 만듭니다. 제2공화국에서는 우리나라 최초로 양원제兩院制를 시도하기도 했습니다. 민의원, 참의원 이렇게요. 그런데 양원제를 제대로 구성하지도 못했어요. 만약 이 체제가 5년, 10년 갔으면 재미있는 일이 많이 벌어졌을 거예요. 그런데 1960년 제2공화국이 출범한

지 1년도 안 되어 군사 쿠데타*가 일어납니다.

5·16 군사 쿠데타로 집권한 박정희는 제3공화국의 전권을 쥐게 되는데, 박정희라는 사람은 많은 사람이 모여서 의사결정하는 걸 별로 좋아하지 않았던 것 같아요. 그냥 자기가 결정하고 싶어 한 거죠. 간단히 말하면 독재입니다. 박정희는 헌법을 완전히 뜯어고쳐서 대통령의 권한을 확장합니다. 그러고도 모자라서 나중에는 유신헌법維新憲法을 만들죠. 유신헌법을 제정한 목적은 영구 집권과 절대 권력을 의미하는 총통제를 만들기 위해서였습니다. 박정희가 집권한 시기에는 전체 유권자가 참여하는 의사결정이 거의 없었어요. 국회 자체가 권한이 별로 없는 데다가 그마저도 대통령 측근들이 장악하고 있는 상태였죠. 대통령에게 반기를 드는 사람은 국회에 들어갈 수도 없었고요.

박정희 정권이 끝나자 사람들이 이제는 의사결정권이 유권자에게 돌아올 수 있지 않을까, 하고 기대를 품었지만 12·12 사태가 일어나고 바로 전두환이 집권하죠. 이렇게 힘들어요. 의사결정을 특수한 사람에게 맡기지 않고 국민 모두 참여할 수 있는 시스템을 만드는 게 이렇게 어려운 일이란 말이죠.

---

* 1961년 5월 16일 박정희 소장을 중심으로 한 군인 세력이 합법적으로 수립된 제2공화국의 전권을 찬탈한 사건으로, 군사 쿠데타 또는 군사 정변이라고 일컫는 것이 타당하다. 박정희에게 우호적인 사람들이 이를 '5·16 혁명'이라고 부르는 경우가 있지만, 이 사건은 객관적인 역사 개념에서 볼 때 혁명이라고 할 수 없다.

그래서 1948년 총선거를 실시한 이래, 실제로 유권자들이 의사결정을 할 수 있는 대략적인 시스템이 만들어진 것은 1987년에 와서입니다. 여러분이 아시는 1987년 6·10 민주항쟁. 전두환이 개헌을 하지 않겠다고 버티다가 사람들한테 밀리자, 대신 자기 친구 노태우에게 6·29 선언을 하게 만들죠. 개헌을 하고 대통령을 직선제로 뽑겠다고 약속합니다. 그 사이에 헌법이 여러 번 바뀌어서 공화국이 몇 번 바뀌죠. 헌법이 '크게' 바뀌면 공화국 넘버가 바뀌거든요.

민주주의는
불가능한 꿈일까?

1987년 헌법 개정으로 만들어진 공화국이 제6공화국인데, 우리나라는 지금도 제6공화국입니다. 벌써 28년이니 30년이 다 되어가죠. 이런 추세로 나가다 보면 6공화국 기간이 제일 길겠네요. 그래서 사회 각계각층에서 1987년 헌법을 이제 고칠 때가 되지 않았느냐는 이야기가 나오고 있어요. 그렇지만 1987년에 만든 우리 사회의 의사결정 시스템이 "대한민국은 민주공화국이다"라는 헌법 제1조와 걸맞는지를 생각해보면, 아직은 아닌 거 같아요.

우리나라 인구가 5천만이죠. 지난 대선 때 유권자 수가 4천만이 넘었습니다. 4천만이 넘는 사람들의 뜻을 모두 모으는 국가적 차원의 의사결정이 잘 반영되는 시스템이 과연 있을 수 있을까요? 저는 그런 시스템은 사실 불가능한 것 아닌가 하는 생각이 들어요. 차라리 독재 시스템에서는 분명하게 의사결정을 할 수 있습니다. 물론 독재 시스템이 좋은지 나쁜지는 따로 판단해야겠지만, 어쨌거나 독재자는 결정을 내릴 때 자기 의사를 분명하게 반영하지요. 그런데 우리는 그게 나쁘다고 보기 때문에 공화국을 해야 한다고 생각하잖아요.

문제는 유권자가 너무 많다는 거예요. 우리나라보다 인구가 적은 나라가 많죠. 좋은 예가 스웨덴입니다. 스웨덴은 인구가 950만 정도 됩니다. 그렇게 살기 좋은 나라라는데 인구수가 우리의 5분의 1도 안 돼요. 이 정도 인구면 의사결정 시스템을 만들기가 쉬울 것 같아요. 사람이 적으니까. 그런데 우리는 인구 5천만에 유권자만 4천만입니다. 이 4천만 명의 뜻을 어떻게 모아야 사회적 결정이 잘되고 있다고 평가할 수 있을까 하는 거죠.

4천만 중에는 의사결정에 참여하는 걸 싫어하는 사람도 당연히 있을 수 있어요. 아나키스트들은 대한민국을 부정하죠. 투표를 무의미하다고 생각합니다. 또한 아나키스트까지는 아니더라도 대의 민주주의를 부정하는 사람도 있어요. 의회를 만들어서 뜻을 대신 정하게 하면, 민의가 왜곡될 수밖에 없다고 생각합니다. 이런 사람들은 자기들이 믿는 사상 때문에라도 4천만의 의사가 반영되는 시스템을 만들 수 없다고 생각하겠죠. 그리고 4천만 중에는 범죄자도 있습니다. 감옥에 가면 투표권이 사라집니다. 복권復權되어야 투표권이 생기죠. 그중에는 금치산자, 한정치산자 같은 사람도 있습니다. 관심이 없어서 정치적 의사결정 과정에 참여하고 싶지 않은 사람도 있습니다. 또 관심은 있지만 생업이 바빠서 참여할 여력이 없는 사람도 있습니다. 이런 사람들의 뜻까지 어떻게 반영할 수 있느냐는 거죠. 불가능합니다. 그렇다면 애초에 완벽한 민주주의라는 것은 신기루 아니냐는 생각까지 듭니다.

우리가 SNS에서 흔히 이야기하는 '개저씨'가 있죠. '개'와 '아저씨'를 섞은 말입니다. 이런 사람들하고 이야기해보면, 개저씨는 나이를 가리지 않습니다. 20대에도 있어요. 사실 민주주의 같은 게 무슨 소용이냐, 힘센 놈이 딱 방향을 잡아서 결정하고 나머지는 따라가면 되지 않느냐, 박정희·전두환 때처럼 하면 되지 않느냐, 이런 생각을 하는 사람들이 우리나라 유권자들 중에 20퍼센트는 된다고 봅니다. 이들은 민주주의자가 아니에요. 다수가 의사를 결정하는 시스템을 불신하는 탓에 그렇게 해선 잘될 리가 없다고 생각하는 거예요.

이건 그 사람이 철학을 공부하고 사상을 공부해서 얻은 결론이 아니라 살아오면서 피부로 느낀, 생생한 경험 때문에 얻은 결론일 거예요. 왜냐? 동네에서 친목회를 하건 회사에서 어떤 결정을 하건, 살아오면서 민주적인 결정을 해본 경험이 없거든요. 또 민주적으로 결정하려니까 온갖 사람들이 나와서 했던 이야기 또 하고 또 해대니, 그러느니 차라리 네가 알아서 결정해라, 이런 식으로 생각하게 된 거죠. 요즘 온라인 커뮤니티에서 초등학교 동창회 많이 하잖아요. 다음 주에 어디서 술 먹을지 결정하자고 하면 그걸 어떻게 여러 의견을 받느냐, 그냥 네가 결정해야지, 라고 얘기합니다. 그러다 보니 우리 국가에서도 어떤 결정을 할 때 민주적으로 할 필요가 없는 거 아니냐고 생각하는 사람들이 있습니다. 물론 그런 생각을 할 수는 있지만, 사실 매우 위험한 발상이죠.

민주주의는
결과가 아닌 과정

저 역시 민주주의는 신기루 또는 허상이라고 생각했습니다. 그 생각에서 탈출하게 된 계기를 말씀드리려고 하는데, 솔직히 이 말을 누가 최초로 했는지는 저도 모릅니다. 벤저민 프랭클린 Benjamin Franklin처럼 유명한 사람들이 이 말을 했다고 하는데, 누가 처음 했는지는 모르겠어요. "민주주의는 결과가 아니고 과정이

다·Democracy is a process rather than conclusion."

여러분도 많이 들어보셨을 텐데, 저는 이걸 아주 뼈저리게 느꼈어요. 저는 완벽하게 만들어진 시스템만을 생각했어요. 그게 뭘까 생각하다가 그런 시스템을 만드는 것은 불가능하다는 판단을 내린 거예요. 그런데 누군가는 이미 완성된 민주주의라는 것은 애당초 불가능하다고 생각했던 거예요. 그 사람에게 민주주의는 완성된 시스템 자체가 아니라, 지금보다 조금 더 민주주의적인 방향으로 나아가는 바로 그 과정이라는 겁니다. 그게 민주주의라는 거예요.

만약 민주주의를 완성된 시스템이라고 본다면, 전 세계에 민주주의 국가는 단 한 군데도 없을 겁니다. 그렇지만 민주주의를 과정이라고 본다면 지금 자기들이 놓여 있는 현실보다 조금이라도 더 좋은 나라를 만들기 위해 꾸준히 시스템을 뜯어고치고 있는 나라들은 다 민주주의 국가인 셈입니다. 좋아지고 있으니까요. 그렇게 고치다 보면 나중에는 상당히 개선된 시스템을 갖추게 되겠죠. 하지만 완벽하게 좋아질 수는 없습니다. 한 50~60퍼센트 개선되었다 해도 그사이에 사회가 또 바뀝니다. 그러면 시스템 또한 함께 바꾸어야 합니다. 기껏 좋게 만들었더니 또 바꿔야 하는 거죠. 그 결과로 사회가 더 후퇴할 수도 있습니다. 그러면 또 바꾸어야 합니다. 어쩌면 계속 제자리걸음일지도 몰라요. 그러나 많은 사람들이 바꾸려는 노력에 동의하고 동참한다면 그 사회는 민주주의 사회일 겁니다. 이게 아무것도 아닌 말 같지만, 아주 중요하다는 생각이 들어서 꼭 설명드리고 싶었습니다.

저는 민주주의의 발전을 저해하는 심각한 문제가 우리 안에 있다고 봐요. 우리는 민주주의가 민주적인 의사결정, 모든 유권자가 참여하는 의사결정이라고 이야기하고 있지만, 실제로 그런 상태로 가는 걸 두려워하는 마음이 우리 속에 숨어 있다는 뜻입니다. 어떤 소모임에서 뭔가를 결정해야 할 때, 앞장서서 토론을 주도하고 의사결정을 이끌어본 분이 얼마나 될까요. 거의 대부분은 누가 나서서 이야기하기를 기다리며 뒤로 물러나 있지 않나요? 그리고 누가 의견을 물어보면 자기 의견을 표현하는 것을 두려워합니다. 아주 친한 사람들끼리라면 좀 나은데, 내가 모르는 사람들, 처음 들어간 학교의 급우나 처음 들어간 회사의 팀장이 의견을 내보라고 하면 자신 있게 못하죠.

우리는 그런 걸 배워본 경험이 별로 없어요. 요즘은 초등학교 때부터 토론식 수업이 많이 이루어진다고 하지만, 토론 수업이 꼭 민주적인 건 아니에요. 토론이 민주적이 되려면 실제로 의사결정권이 주어진 상태에서 해봐야 합니다. 우리 반에서 지각한 사람들에게 어떤 벌을 줄 것인가, 이런 걸 결정할 수 있도록 담임선생님이 학생들에게 권한을 넘겨주어야 의사결정 과정을 경험했다고 할 수 있습니다. 그런 전제 조건 없이 누가 더 멋지고 아름다운 이야기를 하는지 보는 것은 토론 연습이지 의사결정이 아니잖아요. 이런 측면에서 볼 때, 자기 의사를 당당하게 표현하기 두려워하고 나와 의견이 다른 사람과 서로 양보해서 타협하기를 두려워하는 소극적인 마음이 독재자보다, 그리고 우리 사회를 지배하려고 하는 자본보다 더 무서운 민주주의의 적이라할 수 있습니다.

어쩌면 너무 추상적인 이야기라서 현실에서는 도움이 안 될지도 모르겠습니다. 그래도 최소한 이런 생각을 한번 해보시라는 겁니다. 투표만이 민주주의가 아니잖아요. 우리 생활 속에서, 내가 속한 공동체에서, 아주 소소하게 수도 없이 벌어지는 의사결정 과정에 민주적으로 참여해본 사람만이 국가 차원의 의사결정도 민주적으로 잘할 수 있다, 연습 없이는 아무도 못한다, 라는 겁니다. 단순히 투표일이니까 가서 투표만 하자거나 투표했으니까 나는 민주주의에 기여했어, 라고 생각하지 마시라는 겁니다. 아주 작은 일에서부터 민주주의가 되지 않으면, 큰 민주주의도 시작되지 않습니다.

이렇게 별로 현실적이지 않은 추상적인 이야기로 초반부를 채운 이유는 그래야 조금이라도 멋지지 않을까 하는 기대 때문입니다.(웃음) 사실 저는 이런 추상적이고 거대한 이야기는 체질에 잘 맞지 않습니다. 그럼 바로 현실로 들어가볼까요.

소선거구제가
위헌이라고?

우리 사회의 의사결정 구조를 대표하는 것이 선거제도입니다. 여러분 가운데 중선거구제를 경험해본 분이 계실지 모르겠습니다. 1985년까지 시행됐었죠. 중선거구제는 지역구 하나에서 국회의원을 여러 명 뽑는 선거제도입니다. 대선거구제는 몇 십 명씩 뽑는 거고요. 보통 중·대선거구제라고 하죠.

제가 지금 중선거구제를 거론하는 이유는 현재 우리나라가 시행하고 있는 소선거구제, 즉 지역구당 한 명씩 뽑는 것이 고정불변의 철칙이 아니라는 말씀을 드리고 싶어서예요. 소선거구제는 1987년 헌법을 개정할 때 중선거구제가 여당의 독주를 허용하는 경향이 있으니 국민들의 뜻을 더 반영해서 소선거구제로 바꾸자고 결정되어 시행됐습니다. 그런데 막상 소선구제를 시행해보니 이것도 생각과 다르게 단점이 많은 거예요. 그건 조금 뒤에 설명드릴게요.

개헌을 할 때 그게 개선이 될지 개악이 될지는 아무도 모릅니다. 하지만 당시 개헌을 담당한 사람들은 소선거구제가 중선거구제보다 나을 거라는 믿음에서 헌법을 고쳤죠. 이렇게 조금 나아지지 않을까 하고 고쳐가는 것, 이 과정이 민주주의라고 말씀드렸었죠. 어쨌든 선거제도를 소선거구제로 바꾸었더니 이런저런 문제가 생깁니다.

소선거구제에서는 지역구 주민들이 자기 지역구를 대표하는 사람 한 명을 뽑아 국회에 보냅니다. 국회는 지역구에서 선출된 의원과 각 정당의 득표수에 비례해 당선된 의원들로 구성됩니다. 지금은 이 시스템인데, 이 시스템에 문제가 있다는 주장이 점점 더 힘을 얻고 있습니다. 2014년 10월 30일 헌법재판소가 아주 중요한 판결을 내렸어요. 현재 시행하고 있는 공직선거법에서 지역구를 구성하는 기준이 위헌이라는 판결입니다. 그러니까 지역구 제도가 잘못되었다, 헌법에 합치되지 않는다는 거죠.

이게 무슨 말인가 하면, 우리나라에는 현재 245개의 지역구가 있습니다. 여기에서 한 명씩 뽑으니까 지역구 의원이 245명인 거죠. 그런데 이 245개 지역구 중에서 인구가 적은 지역구와 인구가 많은 지역구의 인구가 3배 이상 차이 납니다. 적은 쪽이 10만 명이면 많은 쪽은 35만 명쯤 되는 거죠. 이게 어떤 문제를 일으키느냐 하면, 가장 본질적인 표의 등가성을 해칩니다. 10만 명인 지역구에서는 표의 가치가 10만분의 1인데, 35만 명인 지역구에서는 표의 가치가 35만분의 1이 되는 겁니다.

선거의 4원칙이라는 게 있죠. 바로 보통·평등·직접·비밀 선거입니다. 선거의 4원칙에 따르면 모든 사람의 표는 동일한 효력이 있어야 합니다. 그런데 현재의 소선구제에서는 이 원칙이 깨져버린 거죠. 그래서 헌법재판소가 판결을 내리기를, 현실적으로 모든 지역구를 똑같이 만들 수는 없지만 3배 차이는 너무 심하니까 이 격차를 2배 이하로 줄이라고 한 거예요. 헌법재판소가 별거 아닌 것 같지만 그 위력이 상당합니다. 그리고 기한까지 정했어요. 2015년 말까지입니다. 기한이 얼마 안 남았어요. 촉박하죠. 지역구 설정을 바꾸고 선거법도 바꾸어야 합니다.

그런데 이 헌법소원심판이 왜 이루어졌을까요. 심판을 청구한 쪽은 두 군데입니다. 한 곳은 새누리당 정우택 의원입니다. 호남에 있는 지역구들은 대체로 인구가 적어요. 그런데 최근 충남에 도시가 생기면서 충남 쪽 지역구에 인구가 많이 늘었습니다. 정우택 의원은 충남 쪽 지역구를 늘려달라는 거예요. 거의 비슷한 내용의 심판을 인천에 사는 유권자 세 명이 청구했는데, 그 배후에는 정의당의 심상정 의원이 있습니다. 헌법소원심판은 자기가 직접 이해 당사자여야 제기할 수 있어요. 정우택 의원 쪽은 국회의원에 출마하고 싶은 사람으로 지역구 배분이 잘못되어 있어서 불이익을 당하는 상황이니 직접 이해 당사자가 됩니다. 심상정 의원 쪽은 인구가 엄청나게 많은 인천 지역 유권자 입장에서 내 표의 가치가 너무 낮아 등가성 원칙에 위배되는 피해를 보고 있다, 민주주의 국가의 유권자로서 내가 권한을 침해받고 있다고 주장한 겁니다. 이 두 경우가 거의 비슷한 내용이라며 헌법재판소에서 묶어서 심판을 했고, 그 결과 위헌 판결을 내렸습니다.

이제 큰일 났습니다. 2015년 안에 지역구를 뜯어고쳐야 해요.

이런 실무적인 문제는 중앙선관위가 제일 잘 알죠. 대략적인 수치이지만 우리나라 유권자가 약 4천만 명이니까 그걸 245개로 나누면 평균이 나올 겁니다. 여기에 도농 간 격차, 기존의 지역구별 차이 등을 고려하여 현실적인 기준을 잡습니다. 그에 따라 한 지역구의 최소 인구 기준을 13만 9천 정도로 잡았을 때, 전국 245개 지역구 중에서 13만 9천보다 인구가 더 적은 곳이 25군데 있고, 13만 9천의 2배를 넘는 곳이 27군데 있습니다. 이걸 다 고쳐야 하는 거예요.

그런데 이 지역구라는 게 사는 지역별로 나누는 건데, 여기서 백 명 떼다 저기다 붙이고 그럴 수가 없잖아요. 경기도 의왕시 같은 경우는 인구가 적어서 인접해 있는 과천과 의왕을 하나의 지역구로 합치기도 합니다. 선관위는 이 작업 때문에 난리가 났어요. 과연 2015년 말까지 이 작업을 마무리할 수 있을까요. 이걸 못하면 내년 총선을 치를 수 없게 됩니다. 우리나라의 의사결정 방법 중 가장 중요한 총선을 못 치를 정도의 중대 사안인 거예요. 그런데 우리나라 어떤 매체에서도 이 문제를 중요하게 보도하지 않고, 심지어는 국회에서도 여야 사이에서도 공개적으로 대놓고 논의하는 사람이 없어요. 심상정 의원 혼자서 얘기하고 있어요. 그런데 아무도 못 들은 척하고 다 돌아섰어요. 왜 그럴까요.

이게 너무 심각한 문제라는 거죠. 고등학교 때, 게리맨더링

Gerrymandering*이라는 말 들어보신 적 있을 겁니다. 그것처럼 선거구를 자기한테 유리하게끔 교묘하게 나눌 가능성도 있고 해서 정당 간의 이해관계가 첨예하게 얽혀 있죠. 어떤 곳을 늘리고 어떤 곳을 줄일 것이냐. 예를 들어 호남의 지역구를 줄이면 당장 난리가 나겠죠. 경북, 경남도 마찬가지입니다. 인구가 줄면 지역구를 합쳐야 하는데, 그렇게 되면 의회의 문제만이 아니게 됩니다. 지역 주민들이 가만있지 않겠죠. 우리 동네가 못살게 되어 사람들이 다 떠나고 인구가 줄었는데, 그나마 뽑던 국회의원마저 못 뽑게 하겠다는 거냐며 항의하겠죠. 이 문제는 전국적으로 떠들썩해야 겨우 맞춰볼 수 있는데, 아직까지 이야기가 없습니다. 그래도 물밑에서는 논의가 있을 겁니다. 힘 있는 국회의원들은 자기 세력을 유지하는 방향으로 안을 만들어보고 있을 것 같아요. 저는 이런 문제가 공개적으로 논의되어야 한다고 생각합니다.

그럼 지역구만 조절하면 될까요. 그건 아닙니다. 소선거구제 자체가 아주 다양하고 복잡한 문제를 담고 있습니다. 심상정 의원은 어차피 지역구를 조정하다 보면 당연히 모든 지역구를 조정해야 한다, 그러니 떡 본 김에 제사 지낸다고 아예 선거제도까

---

* 1812년 미국 매사추세츠 주의 주지사 엘브리지 게리Elbridge Gerry가 선거구를 자기 정당에 유리하게끔 임의로 조절했는데, 그 선거구 형태가 마치 샐러맨더(도롱뇽)라는 신화 속 괴물과 흡사하여 주지사 이름 게리와 샐러맨더를 합성해 '게리맨더링'이라는 말이 만들어졌다. 그 뒤로 선거구를 특정 정당이나 사람의 이해에 맞게 구성하는 행위를 게리맨더링이라고 일컫는다.

지 바꿔버리자면서 전통적으로 노회찬 의원 등과 함께 주장해오던 독일식 정당명부제政黨名簿制를 제안합니다. 독일식 정당명부제는 지역구 의원과 비례대표 의원을 동시에 선출하는 독일의 국회의원 선출 방식으로, 국회의원 선거에서 지지하는 지역구 후보와 정당에 유권자가 각각 한 표씩 행사하는 1인 2표제 선거제도입니다. 정당명부제가 소선거구제보다 얼마나 좋은가, 그건 또 따져봐야겠죠. 또 어떤 쪽에서는 정당명부제로 해도 좋은데, 일단은 소선거구제부터 뜯어고쳐서 중·대선거구제로 바꾸자는 이야기도 나오죠. 그러면 또 어떤 쪽에서는 그렇게 자잘하게 고치지 말고 아예 양원제로 가자, 내각책임제로 가자고 합니다. 거기에서 더 커지면 헌법 자체를 바꿔보자, 이것도 가능한 거죠.

이렇게 선거법에 의한 지역선거구제를 바꾸려는 노력이 계속되다 보면, 그 변화의 폭이 너무 커져서 헌법을 고쳐야 할 수도 있습니다.

여러분이 헌법을 다 읽어보셨는지 모르겠는데, 헌법에서 가장 크게 논의되는 항목이 국회 항목이에요. 국회의원 정족수가 딱 300명이어야 한다는 건 아니지만 200명 이상으로 한다, 이런 게 있죠. 예를 들어 중·대선거구제로 바꾼다 하면 헌법이 바뀌어야 할 겁니다. 처음에는 지역구 몇 개를 바꾸면 된다고 생각하면서 헌재가 판결을 내렸는지 모르겠습니다만, 지금은 우리나라 선거제도 전체를 뜯어고쳐야 할지도 모르는 그런 상황이 됐습니다.

소선거구제의
문제점

그러면 도대체 소선거구제에 어떤 문제점들이 있기에 자꾸 뜯어고치자고 하는 걸까요. 조금 전에 이야기한 표의 등가성 원칙이 깨진다는 문제도 있지만, 사람들이 투표한 대로 국회가 구성되지 않는다는 문제도 있습니다. 총선을 할 때, 후보자도 선택하고 정당도 선택하죠. 따라서 사람들이 선택한 후보자를 찍은 그 표를 다 모아보면 정당별 득표율이 나올 겁니다. 그렇죠? 그런데 각 정당이 실제로 얻은 정당별 득표율과 국회의 의석 비율이 전혀 맞지 않는 거예요. 쉬운 예를 들자면, 지난 총선에서 새누리당이 52퍼센트 정도 득표를 했어요. 그런데 새누리당의 의석수는 60퍼센트가 넘습니다. 왜 그럴까요? 소선거구제에서는 2등 한 사람의 득표율이 아무 의미가 없기 때문입니다.*

이처럼 1등만 중요해지다 보니까 지역 간 격차가 점점 더 심해지는 거죠. 호남에서는 새누리당 후보가 당선될 가능성이 거의 없어요. 그래서 새누리당 쪽에서는 호남 지역 후보를 구하기

---

* 이런 현상을 흔히 '사표가 발생했다'고 표현한다. 2위 후보를 선택한 표들도 유권자의 의지를 반영하는데, 의회를 구성하는 과정에서 이들의 의지가 전혀 반영되지 않는다면 심각한 문제가 된다. 그러나 완벽하게 사표가 발생하지 않는 선거 시스템이란 존재하기 힘들기 때문에 이를 최소화할 수 있는 방법을 찾아야 한다.

힘든 거예요. 그 후보의 선거운동을 당에서 지원하기도 애매하고요. 똑같은 이유로 영남 지역에서는 새정치민주연합 후보를 구하기가 어렵겠죠. 그러니까 상대편 지역을 아예 포기하게 됩니다. 가끔 독자적으로 어떤 의지가 강한 개인이 출마해서 의미 있는 득표를 하고 떨어지지도 하지만, 그것이 의석 비율에는 전혀 영향을 주지 못해요. 대구에서 유시민이 떨어졌을 때, 대구에서 김부겸이 떨어졌을 때, 또 조금 더 이전으로 거슬러 올라가 부산에서 노무현이 떨어졌을 때, 그때 이 사람들이 당에 어떤 도움을 주었느냐는 거죠. 아무 도움도 안 되니까 당에서는 그 지역에 후보를 내는 것 자체를 포기한다는 거예요.

그리고 의석 구조가 왜곡되기 시작합니다. 군소 정당들은 억울한 경우를 많이 당할 수 있죠. 한때 통합진보당의 전신이었던 민주노동당은 전국적으로 10퍼센트의 득표율을 올리고도 의석을 12석밖에 얻지 못했습니다. 상식적으로 의석이 30석은 나와야 하는데 말이죠. 그러니까 소선거구제의 가장 큰 문제는 대의민주주의 아래서 유권자들이 투표를 통해 보여준 의사를 실제 국회 구성에 반영하지 못한다는 데 있습니다.

그런데 소선거구제를 채택할 때 이런 점을 생각하지 못했을까요? 그랬을지도 몰라요. 1987년에 헌법을 만든 사람들은 이걸 그렇게 큰 문제로 생각하지 않았을지도 모릅니다. 왜냐? 그전에는 더 왜곡되어 있었거든요. 예전에는 통일주체국민회의 이런 걸 만들어서 집권당이 전체 의석의 70퍼센트까지 차지했습니다. 그러니까 비율 같은 문제를 따질 여유가 없었던 거죠. 하지만 1987년 이후 거의 30년이 지났으니 그 왜곡이 심각하게 느껴지는 겁니다. 이제는 이 문제를 고치기 위해 애써야겠죠.

그러면 이런 불합리를 어떻게 고칠 수 있을까요? 유권자들이 정당에 지지를 표시했을 때, 그 정당별 지지율과 의석수를 완전히 일치하게 만드는 확실한 방법이 있습니다. 그게 바로 정당명부제예요. 정당명부제가 좋다고 홍보하는 게 아닙니다. 나중에 단점도 이야기할 텐데, 수학적으로 가장 명쾌해서 예를 든 겁니다. 총선이면 전국의 유권자는 다 투표를 해야 합니다. 투표로 정치인을 뽑는 게 아니라 정당만 뽑는 거죠. 그러면 당은 자기네 당의 후보자 명단을 제출합니다. 1번부터 200번까지 제출하겠죠. 그리고 투표가 끝난 다음 정당별 득표율에 따라 의석수를 배정하는 거예요. 이게 원초적인 정당명부제입니다. 이에 따라 12퍼센트 득표하면 36번까지 자리를 얻겠죠.

그러나 원초적인 정당명부제를 실시하게 되면, 또 하나의 중요한 원칙이 사라져버립니다. 의원들의 지역 대표성이라는 원칙이요. 의원들이 왜 지역을 대표해야 할까요. 지방자치제 아래에서 지방 의회의 의원들은 지역을 대표해야 되겠죠. 그런데 국회의원이 왜 지역을 대표해야 하는가, 이 점을 둘러싸고는 논란이 있어요. 하지만 유권자들의 정서상 우리 지역구 의원을 뽑아서 국회에 진출시킨다는 건 중요합니다.* 이 점을 무시할 순 없습니다. 그런데 정당명부제에는 지역성이 전혀 없죠. 그리고 내가 지지하는 후보가 있는데, 그 후보가 속한 당에서 200번대라면 그 후보는 의회에 못 가잖아요. 그러면 내가 그 당을 찍을 필요가 없어집니다. 또 어떤 사람들은 지역 대표성도 살리고 득표율과 의석수의 비율을 맞추기 위해서 지역구를 줄이고 비례대표를 늘리자는 주장도 합니다. 그러면 비례대표를 늘렸을 때, 다른 문제는 해결될 수 있을까요?

최근 들어 실시된 총선을 살펴보면, 내부 경선에서 문제가 발생하기도 합니다. 지역에서도 경선이 있고, 비례대표도 당선권에 들기 위해서 치열한 물밑 작업을 벌입니다. 한국 사회에서 국회의원으로 당선된다는 것은 가문의 영광입니다. 지역사회에서 국회의원이 누리는 혜택은 장난이 아니죠. 지역 유지들은 국회의원과 밥 한 번 먹기 위해 몇천만 원을 쓰기도 합니다. 이런 상황에서 정당의 공천권이 지금처럼 유지된다면 후보를 선정하는데서 끊임없이 문제가 발생할 겁니다. 정당명부제도 그 문제에서 자유롭지 못하겠죠. 당선권을 전후해서는 번호 한 개를 앞당기려고 어마어마한 싸움이 벌어질 겁니다. 실제로 그러고 있는

---

* 물론 국회 구성에서 '지역 대표성'이라는 것은 유권자의 정서 문제 이상으로 중요한 의미가 있다. 국가 전체의 의사를 결정하는 과정에 참여한 의원들이 지역별로 고르게 분포하지 않는다면 특정 지역의 소외 현상을 막기 힘들어지기 때문이다.

것이 현실입니다.

선거법,
어떻게 바꿔야 할까?

이런 복잡한 선거제도를 어떻게 바꿀 수 있을까요? 제헌의회를 구성하고 70년이 흘렀는데, 우리는 여태껏 제대로 된 국회를 구성하는 방법조차 못 만들고 있습니다. 지금까지 뭘 했을까요. 하지만 조금이라도 나아질 방법을 찾기 위해, 그게 민주주의니까, 고민해나가는 거죠. 우리 손으로 제도를 만들어본 게 1960년과 1987년 이렇게 두 번*인데, 1960년에는 제대로 써보지도 못했고, 1987년에 만든 걸 지금까지 써오고 있습니다. 그러니 이제껏 겨우 한 번 해본 셈입니다. 87년 이후 우리 사회는 급속도로 변화했습니다. 87년에는 지역구 간 인구수에 별 격차가 없었어요. 하지만 그동안 도시가 엄청나게 확장된 결과, 서울의 인구가 너무 많이 늘었습니다.

사실 1987년 당시 헌법을 만든 사람에게 책임을 물을 수는 없

---

* 그 사이 헌법이 몇 차례 개정되긴 했지만, 군사 쿠데타를 통해 불법적으로 정권을 잡은 독재자들에 의해 개정된 헌법을 '우리 손으로' 만든 제도라고 보는 것은 문제가 있기 때문에 겨우 '두 번'이라고 표현했다.

어요. 우리가 제때 못 바꾼 게 문제죠. 그러면 그토록 문제가 많고 원칙이 안 지켜진다는데 왜 그동안 우리는 바꾸지 못했을까요. 여기 문제가 있습니다. 선거제도를 바꾸지 못하게 하는 힘이 존재한다는 겁니다. 그 힘에는 여러 가지가 있는데, 가장 직접적이고 현실적으로 눈에 보이는 힘은 진입 장벽이에요.

제가 우리나라에서 국회의원 당선은 가문의 영광이라고 말씀드렸죠. 바로 그 가문의 영광을 누린 사람들, 그러니까 국회의원을 한 번이라도 해본 사람들은 당연히 계속하고 싶어 합니다. 그런데 선거제도를 고쳐야 할 책임과 권한은 국회의원에게 있습니다. 선거법을 고칠 때는 다양한 것들을 고려해야 합니다. 하지만 실제로 국회의원들이 고려하는 것은 초선 의원들보다 재선 의원이 더 쉽게 국회에 들어갈 수 있도록 하는 방법 아닐까요. 의원 기득권이라고 볼 수 있는데, 신인 정치인들의 국회 진출을 막는 거죠. 이것이 선거제도를 바꾸는 것을 방해하는 주된 원인들 중 하나다, 라고 할 수 있겠습니다.

그런 방해가 있더라도 공개적인 논의를 통해서 많은 사람들이 이야기하면 옳은 방향으로 갈 수 있겠습니다만, 현실적으로는 난감한 부분이 많아요. 선거운동할 때도 보통 현직 의원은 의정 보고라는 명목으로 팸플릿 같은 것을 배포할 수 있습니다. 그러나 신인 정치인이 그런 걸 뿌리면 당장 선거법 위반이에요.

그러면 그처럼 산적해 있는 현실적인 문제를 넘어서 어떤 선거법을 취하면 우리가 겪고 있는 문제를 일거에 해결할 수 있을지 한번 생각해보도록 하죠.

복잡하고 흥미로운
스웨덴의 선거제도

제가 생각해낸 걸 말씀드리면 여러분이 재미없어하실 거예요. 실제로 실시되고 있는 예를 보여드려야 더 좋겠죠. 그래서 세계 여기저기를 막 뒤졌습니다. 그러다가 찾아낸 게 스웨덴이에요. 아까도 말씀드렸지만, 스웨덴은 인구수가 우리의 5분의 1밖에 안 되는 나라입니다. 그러나 다큐멘터리를 보면 늘 선진적이고 민주적인 시스템을 잘 만든 나라로 나오죠. 사회민주주의社會民主主義를 채택한 스웨덴은 전반적으로 잘산다는 북유럽에서도 괜찮은 나라로 꼽히는 국가입니다. 스웨덴도 그런 시스템을 만드는 데 약 200년의 시간이 걸렸다고 알고 있어요. 뿐만 아니라 노동운동사도 살벌합니다. 유혈 사태도 있었고요.

스웨덴의 선거제도를 설명드릴까 말까 정말 많이 고민했어요. 머리 아플 정도로 복잡하거든요. 이걸 제가 여러분께 제대로 설명드릴 수 있을지 모르겠어요. 제가 보고 이해하는 데만도 한참이 걸렸어요. 과연 그 나라 유권자들은 이 시스템을 다 이해하고 있기는 한 건지 의심스러워요. 도대체 개표는 어떻게 하는지도 정말 궁금합니다.

스웨덴의 선거제도를 설명하기 전에 우선 우리가 선거구제를 구상할 때 중요하게 지켜야 할 원칙을 생각해보죠. 먼저 표의 등가성입니다. 그리고 유권자들의 정서상 지역 대표성도 필요합니다. 지역구 의원과 비례대표 의원이 우리나라 현행 국회에서는 차별을 받습니다. 비례대표 의원은 B급 의원 취급을 받아요. 지역구 의원에 비해 발언권이 약합니다. 또 초선과 재선 사이의 차이도 어쩔 수 없죠. 이런 원칙을 머릿속에 담은 뒤에 스웨덴의 기묘한 선거제도를 살펴보도록 하죠. 스웨덴의 선거제도를 '수정 상트라귀sainte-Laguë(홀수법)' 방식이라고 하는데, 발음하기도 힘들어요.

기본적으로 스웨덴은 정당명부제를 사용합니다. 투표 때 정당부터 선택하는데, 그럼에도 지역구가 존재합니다. 스웨덴의 지역구는 주 단위로 구분됩니다. 인구수를 비슷하게 한다, 이런 규정은 없어요. 대부분 그냥 자연적인 단위로 두고, 스톡홀름 같은 수도는 따로 뺍니다. 그러면 유권자 수의 격차는 어떻게 해소하는가. 각 주마다 서로 다른 의석을 배정해주는 거예요.

자, 그러면 맨 처음에 스웨덴의 유권자가 투표소에서 받게 되는 투표용지부터 보시죠. 이게 1번, 2번, 3번인데, 이 가운데 하나를 고르면 됩니다. 모두 사용하는 게 아니라 이 셋 중에 하나만

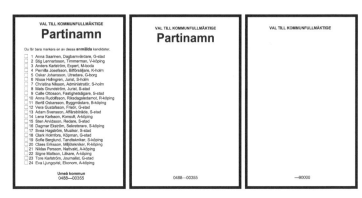

스웨덴의 투표용지. 첫 번째 투표지(왼쪽)에는 정당명과 그 정당의 후보자 명부가 나와 있고, 두 번째 투표지에는 정당명만, 세 번째 투표지는 백지로 되어 있다. 유권자는 자신에게 맞는 투표지 를 골라 투표하면 된다.

사용한다는 거죠. 자기가 원하는 대로 고르는 겁니다.

첫 번째 투표용지에는 정당 이름과 그 정당의 후보자 이름이 쓰여 있습니다. 전국 명단이 아니라 해당 지역별 명단인 거죠. 그 런데 내가 정당에서 고른 사람이 아닌 다른 사람을 지지할 수도 있겠죠? 그런 사람을 위해서 두 번째 투표용지가 있습니다. 여기 에는 정당 이름만 있고, 백지예요. 지지하는 후보 이름을 유권자 손으로 쓰는 겁니다. 그런데 이상한 유권자도 있을 수 있잖아요. 여기 '물뚝심송' 같은 이름, '티리온 라니스터(미드 〈왕좌의 게임〉의 등장인물)' 같은 엉뚱한 이름을 쓸 수도 있겠죠. 그러면 정당 투 표만 인정됩니다. 그렇지만 그 지역 명단에 없는 후보 이름을 썼 다, 스펠링이 틀리더라도 인지할 수 있게 썼다, 그러면 그 후보 표로 들어갑니다. 세 번째는 정당까지 유권자가 쓰는 겁니다. 정당 이름부터 쓰고 그 정당에서 자기가 지지하는 후보 이름을 쓰면 됩니다.

1번이나 2번 투표용지에는 정당 이름이 인쇄돼 나와야 하지 않습니까. 그 직전 선거에서 1퍼센트 이상 득표한 정당을 위한 투표용지는 선관위가 다 만들어줍니다. 하지만 득표율이 1퍼센트 미만이거나 새로 생긴 정당의 경우는 3번 용지를 사용해야 하겠죠? 그런데 그러면 불공평 문제가 제기되니까, 득표율이 1퍼센트 미만이거나 신생 정당인 경우 1, 2번 투표용지를 직접 제작해서 정당별로 다 구비해놓습니다. 이렇게 되면 유권자 입장에서는 할 수 있는 만큼 다 선택할 수 있다는 거죠.

문제는 이렇게 복잡한 투표용지를 가지고 의석을 어떻게 배정하느냐. 스웨덴은 주별로 의석을 배정한다고 했는데, 의석수가 가장 적은 곳은 요틀란드 주이며 의석이 2개밖에 없습니다. 스톡홀름 주가 가장 큰데, 이곳에는 38석이 배정됩니다. 이런 식으로 의석을 배정하다 보니 인구 천만도 안 되는 스웨덴의 전체 의석수는 349석입니다. 우리나라 의석수보다 많아요. 우리나라 국회의원 의석수는 인구 비례로 볼 때 적은 겁니다. 제가 안철수 의원에게 실망한 것 중 하나가 우리나라 국회의원 수를 줄여야 한다고 말한 겁니다. 현실 정치에 대해 너무 무지한 발언이었어요. 우리나라는 의석수가 부족한 상태예요. 의석수를 늘리고 보좌관 수도 늘려야 합니다.

정당	온건당 (M)	중앙당(C)	자유당 (FP)	기민당 (KD)	사민당 (S)	좌파당 (V)	녹색당 (MP)	스웨덴 민주당 (SD)
득표	96981	12183	26829	19484	80543	27246	34205	15608
1.4	69272.14 ①	8702.14	19163.57 ⑧	13927.14 ⑩	57530.71 ②	19462.43 ⑥	24432.14 ⑤	11148.57 ⑬
3	32327.00 ③	4061.00	8943.00	6494.67	26847.67 ④	9082.00	11401.67 ⑭	5202.67
5	19395.20 ⑦	2436.60	5365.80	3896.80	16108.60 ⑨	5449.20	6841.00	3121.60
7	13854.43 ⑪	1740.43	3832.71	2783.43	11506.14 ⑫	3892.29	4886.43	2229.71
9	10775.67 ⑮	1353.67	2981.00	2164.89	8949.22 ⑰	3027.33	3800.56	1734.22
11	8816.45	1107.55	2439.00	1771.27	7322.09	2476.91	3109.55	1418.91
13	7460.08	937.15	2063.77	1498.77	6195.62	2095.85	2631.15	1200.62

예테보리 시 선거구 상설의석은 17석으로, '수정 상트라귀' 방식을 적용해 득표수에 따라 정당에 의석을 배정했다. 출처 : 스웨덴 선관위(www.val.se)

그런데 이 349석을 어떻게 배정하느냐. 정확하게 인구 비례에 따라 배정하는 의석을 상설의석이라고 하는데, 여기에 310석을 배정합니다. 스웨덴 전체 인구에 따라 주마다 인구 비례가 있겠죠. 이 비율을 토대로 310석을 만들고 39석은 빼놓는데, 이걸 보정의석이라고 합니다. 위의 표는 예테보리 시의 정당 득표율을 보여주는 표입니다. 온건당과 사민당이 제일 크네요. 스웨덴이니까 역시 사민당이 큰 당이죠. 이 득표수를 토대로 하면 오차가 많이 생기는 걸 경험했는지 '상트라귀'라는 방식을 만들어내요. 그 방식에 따라 밑의 숫자들을 만들어내는 건데, 한번 보면 별거 아닙니다.

득표수 바로 아래를 보면, 여기에는 1.4로 되어 있지만 원래는 그냥 1이었어요. 그다음에는 득표수를 3으로 나눈 숫자, 5로 나눈 숫자, 7로 나눈 숫자. 이렇게 홀수로 나눈 숫자를 차례로 쭉 써놓습니다. 이렇게 나눠서 나온 숫자를 각 당별로 다 만들어줍니다. 예테보리 시에 상설의석으로 배정된 것이 17석이거든요. 이 비교 숫자들을 보고 가장 큰 것부터 자리를 배정해줍니다. 가장 큰 수에 1번, 그다음 큰 수에 2번……. 그런 식으로 계속 돌아가면서 배정해줍니다. 이 표에서 동그라미 안의 숫자로 표시된 것은 득표 순서에 따라 각 당에 배정된 의석 순번입니다. 온건당과 사민당이 비슷하게 5석을 차지했네요. 나머지 정당들은 1석, 2석, 뭐 이렇게 배정받았죠.

이와 같이 각 정당별로 의석이 배정되면, 각 정당은 투표에서 선호도가 높은 후보자 순으로 의석을 배정합니다. 그런데 그것도 그냥 배정하지 않아요. 각 정당별로 후보자별 득표율과 명부상의 후보자 순서를 고려하여 배정 순서를 결정합니다. 이렇게 해서 310석이 다 배정되겠죠. 그런데 그렇게 해도 각 정당의 득표율과 의석 비율에서 또 차이가 생깁니다. 그 차이를 보정하기 위해서 아까 그 39개의 보정의석을 꺼냅니다. 보정의석은 상설의석 배정에 사용된 비교 숫자를 모두 제하고 남은 비교 숫자 중에서 큰 숫자 순으로 배정합니다. 예테보리 시의 경우 중앙당은 상설의석을 배정받는 데 실패했지만 전국적으로 정당 득표수보다 의석을 적게 받았기 때문에 보정의석을 받았습니다. 이렇게 하다 보면 정당 득표율과 의석 배정수가 거의 같아져요. 그리고 이렇게 계속하다 보니 1 대신 1.4로 나누는 게 훨씬 정확하더라는 거죠. 그래서 원래 홀수 1, 3, 5……로 나누던 것을 1.4, 3, 5……로 나눈 게 '수정 상트라귀' 방식입니다.

그런데 이런 방식을 우리 현실에서 채택할 수 있는지는 모르겠습니다. 너무 복잡하거든요. 스웨덴 유권자들이 이 방식을 온전히 이해하고 있는지도 궁금하고, 저런 투표용지를 받았을 때 어지간히 교육되지 않았으면 용지의 의미를 이해하기도 어려울 것 같고, 어떤 사람은 석 장 다 쓰겠다고 나설지도 모르겠고, 어떻게 이런 일이 가능할까 의아했어요.

스웨덴의 정치 구조를 잘 알고 있는 분의 이야기에 따르면 이 방법은 중앙정부에서 만든 게 아니라고 합니다. 몇십 년, 몇백 년에 걸쳐 이렇게 발전해온 거예요. 분명 스웨덴에서도 기득권을 유지하려는 의원들이 있었을 거고, 진입 장벽을 치고 싶은 마음도 있었을 거고, 대형 정당들이 신규 정당을 견제하려는 움직임도 있었겠죠. 하지만 스웨덴에서는 정파를 떠나 선거 룰에 대한 논의가 가능했습니다. 의사결정을 할 수 있었다는 거예요. 그럼으로써 공통적인 룰을 만들어내는 데 성공한 겁니다. 물론 이 방법에도 문제점이 있을 수 있어요. 하지만 어떤 문제점이라도 문제점을 개선하기 위해 이들은 꾸준히 논의를 할 겁니다.

정치,
내용보다 룰에 집중하라

정치를 게임에 비유하자면, 우리는 보통 그 게임의 내용에 집중합니다. 어떤 선수가 나와서 어떤 플레이를 하는가. 플레이가 좋은 선수, 외모가 멋진 선수를 보고 열광하죠. 하지만 우리가 정말 집중해야 할 것은 게임의 룰입니다. 게임의 룰이 훌륭하지 않으면 아무리 멋진 선수가 나와도 제대로 플레이를 할 수가 없어요.

그러나 게임의 룰에 관심이 있는 유권자는 극히 적어요. 한번 생각해보세요. 여기 나름대로 정치에 관심 있는 분들이 오셨을 텐데, 다른 나라나 우리나라 선거제도에 대해, 현재 제도의 문제에 대해 진지하게 생각해보신 분이 계신가요? 만날 문재인과 안철수를 놓고 싸우지는 않았는가 반성해보시길 바랍니다. 그리고 이런 문제에 대해서는 자신과 정파가 같은 사람들하고 다툴 필요가 없습니다. 다 똑같은 생각일 테니까요.

만약 새누리당 지지자들에게 선거 룰을 스웨덴처럼 바꾸자고 하면 그렇게 공정한 방법은 자신들에게 불리할 거라고 생각할 겁니다. 그렇지만 그런 생각을 대놓고는 말하지 못해요. 왜냐? 자신들의 그런 생각이 잘못된 걸 알 테니까요. 그냥 조용히 넘어가자고 생각하겠죠.

이제 게임의 룰을 생각할 때가 왔습니다. 그리고 헌법재판소가 현재 선거법에 대해 위헌 판정을 내렸어요. 그러니 지금 이 떡밥을 안 물면 언제 물까, 하는 생각이 들어요. 스웨덴의 선거 방식에 관해서는 우리나라에도 번역된 자료가 아주 많습니다. 우리나라 선관위는 자기네들이 일처리를 빠르게 한다고 자랑하는데, 사실은 그게 중요한 게 아니죠. 본질적인 문제를 놓고 이야기해야 합니다. 사실 선관위 사람들은 저보다 선거제도에 대해 열 배는 더 잘 알고 있습니다. 그런데 이런 이야기를 꺼내면 선거법은 우리가 바꿀 수 없는데 어떻게 하느냐, 국회에서 선거법을 바꿔주지 않는다, 우리가 아무리 좋은 선거법을 내놓아도 마찬가지다, 이럽니다. 그러면서 오히려 저에게 당신 같은 사람이 유권자들한테 많이 이야기해서 국회를 움직여야 되지 않겠느냐고 해요.

저는 지금 스웨덴과 우리의 선거제도를 비교하면서 스웨덴이 우리보다 우월하다는 이야기를 하려는 것이 아닙니다. 그들이 겪은 역사와 우리가 겪은 역사가 다르고, 그들이 가는 길과 우리가 가는 길은 분명히 다릅니다. 다만 제가 부러운 것은, 그들은 그런 제도를 만들어놓고도 여전히 더 좋은 대안을 찾아 그 제도를 뜯어고치려는 논의를 한다는 점입니다. 그리고 누구나 동의할 수 있는 대안이 나오면 그걸 도입해요. 저는 스웨덴의 민주주의와 우리나라 민주주의에 차이가 있다면, 바로 이렇게 바꾸고자 하는 노력 유무에 있다고 생각합니다.

노무현과 대연정,
그 숨겨진 이야기

우리는 그동안 불합리한 제도를 바꾸고자 하는 노력이 너무 없었어요. 그러면 우리가 진짜 바꾸고자 하는 노력을 하지 않았는가, 아니면 잘 알려지지 않았고 비록 실패했지만 계속되는 시도가 있었는가, 하는 이야기를 해보겠습니다. 이 사안은 아주 정파적이고 미묘한 이야기라서 할까 말까 고민했지만, 한번 설명해보겠습니다.

다들 기억은 하실 겁니다. 참여정부 시절 노무현 대통령이 제안한 일 중에 사람들에게 가장 큰 충격을 주고, 가장 크게 실패한 것이 대연정大聯政입니다. 저는 대연정에 대해서 많이 이야기해왔는데, 많은 사람들이 왜 대연정을 옹호하려 하느냐고 물어요. 그러나 저는 대연정을 옹호할 마음이 전혀 없습니다. 실패한 정책을 왜 옹호하겠습니까? 노무현 대통령이 대통령에 당선된 것은 기적에 가까운 일이었습니다. 아무도 예측하지 못한 일이었어요. 그렇게 대통령이 된 지 얼마 안 되어 탄핵에 휘말리는 바람에 대통령직을 상실할 뻔하기도 했지만 지지자들과 중도 시민들까지 나서서 탄핵 반대 촛불시위를 한 덕분에 위기를 모면했지요.

탄핵 사태의 여파로 당시 노무현 대통령이 속한 열린우리당이라는 신생 정당이 총선에서 과반수의 표를 얻었죠. 그때 유권자들은 대한민국의 권한을 노무현과 참여정부가 다 가진 줄 알았어요. 당연하죠. 행정부의 우두머리가 대통령이고, 그가 속한 당이 국회 의석의 과반수를 차지했으니까요. 그러니까 3분의 2가 필요한 개헌은 못해도 다른 일은 다 할 수 있을 줄 알았어요. 그런데 실제는 다르더라고요. 아무것도 못하는 거예요. 당시 참여정부가 미숙했고, 또 열린우리당이 제구실을 못해서였겠지요.

노무현 대통령이 제안한 대연정은 국무회의 구성 권한의 반을 한나라당에 주겠다는 거였습니다. 장관 임명권의 반을 주고 총리 임명권도 준다는 거예요. 이게 원래 다 대통령 권한인데, 이 권한을 49퍼센트 주겠다고 했습니다. 회사로 치면 지분을 주는 거예요.

사람들은 그 제안에 감성적으로 반응한 것 같습니다. 우리가 얼마나 힘들게 당신을 여기까지 데려왔는데, 왜 그 원수 같은 한나라당과 거래하려고 하느냐. 사람들이 여기에 버튼이 눌려서 그 뒤에 이어지는 이야기는 듣지도 않았어요. 한나라당은 그 말에 반응할 타이밍을 놓쳤어요. 대연정 제안이 나왔을 때 가장 먼저 열린우리당이 반발했고, 그다음에 민주노동당이 반발했으니까요.

그런데 노무현 대통령이 대연정 제안을 내놓고 뭘 요구했을까요? 권력의 반을 내놓고 뭘 달라고 한 걸까요? 이건 대부분의 사람들이 잘 모르는데, 저는 너무 아쉽다는 생각이 들어요. 물론 대연정 제안은 분명 실패한 거라고 생각합니다. 노무현 대통령의 현실 감각이 부족했다는 생각은 들어요. 자기 지지자들이 이 제안을 받아들이지 않으리라는 걸 왜 몰랐을까 하는 거죠.

사실 이때 노무현 대통령이 요구한 것이 바로 선거제도 개편이었습니다. 권력의 반을 주지 않으면 전혀 응하지 않을 제안을 한 거예요. 권력을 전부 쥐고 있는 상태에서 선거제도를 바꾸려고 하면 당연히 응하지 않겠죠. 그래서 권력의 반을 줄 테니 선거제도를 바꾸자고 한 거예요. 그런데 한나라당은 아무 이야기도 못했어요. 의견을 내자마자 대통령 지지자들의 반대가 대단했으니까요. 한나라당 입장에서는 아니, 무슨 제안을 하더니 자기들끼리 싸우고 있어? 이렇게 된 셈이에요.

그런데 왜 노무현 대통령은 자기 권력의 반을 주고라도 선거제도 개편을 감행하려고 했을까요. 그게 성사됐다면 좋았을까요? 잘 모르겠어요. 끔찍했을 수도 있습니다. 그럼에도 불구하고 노무현 대통령이 하고자 했던 바가 뭔지 생각해볼 필요가 있어요. 그때 선거법이 바뀌었더라면, 그 뒤에 치를 총선에서 어떻게 됐을지 모르죠.

그러면 당시 노무현 대통령이 요구한 선거제도 개혁은 어떤 것이었는지 한번 살펴볼까요.

선거제도는 게임의 룰입니다. 게임의 룰을 바꾸는 건 정말 중요하고 필요한 일이죠. 만약 게임의 룰에 문제가 있다면, 우리가 할 일은 좋은 선수를 투입하는 게 아니라 룰, 즉 선거제도를 바꾸는 겁니다. 그래서 저는 선거제도 개혁을 지지하는데, 노무현 대통령은 저와는 전혀 다른 이유에서 선거제도를 개혁하고 싶어 했던 것 같습니다. 이건 제 추정이 거의 맞을 거예요. 노무현 대통령은 지역구도를 깨고 싶었던 겁니다. 노무현 대통령은 지역구도를 개선하는 데 가장 큰 장애물이 선거제도라고 생각한 것 같습니다. 노무현 대통령이 구상한 선거제도 개편안이 어떤 것이었는지 확인된 바는 없습니다. 먼저 논의를 위한 장을 만들자고 했는데 그것부터 실패했으니까요.

지역구도와 선거제도, 그 오랜 고리를 찾다

그렇지만 노무현 대통령이 선거제도 개편을 이야기하게 된 배경에 지역구도가 있었다면, 우리도 선거제도와 지역구도가 어떤 관계가 있는지 알아볼 필요가 있습니다. 지역구도는 우리나라 정치에서 가장 중요한 문제 중 하나입니다. 가장 해결하기 어려운 난제 중 하나일 거예요. 저도 선거제도가 바뀌어야 지역구도가 해결될 수 있을 거라 생각합니다.

지역감정, 지역주의, 지역구도, 이게 다 다른 말입니다. 지역감정은 인간의 원초적인 감정입니다. 내가 태어난 지역, 내가 자란 동네가 다른 지역보다 좋다. 나는 내가 태어난 지역을 사랑한다. 이게 지역감정인데, 결코 비난받을 대상이 아니죠. 아주 자연스러운 감정이에요. 지역주의는 여기서 한 걸음 더 나아간 것입니다. 특정 지역의 이해를 보호하거나 강화하기 위해 그 영역적 속성과 범주를 정치화하는 사회·정치적 또는 문화적 운동이에요. 국가 차원에서 모든 문제를 해결하려 하지 않고 각 지역의 문제는 그 지역 주민들이 스스로 해결할 수 있다면, 그리고 다른 지역과 협력 관계를 유지할 수 있다면, 국가는 오히려 잘 운영될 거예요. 이건 지역 간의 파벌을 조성하자는 게 아니라 지방자치제와 연결되는 거라고 생각합니다. 그리고 미국처럼 실제로 연방제를 채택한 나라들은 지역주의적 시각을 취하고 있어요. 이것도 문제가 없습니다.

그런데 지역감정이 정치판에 개입되면서, 또 정치인들이 유권자들의 지역감정을 잘못된 방법으로 건드리면서 슬슬 문제가 생깁니다. 이 과정에서 나온 정치적 결과물을 지역구도라고 하는데, 한 국가의 정치가 지역구도로 분할되면 문제가 되는 거죠. 의견도 통일되지 않고요. 사실 지역감정 괜찮습니다. 다른 지역에서 태어난 사람을 싫어할 수 있습니다. 그런데 이게 공사를 구분해야 할 곳에서 구분하지 않으면, 그게 문제입니다. 같은 지역 사

람이라고 승진시킨다거나 같은 지역 사람이라고 국회의원으로
뽑아주거나, 이런 게 문제입니다. 이런 행태는 자신이 속한 공동
체에 해를 끼치는 거죠. 사실 우리나라 지역구도의 문제는 역사
가 깊다, 신라 때부터 이어져온 전통이다, 이런 말이 있는데, 저
는 이런 말에 반박하고 싶습니다.

기록으로 확인된 바에 따르면 지역감정을 선거에 이용한 것은
박정희가 처음이었습니다. 박정희는 1971년 김대중이라는 걸출
한 야당 지도자와 선거전을 치르는데, 이때 선거*에서 이기려고
지역감정을 아주 비겁하게 이용합니다. 밑에 있는 참모들이 비
열하게 영호남 사이의 감정을 이용한 거죠. 그 뒤로 권력자들이
계속 영남에서 나왔어요. 전두환, 노태우, 심지어 김영삼까지. 그
런 건 좋습니다. 권력자들이 영남 출신인 게 문제는 아닙니다. 하
지만 아까 제가 권력을 지역감정 때문에 공사 구분 없이 쓰면 문
제가 된다고 지적했는데, 실제로 박정희가 권력을 잡은 뒤로 영
남지역 출신 권력자들이 공사를 구분하지 못한 거죠.

박정희 때부터 호남은 굉장한 차별을 당했습니다. 이 점은 인

---

* 1971년 4월 27일에 치른 대한민국 제7대 대통령 선거. 1969년 대통령의 3선 연임을 허용하
는 이른바 '3선 개헌' 이후 박정희가 출마한 세 번째 대통령 선거다. 박정희에게 맞선 신민당에
서는 1970년 전당대회 때 김영삼, 김대중, 이철승이 후보로 출마해 김영삼과 김대중이 본선에
진출하게 된다. 이후 김대중이 예상을 뒤엎고 신민당의 대통령 후보로 선출됐지만, 박정희를
상대로 한 대선에서 불과 90여만 표 차이로 낙선한다. 다양한 방식의 부정이 저질러졌다는 의
혹이 제기된 점을 고려한다면, 사실상 김대중이 이긴 선거로 볼 수 있다.

정할 수밖에 없어요. 눈에 보이니까요. 고속도로부터 따져봐도, 이걸 왜 부산과 연결하느냐. 부산의 항만시설은 일제강점기부터 가졌던 군산이나 목포의 항만시설보다 나은 게 없었습니다. 당시 김대중은 고속도로 건설을 반대하면서, 우리나라에 고속도로는 횡으로 필요하지, 종으로는 철도 개발이 나을 거라고 말합니다. 그러나 박정희는 서울과 부산을 이었습니다. 그리고 경부고속도로를 주축으로 영남권에 개발이 집중됩니다. 만약 일제강점기의 상황 등을 고려해 공정하게 처리했다면, 우리나라 최초의 고속도로는 호남고속도로나 서해안고속도로가 되었을지도 모릅니다. 그러나 이건 아주 훗날 건설되죠. 호남은 우리나라의 황금 같은 개발 시대, 즉 1970년대부터 90년대 중반까지 이어지는 기간 동안 별다른 혜택을 받지 못했습니다.

조선시대부터 현재까지, 영호남의 인구 변천사

저는 영호남 차별 문제와 관련하여 영호남의 인구 비율 변천사까지 알아봤습니다. 조선 초기에는 영남 인구가 호남 인구보다 1.5~2배 정도 많았습니다. 영남이 지역이 넓어요. 당시 영남 인구는 전체 조선 인구의 3분의 1쯤 됐습니다. 신라 때부터 이어진 지방 호족과 세력가들이 영남에 많이 있었으니까 그들을 중심으로 모였을 거라 추측할 수 있습니다. 그때까지 세력이 있었다고 볼 수 있어요.

그런데 조선 중기에 임진왜란이 터지면서 호남 인구의 비중이 확 늘어납니다. 그 이유는 이순신 장군 때문인 것 같아요. 임진왜란 때 영남은 초토화한 반면 이순신 장군이 지키던 호남은 피해가 덜해 영남 사람들이 호남으로 이주한 거죠. 한양은 머니까요. 그러다가 숙종 연간에 영남 인구가 다시 늘어납니다. 숙종 때 영남 인구가 늘어난 이유는 정확히 모르겠습니다. 다만 조선시대 중·후반기로 넘어가면 이황과 이율곡을 중심으로 지방 호족이 재편되면서 영남 지역 인구가 빠른 속도로 늘어난 게 아닐까 합니다. 그리하여 영호남 인구수가 다시 역전되는가 싶더니, 영남 인구가 호남보다 2배나 늘어납니다.

그런데 일제강점기에는 호남이 다시 급성장해요. 일본이 호남을 중심으로 개발한 사실은 다들 아시죠. 쌀을 수탈하려고요. 목포와 군산에 항구를 개설하고, 신작로를 깔고, 호남 앞바다에 대규모 간척사업을 펼칩니다. 그때 간척사업에 참여하려고 전국 각지에서 논 없는 일꾼들이 몰려들어 그곳에 정착하면서 호남 인구가 급격히 늘어나요. 1925년 기준으로 수도권 인구가 전국 인구 비율의 10퍼센트밖에 안 되는데, 호남 인구는 23퍼센트를 차지합니다. 500만이 넘었어요. 영남 인구는 350만 정도로 18퍼센트를 차지합니다. 당시 부호들은 대부분 호남 쪽에 있었어요. 호남평야의 대지주들은 일제강점기에 자가용 비행기를 탔다고 합니다.

그러나 해방이 되면서 상황은 다시 역전됩니다. 일제가 영남 사람들을 징용에 더 많이 끌고 갔는데, 징용 갔던 사람들이 영남으로 돌아옵니다. 그리고 일제 때 돈벌이를 위해 호남에 갔던 사람들이 다시 자기 고향으로 돌아가는 경향도 있었고요. 그래서 일제강점기가 끝나고 호남은 급속도로 약해진 반면 영남은 다시 가파르게 성장합니다.

그리고 1950년에 한국전쟁이 일어나잖아요. 전쟁 뒤에는 북에서 월남한 사람들이 인구 변천사에 가장 큰 영향을 끼칩니다. 월남한 사람들이 가장 많이 흘러든 지역이 부산과 서울이에요. 이때 영남의 인구가 크게 늘어났어요. 부산도 성장하고요. 이렇게 호남이 우선순위를 차지하고 있다가 해방 이후 인구가 영남으로 유입되어 비슷해졌다가, 이승만 시대가 끝나고 박정희가 집권하는 고속 성장 시기에 접어들면서 호남이 급속히 위축되기 시작합니다.

그때 가장 큰 영향을 준 것이 도시 집중화 현상이에요. 도시가 확대되면서, 공장이나 각종 서비스를 운영할 수 있는 인력이 도시에 대량으로 필요해집니다. 당시 농촌에서 밥 먹고 살기 힘들던 사람들이 도시로 몰려들었어요. 울산이나 부산으로 가는 거죠. 이무렵 전통적인 농촌 지역은 대부분 호남 쪽에 있었는데, 박정희 시대부터 공장을 대부분 수도권과 영남에 만들다 보니 호남 인구가 수도권과 영남으로 유입됐어요. 그 영향은 지금도 남아서, 울산이나 부산에 있는 대규모 공단에는 호남 출신 노동자의 비율이 아주 높습니다. 어떤 면에서 보면 울산에서 민주노동당이 계속 약진하고 있는 이유가 그런 배경 때문이에요. 그러나 호남의 본진은 너무 줄어들었습니다.

호남,
그 뿌리 깊은 상실감

호남 인구가 너무 빠르게 줄어들자 국가 차원에서 영호남의 균형을 맞추기 위한 노력을 기울입니다. 김대중 대통령 시절에는 서해안고속도로를 놓고, 새만금 개발사업을 벌이고, 군산에 공장 단지를 만들었어요. 그런데 모두 이렇다 할 성과가 없었어요. 이렇게 정책이 거듭 실패한 탓에 호남의 인구 감소를 막지 못했습니다. 이런 상황에서 새누리당 정우택 의원이 호남의 선거구를 줄여야 한다고 주장하는 겁니다. 그러니 호남은 한국 사회가 발전하는 30년 동안 자신들만 소외되었다고 생각할 수 있습니다. 이에 대해 당신들만 소외된 건 아니다, 라고 말할 수 있는 유일한 지역은 강원도 정도예요. 하지만 강원도는 관광자원이라도 풍부하잖아요. 호남은 그런 것도 없어요. 이처럼 호남이 계속 낙후해가고 의석도 빼앗길 수 있는 상황에서 호남 지역민들이 느끼게 되는 소외감과 상실감은 당해보지 않은 사람은 이해하기 어려운 정도가 된 겁니다.

불과 백 년도 안 된 이야기입니다. 호남에 영남보다 많은 인구가 모여 살고, 전국의 물자들이 다 호남을 거쳐 움직이던 때의 추억이 호남 사람들의 마음속에는 남아 있어요. 수도권 중소 도시보다 목포·군산·광주가 더 컸고, 일제 때만 해도 우리가 지은 쌀농사로 조선을 다 먹여 살렸다는 자존심이 여전히 남아 있는 거예요. 그런 자존심을 반만이라도 충족시켜주지는 못할망정 계속 평균 이하의 대접을 하니까 호남 사람들은 얼마나 슬프겠습니까. 자기 자녀들이 돈 벌겠다고 도시에 가서 받는 대우를 한번 생각해보세요.

1970~80년대 노동환경이 가장 열악했을 때, 도시로 나가서 일하던 사람들이 대부분 호남 출신이란 말이죠. 영남에 가서 도로 깔고 공장 지을 때 일하던 노무자들도 대개는 호남 출신이었어요. 그 사람들은 정당한 대우를 못 받았어요. 눈치 빠르게 부산에서 장사로 돈 좀 모아서 서울에 와 땅 산 사람들은 돈을 벌었는데, 도시가 커가는 과정에서 사회 밑바닥에서 고생한 사람들은 대우를 못 받은 거예요. 이게 서울 사람들이 볼 때는 단순한

도시 빈민 문제로 받아들여지겠지만 호남에서는 자신들의 문제로 받아들여지는 겁니다. 왜? 자기 자식들의 문제니까.

이처럼 뿌리 깊은 소외감이 형성된 상태에서 정권마다 인사도 계속 영남 위주로 하지, 대통령은 날이 밝으면 또 영남 사람이지…… 게다가 그 모든 소외감과 상실감과 박탈감을 한번에 모아서 터뜨려버리는 사건이 일어납니다. 1980년 5월 광주. 이제 돈 빼앗아가고, 개발 안 해주고, 이런 수준을 넘어서 군대를 광주로 보냅니다. 이때 어떤 선을 넘어서버린 거죠. 이것은 지역감정, 지역구도의 문제 정도가 아닙니다.

트위터상에서 고종석 씨가 자주 하시는 이야기가 있습니다. 바로 '영남패권주의'입니다. 이것이 우리 사회에 실제로 존재하는가 존재하지 않는가, 라고 물으면 저는 존재한다고 봅니다. 대구와 부산 지역 유지들의 머릿속에요. 이 나라는 정권을 영남에서 잡아야 잘 굴러간다, 영남 사람들은 호남 사람들보다 우월하다, 정치·경제·사회 모든 면에서 우위를 차지해야 한다, 호남 사람들은 처음에는 친절하게 굴다가 나중에 뒤통수친다는 등의 인식이 전국에 퍼져나갔습니다. 실제로 나이 드신 분들 중에는 결혼 상대나 사업 파트너로 호남 사람을 고르지 말라고 하는 분들이 꽤 많습니다. 그분들, 평생 호남 사람들한테 피해 입은 적도 없어요. 그냥 하나의 도시 괴담 같은 국가 괴담인 거죠.

호남이든 영남이든 아니면 충청지역이든, 사람들이 모여 사는 곳에서는 사기꾼이 나오게 마련입니다. 호남 사람들만의 문제적 특질이 아니라는 뜻이죠. 호남 사람들에게 문제가 있다면 단 하나, 돈이 없다는거예요. 그래서 고통스러하다가 마지막 순간에 다른 사람에게 손을 벌리게 되죠. 돈 없는 사람들이 그러는 걸 보고 호남 사람이라 그런다고 말하는 거예요. 그런데 이런 말을 철석같이 믿는 사람들이 많다는 것은 지역감정 차원을 넘어선 어떤 정착 구조가 있다는 것으로 봐야겠죠.

이 문제를 해결할 수 있는 유일한 대안이 있습니다. 제대로 된 정치, 의사결정 구조가 이 문제를 해결할 수 있어요. 그 길을 선거제도가 막고 있다고 노무현 대통령은 판단한 거예요. 소선거구제는 분명 문제점이 있거든요. 노무현 대통령의 인지도를 올린 사건이 그겁니다. 끊임없이 부산에서 출마한 거잖아요. 부산상고 출신, 고시 패스 출신, 판사 출신이면 민주정의당에서 출마하면 금방 당선될 텐데, 민주당 깃발을 들고 나와서 번번이 떨어지는 겁니다. 참 짜증 나는 일이죠. 노무현 대통령은 자기라도 나서서 지역구도 문제를 해결하지 않으면 우리나라가 발전할 수 없다고 확실하게 판단을 내린 것 같아요.

저는 어떤 면에서는 영남패권주의라는 게 시간이 오래 지나면 자연스럽게 사라지지 않을까, 하고 낙관적으로 바라보고 있는데, 지금 당장 영남패권주의에 당하고 있다고 생각하는 호남분들은 마냥 기다리고 있기가 어렵겠죠.

정치로 지역구도를
해결할 수 있을까?

호남에서 새정치민주연합 후보가 출마하면 그 후보가 파렴치한 인물이어도 그냥 표를 몰아줍니다. 아주 정치공학적으로 판단하는 거죠. 정치의식이 가장 높고 단합이 잘되는 곳이 호남인데, 그중에서도 독보적이 곳이 광주죠. 그러니까 지난 2012년 대선 때도 그랬어요. 누구든 상관없다. 안철수가 오면 안철수도 괜찮고, 문재인이 오면 문재인도 괜찮다. 박근혜를 잡을 사람만 와라. 그래서 문재인으로 통합됐다고 하니까 또 문재인에게 몰표를 주었죠. 호남의 몰표는 지난번에도 100퍼센트 지켜졌거든요.

그런데 이런 현상을 비판하는 것, 심한 경우 그게 북한이랑 뭐가 다르냐고 하는 것은 한국 사회에 대한 몰이해라고 할 수 있어요. 그 사람들이 왜 그러는지를 이해해야 하기 때문입니다. 뭔가를 누가 시켜서 한다면 그건 북한이죠. 그러나 호남 사람들은 누가 시키지 않아도 그렇게 합니다. 그래서 이 문제가 비극인 겁니다. 분명 고쳐야 하는데, 고칠 방법이 없어요. 그런데 노무현 대통령은 이걸 고칠 방법이 무얼까 고민한 끝에 선거제도라는 답을 얻은 거죠. 그리고 그 답을 한나라당에서 받아들이지 않을 게 뻔하니까 대연정이라는 무리수를 두었던 게 아닐까, 생각합니다.

그렇다고 해서 노무현 대통령의 대연정 구상이 고심해서 내린 신중하고 옳은 결정이었다고 옹호하는 건 아닙니다. 정치인은 거기서 한 걸음 더 나아가야 해요. 그 일을 성사시켰어야지요. 도 저히 이루어질 수 없는 상황에서 그런 제안을 하는 것은 오히려 무책임한 처사라고 생각해요. 대연정 제안이 실패한 뒤로, 선거 제도 개혁은 진짜 어려운 일이구나, 심지어 정치 권력의 반을 주 겠다는데도 이루어질 수 없는 사안이구나, 하는 인식이 생겼어 요. 일이 더 어려워진 겁니다. 정치가 항상 이렇게 복합적이에요.

그러면 현직 대통령이 권력의 반을 주겠다고 해도 이룰 수 없 었던 선거 개혁을 우리는 어떻게 이룰 수 있을까요? 국회에 진출 한 국회의원들이 알아서 고쳐주길 기다려야 할까요? 그것처럼 무책임한 태도가 없죠. 국회의원들을 졸라서 당신이 선거법 개정 안을 발의해달라, 이렇게 말해야 할까요? 그럴 수도 없는 거죠.

사회적 의사결정 구조, 즉 선거제도를 개선할 필요가 있다는 점을 우리가 이해했다면 그것을 만들어내기 위해 어떤 일을 해야 하는지 고민하다가, 제 눈앞에 떠오른 것은 우리의 현실입니다.

정치에 관심이 있다고 하는 사람들의 주된 관심사는 차기 대 선주자가 문재인이냐, 안철수냐예요. 그리고 당장 닥친 문제로 새정치민주연합의 차기 당대표가 누구냐 하는 거예요. 문재인이 냐 박지원이냐, 이런 문제로 싸우고 있는 겁니다. 이건 게임의 룰 이 아니라 내용이죠. 정치적 현안, 정파적 이야기라는 뜻이에요. 이건 사실 메이저 떡밥이 아니에요. 그렇게 중요한 이야기가 아닙니다. 어떤 후보자가 선거에서 당선됐을 때, 그 사람이 어떻게 할지 우리는 몰라요. 대부분의 공약, 다 거짓말이라는 거 겪어봐서 알잖아요. 못 지킵니다. 상품에 붙어 있는 광고 문구 같은 거예요. 우리가 바라는 것은 게임의 룰을 고치는 것인데, 우리가 아는 유력 정치인들은 맨날 나와서 자기가 당권을 가져야 한다며 이상한 레토릭만 늘어놓고 있는 현실입니다.

유권자에게
책임을 묻다

그럼 답이 없는 거 아니냐고 생각할 수도 있는데, 한번 이렇게 생각해보셨으면 좋겠어요. 만약 우리나라의 시급한 당면 과제가 선거제도를 바꾸는 거라면, 선거제도를 어떻게 바꾸면 되느냐, 스웨덴의 선거제도는 어떻게 만들어졌느냐, 이런 문제를 제가 잘 알까요, 문재인 의원이 잘 알까요? 당연히 문재인 의원이 잘 알 겁니다. 문재인 의원 말고도 최소한 금배지 달고 있는 사람들이라면(물론 돈 주고 금배지 산 사람들 말고요), 또한 고민하는 국회의원이라면, 제가 이번 시간에 말씀드린 이런 문제에 대해서 저보다 훨씬 잘 알고 있을 겁니다.

그런데 이 사람들이 왜 맨날 텔레비전에 나와서 별로 중요하지도 않은 정치 현안 이야기만 할까요. 헌법재판소에서 소선거구제가 위헌이니까 뜯어고치라고 하는데도, 유력 정치인 가운데 선거법을 어떻게 고쳐야 할지 이야기하는 사람이 하나도 없잖아요. 이건 몰라서 그러는 게 아닙니다.

결국 책임은 우리한테 있습니다. 그들은 우리가 당장의 정치 현안 이야기를 듣고 싶어 한다고 생각하는 거예요. 유권자가 듣고 싶어 하는 이야기를 하는 게 지금 자신이 당대표 되는 데 더 유리하다고 생각해서요. 상대방이 지역구에 가서 대의원들 모아놓고 불법적으로 선거운동했다는 둥, 그런 이야기나 해요. 아, 그런 건 당신들이 좀 알아서 하고, 내가 당대표 되면 무얼 하겠다는 이야기도 해야 하지 않겠냐는 겁니다. 사실 그런 후보자도 있었어요. 그런데 그렇게 제대로 하려는 사람들은 선거에서 다 떨어졌어요.

이제 이걸 바꿔야죠. 우리가 정치인들한테 계속 이야기해야지요. 당신은 당대표가 되면 선거제도를 바꾸기 위해서 어떻게 노력할 거냐? 어떻게 바꿀 거냐? 또한 새누리당에 가서도 당신들도 지금의 지역구 제도가 문제라는 사실을 알지 않느냐, 당신도 손해를 보고 있지 않느냐, 언제까지 호남에는 출마도 못하고 그럴 거냐, 물어보는 거죠. 이런 질문을 하면 되는데, 정치인들은 사실 날마다 엄청난 민원을 받습니다. 그러니 이런 문제 제기가 만 건 중 한 건이 들어오면 그걸 접수하겠습니까?

제대로 된 정치를 만나는
두 가지 방법

그러면 어떻게 하면 되는가. 두 가지 답변을 준비해봤습니다.

먼저, 정치를 즐기는 정치 덕후가 되자. 복잡한 스웨덴 선거제도 같은 걸 즐기고 재미를 느끼자는 말이에요. 정치 덕후가 되려면 기본적으로 특정 정당의 특정 정치인을 지지하면 안 됩니다. 제가 많이 해봤는데, 그런 식으로 지지하고 나면 낙선했을 때 무지하게 괴로워서 다시는 보기도 싫어져요. 제가 종종 언급하는 이용 기자가 말하기를, 자기는 K리그의 특정한 팀을 응원하지만, 진짜 축구를 즐기기 위해서는 특정 팀을 응원하면 안 된다고 합니다. 그러면 자기가 응원하는 팀이 졌을 때 오는 실망감 때문에 제대로 된 플레이를 보지 못한다는 거죠. 전 그 말이 맞다고 봐요. 예컨대 이용 기자는 자기가 직접 관람할 수 있는 K리그에서는 특정한 팀을 응원한다고 해요. 그런데 프리미어리그 같은 경우는 어차피 직접 보지 못하니까 응원하는 팀을 만들지 않고 그들의 플레이를 즐긴다고 합니다. 어떤 기술을 사용하는지, 심판 수준은 어떤지, 이런 소소한 재미를 즐기는 거예요.

저는 그 말에 해답이 있다고 생각해요. 물론 투표할 때는 해야겠죠. 투표할 때는 철저하게 내가 지지하는 사람이 아니라 이 사회, 이 지역에 도움이 되는 사람을 뽑는 게 맞아요. 그 사람이 당선됐다고 너무 기뻐하지도 말고, 낙선됐다고 실망하지도 말고요. 정치판이 실제로 어떻게 돌아가는지 보고, 다른 나라에서는 어떻게 운영되는지 보고, 저 나라의 어떤 점을 우리한테 적용하면 조금 나아질지 생각해보고……. 보통 사람들 생각에는 재미없어 보이는 것에 관심을 두고 즐기는 정치 덕후가 되어야 한다, 그런 생각을 해봅니다.

그런데 이 정도 정치 덕후가 되면 부작용도 따릅니다. 실천력이 떨어지게 돼요. 예를 들어 쌍용차 문제로 배우 김의성 씨가 피켓 시위를 하는데, 저는 그 모습을 바라보면서 몇 번이고 대신 해주고 싶은 마음이 들었지만 끝내 안 했어요. 물론 그 사람이 그러는 이유는 이해하지만, 그런 행동이 불러올 다른 문제까지 함께 생각하게 되는 거예요. 이렇게 자꾸 제3자 입장이 되는 거죠. 그래도 상황을 객관적으로 투명하게 볼 수 있고, 또 그 과정에서 즐거움을 느낄 수 있게 됩니다. 정치를 즐기면서 일종의 취미생활을 할 수 있다는 거죠. 그런데 여러분은 대부분 그러기 힘드실 거예요. 저처럼 맨날 그런 거 보는 사람에게만 가능한 방법이죠.

두 번째 방법은 다음과 같습니다. 이게 본래 원칙적인 해법입니다. 우리나라 선거제도에 문제가 있다, 고쳐야 한다, 고치는 방법 중에는 이런 것도 있고 저런 것도 있다, 어떤 나라에서는 이렇게 하는데 이런 문제가 있고, 또 어떤 나라는 저렇게 하는데

저런 문제가 있다……. 이런 내용을 다수의 사람들에게 설명하는 것을 직업적으로 하는 사람들이 있어서, 이런 직업을 가진 사람들로 산업이 형성되어야 합니다. 원래 모든 나라에는 이런 산업이 형성되어 있고, 국가가 돈을 투자해서 운영합니다. 우리는 그걸 언론이라고 하죠.

제가 지금 잘하지도 못하면서 열심히 떠들고 있는 내용, 이런 건 사실 텔레비전 다큐멘터리나 토요판 신문 연재에 나와야 하는 거예요. 각 나라의 선거제도는 어떻고 우리나라 선거제도의 문제점은 무엇인가, 이런 내용의 시리즈가 나와야 한다는 거죠. 그러면 사람들이 그 문제에 주목하게 되고, 그 문제를 어떻게 해결할지 정치인들한테 물어보게 됩니다. 그러면 정치인들이 답변을 만들어가겠죠.

제가 최근에 감명 깊게 본 드라마가 있습니다. 〈뉴스룸The news room〉이라는 미국 드라마예요. 주인공이 뉴스 앵커인데, 그 사람이 이런 말을 합니다. 언론의 역할이란 무엇인가. 사람들이 투표소에 가서 투표용지를 받아 들었을 때, 과연 누구를 선택할지 결정할 때 필요한 정보를 제공하는 것이 언론의 역할이다. 언론의 존재 이유는 그것이다. 바로 이겁니다. 사람들이 어느 회사 차를 살지 어떤 브랜드의 옷을 살지, 결정하는 데 필요한 정보는 꼭 언론이 아니어도 다양한 경로를 통해 얻을 수 있어요. 그런데 왜 유독 정치에 대해서만큼은 제대로 된 정보가 주어지지 않고 있을까요?

우리 사회에서 언론은 국가의 지원을 어마어마하게 받고 있습니다. 자기들이 장사 잘해서 돈 버는 게 아니에요. 정부가 세금으로 지원하고, 국가 자원인 전파사용료를 방송국에 주잖아요. 전파는 아주 귀중한 자원입니다. 자, 전파사용료 주죠. 운영비 주죠. 지방 언론사들, 군소 언론사들 지원금 주죠. 프로젝트 취재비까지 줘요. 면세 조항도 많고요. 다른 사람을 명예훼손 해도, 진짜 악질적으로 쓰지 않은 이상 법적인 조치에서 자유로워요. 이처럼 국가와 사회, 우리들한테서 엄청난 혜택을 받고 있는 언론은 우리 사회에 어떤 문제가 있고, 그 문제를 어떻게 고쳐야 하는지 다수에게 전달하라고 존재하는 겁니다. 그런데 그 의무를 제대로 이행하지 않고 있습니다. 언론의 직무유기예요.

제가 오늘 이야기한 내용, 저 같은 유사 언론인이 아니라 메이저 언론인이 했어야 하는 일이에요. 그런데 안 하잖아요. 안 하는 걸 어떻게 해야 할까요? 그래서 다음 시간의 주제가 바로 언론 문제입니다.

언론

조폭 언론의 날개 없는 추락

정부는 언론을 왜
세금으로 지원할까?

2014년 연말 세금 정산 문제로 시끌벅적했죠. 세금이라는 게 워낙 복잡해서 일방적으로 정부가 잘못했다고 할 수는 없을 것 같아요. 소득공제 방식을 세액공제로 바꾼다는 건 장기적으로 볼 때 좋은 거거든요. 그렇게 세액공제로 바꾸기만 하면 좋았을 텐데, 공제 대상까지 줄여버린 탓에 문제가 더 불거졌죠.

여기서 또 한 가지 안타까운 일은 소득공제와 세금처럼 사회적으로 논란이 되는 이슈가 생기면 언론이 나서서 논란의 본질을 이야기해줘야 하는데 그러지 않는다는 것입니다. 세금에 관한 본질적인 이야기를요. 이런 정보는 학교에서 배우지 못하기 때문에 사회에서 계속 배워나가야 하거든요. 저는 언론이 그런 역할을 해야 한다고 생각합니다. 최소한 조회수나 트래픽 따위에 상관없이 사람들이 알아야 하는 내용을 짚어주는 언론이 있어야 한다는 거죠.

　세금에는 두 가지 측면, 곧 세입과 세출이 있습니다. 우리가 세금을 내는 이유는 세출을 하기 위해서죠. 세출은 우리가 속한 사회를 굴러가게 하려고 내는 거잖아요. 우리가 세금을 많이 내느냐 적게 내느냐 하는 문제는 전적으로 돈을 어디에 얼마만큼 써야 하느냐에 달려 있어요. 실제로 돈 쓸 일이 없으면 세금을 걷을 필요가 없을 겁니다.

　그러면 이번에 세금을 올렸는지 줄였는지를 따지기에 앞서 세금을 왜 올렸는지, 새롭게 쓸 곳이 생겼는지, 인구가 늘다 보니 자연스럽게 늘었는지, 아니면 지난 분기 적자를 메우려고 증세를 하는 것인지, 이런 점들을 따져봐야 합니다. 그런 다음 어느 부분에서 증세를 할 것인지 이야기해야 합니다. 그런데 정작 이런 이야기를 하는 것은 별로 못 봤습니다. 그냥 무조건 세금이 올랐느니 내렸느니 정부가 잘했느니 못했느니, 이런 말만 하는 것 같습니다.

　몇 년 전 제가 어느 대학 교수님을 만나서 길게 이야기를 나눈 적이 있습니다. 스웨덴에서 꽤 오랫동안 공부하신 분인데, 그분이 먼저 이런 말씀을 하셨어요. 스웨덴에 갔더니 교수 월급의 45퍼센트 정도를 세금으로 걷는다는 안내문을 보고 황당했다. 그런데 그 지역사회와 연방에서 주는 혜택을 따져보니까 45퍼센트가 아니라 70퍼센트를 세금으로 가져가도 먹고살 수 있을 것 같더라. 자녀 교육도 무료고, 동네에 있는 문화시설 대부분에서 지자체가 초대한 팀들이 공연을 하기 때문에 시간만 투자하면 얼마든지 무료로 보고 즐길 게 넘쳐난다. 그래서 세금이 그런 식으로만 쓰이면 자기는 얼마든지 증세에 찬성한다. 그런데 왜 우리는 그런 식으로 세금을 조금씩 더 걷어서 국민들에게 더 많은 혜택을 주는 것을 추진하기는커녕, 논의조차 못하는 거냐. 이런 말씀을 하시길래 교수님이 해외에 너무 오래 계셔서 감을 잃으신 모양인데, 우리나라에서는 그런 말을 하면 당장 빨갱이가 됩니다, 라고 대답했던 게 기억납니다.

그러니까 정상적이고 합리적인 사람이라면 세금을 어디에 쓸건지 잘 설명하면 증세도 금방 납득할 거라는 거죠. 당연합니다. 어디에 쓸 건지 설명하지 않으니까 증세가 싫은 거예요. 변화는 없는데 돈은 더 가져가겠다니까요. 설득은 차근차근 순서를 밟아야 하는 겁니다. 일반적인 생활에서는 다 그렇게 하잖아요. 회사에서건 가정에서건 누가 돈 달라고 하면 어디다 쓸 건데, 하고 물어보죠. 회사에서도 지출결의서 제출하면 어디에 필요한지 물어보잖아요. 필요한 곳에 쓴다면 막을 필요가 없죠. 우리 세금은 해마다 어마어마한 양이 집행됩니다. 1년에 350조 정도예요. 350조라면 동그라미 수가 장난 아닙니다. 우리나라 예산이 몇십 년 동안 진짜 무시무시할 정도로 늘어났어요.

그 예산은 우리 사회의 지속가능성을 위해 쓰이고 있습니다.

물론 일부는 예외겠죠. 그렇다고 너무 극단적으로 생각하지는 마세요. 정권에서 신규 사업 추진한다며 세금을 빼먹는다고 해도 그렇게 많이는 못 빼먹어요. 기본적인 레벨이 있습니다, 이렇게 말하고 나니 예외가 떠오르긴 하네요.(웃음) 그에 비하면 이번 대통령은 좀 나은 거 같지 않아요? 아무것도 안 하잖아요. 어쨌든 세금은 원칙적으로 사회적 합의에 따라 집행합니다. 그러니까 기본적으로 정부의 지원이 필요한 부문에 집행하고 있습니다. 그중 대표적인 게 바로 언론이에요.

언론은 분명히 사기업입니다. 신문사, 방송사 모두 다요. 물론 KBS는 빼고요. 국영 신문은 없습니다. 옛날에 〈서울신문〉이 관보였는데 독립했죠. 신문은 다 사기업이에요. 그런데 그 사기업을 정부가 지원하고 있습니다. 어떻게 지원하느냐 하면, 대표적으로 '한국언론진흥재단'이라는 단체를 통해서 지원합니다.

'한국언론진흥재단'은 몇 년 전 몇 개 단체를 통합해서 만든 건데, 그 단체 하나에 해마다 약 550억 원의 정부 예산이 들어갑니다. 이 단체의 전체 예산 중 주요한 비중을 차지하는 것이 단체 운영비와 공공사업비입니다. 공공사업 대부분이 언론 대상 사업이지요. 언론사가 윤전기 시설을 마련할 때 자금을 지원해주기도 하고, 언론인들에게 주택자금을 대출해주기도 합니다. 좋은 일이죠. 이렇게 비용을 쓰는 것에 사람들이 합의한 이유는 언론이 그만큼 중요한 일을 하기 때문일 겁니다. 그리고 요즘에는 어지간한 중소 도시마다 그 지역 신문이 있습니다. 제가 사는 경기도 의왕에는 〈의왕신문〉 〈안양시민신문〉 〈과천일보〉가 있습니다. 그런 지역 신문들도 다양한 지원금을 받습니다. 지자체에서 주는 건데, 그 예산도 정부가 주는 겁니다.

언론이 그렇게 지원받는다는 것은 우리 사회가 언론이 필요하다고 인지하기 때문일 겁니다. 그러면 우리가 언론에 기대하는 역할은 도대체 뭘까요? 자기들이 신문 찍어서 돈 벌면 되는 거지 우리가 왜 예산을 지원하느냐, 그게 오늘 우리 이야기의 시작점이 될 겁니다.

신문사도 그렇지만 방송사는 더 많이 지원받습니다. KBS 같은 경우는 국영방송으로 시작해서 대부분의 시설을 정부 돈으로 지었습니다. 일산에 있는 무슨 디지털 미디어 센터 같은 곳은 수천억을 들여 만들었어요. 방송사들이 거의 무상에 가까운 돈으로 임대해서 쓸 수 있는 시설이에요. 편협하게 운영한다는 지적이 나오긴 하지만, 그래도 그런 시설을 만드는 것은 의미가 있습니다. 그 일 자체가 틀렸다고 볼 수는 없어요. 그렇게 언론은 뭔가 중요한 일을 하는 것처럼 보입니다. 그러면 그게 과연 뭘까? 그리고 현재 우리 사회의 언론들이 역할을 제대로 잘하고 있는지를 따져보자는 거죠.

텔레비전 프로그램은 시청률을 먹고삽니다. 종이 신문의 경우는 구독률이겠죠. 몇 부가 인쇄되어 몇 부가 팔렸느냐, 유료 구독자가 몇 명이냐, 이것을 기준으로 평가합니다. 인터넷 신문은 트래픽, 즉 조회수에 목숨을 겁니다. 광고비도 조회수에 따라 결정됩니다. 하지만 이런 것에 목숨 걸라고 세금 지원해주는 것은 아닐 겁니다. 그건 본질적인 게 아니잖아요. 그런데 언론은 다들 표면적인 문제에만 매달리고 있습니다. 그러다 보니 언론 소비자들도 어떤 텔레비전 프로그램이 지나치게 자극적이거나 선정적이어도 아, 저건 시청률 때문이겠구나, 하면서 고개를 끄덕이고 넘어가죠.

그런데 정말 그렇게 넘어가도 되는 걸까요?

언론이
해야 하는 일

언론이 사회에 꼭 필요한 이유, 사회에서 꼭 해야 할 역할, 이건 한마디로 '고발'이라고 할 수 있습니다. 언론은 우리 사회에서 일어나는 문제를 사회 구성원들에게 알려야 할 책임이 있습니다. 언론은 이처럼 알리기만 하면 임무 완수인가요? 예, 그렇습니다. 그 문제점이 사람들에게 공유되고 알려지면 관계자들은 그 문제를 고쳐야 합니다. 언론이 그 문제를 해결해야 할 책임은 없습니다. 언론은 어떠어떠한 이유로 그런 문제가 발생했는지

분석만 해주면 됩니다.

최초의 언론을 상상해봅시다. 아마도 먼 옛날 다른 동네에 놀러 갔던 사람이 돌아와서 사람들한테 그 동네 이야기를 해줬겠죠. 이게 바로 언론이잖아요. 예전에 유럽에서는 누가 편지 같은 걸 들고 오면 사람들이 다 모여 있을 때 읽어주었습니다.

지금까지 남아 있는 기록에 따르면, 언론은 기원전 59년 로마의 악타 디우르나Acta Diurn에서 시작되었다고 합니다. 악타 디우르나는 '매일매일 벌어지는 사건'이라는 뜻이라고 해요. 로마 시대에는 원로원이라는 정부 기구가 있었잖아요. 거기에서 발행했는데, 그날그날 사람들이 알아야 할 일을 정해서 광장에 게시했다고 합니다. 미국 드라마 〈로마ROME〉를 보면 이게 아주 멋있게 나옵니다. 토가를 멋지게 차려입은 아저씨가 사람들이 모인 앞에서 양피지를 펼친 다음 그 내용을 읽어줍니다. "카이사르가 무슨무슨 전투에서 승리했다." 이게 언론이죠. 악타 디우르나에는 광고까지 있었다고 합니다. "언덕에 있는 무슨 빵집에서 빵을 구워 시민들에게 나눠드린다고 하니, 받아 가십시오", 이런 거요. 물론 그런 광고를 하려면 빵집이 원로원에 뭔가 해줘야 했겠죠. 악타 디우르나에는 지면이 두 개 있었어요. 악타 세나투스Acta Senatus에는 관청 소식이 실렸고, 악타 푸블리카Acta Publica에는 재난 경보나 내일의 오락 등 대중을 위한 정보가 실렸습니다.

이처럼 사람들에게 소식을 알려주는 것까지를 언론의 역할로 보는 것은 옛날 일이고 실제로 더 중요하다고 생각되는 언론의 역할은 지난 강의 때 미국 드라마 〈뉴스룸〉을 인용해서 이야기했습니다. "유권자들이 투표소에 들어가기 전 투표를 위해 필요한 모든 정보를 제공하는 것이 언론이다." 이것은 아주 많은 뜻이 담겨 있는 말입니다. 이미 벌어진 사건, 결정된 사안을 사람들에게 알리기만 하는 것은 과거의 언론이다. 민주공화국에서, 그러니까 사회공동체의 의사결정권이 국민들에게 주어졌을 때, 그의사결정권을 정상적으로 활용하기 위해 필요한 정보를 주는 것이 언론의 역할이자 책임이다. 저는 이 정의를 가장 좋아합니다.

요즘같이 미디어가 발달한 세상에서는 이미 결정된 사항, 이런 건 어차피 알게 됩니다. 조금 늦게 알거나 일찍 알거나 별로 상관이 없습니다. 제일 중요한 것은 내가 뭔가를 결정해야 할 때 여기에 필요한 정보를 언론을 통해 접한다는 겁니다. 언론이 제대로 된 정보를 전달하면 사람들이 제대로 된 결정을 내려서 이 사회가 제대로 굴러가겠죠. 언론이 제대로 된 정보를 알려주지 않으면, 아무리 투표권이 있다 해도 유권자가 제대로 된 결정을 못 내리고 사회는 망가져갈 겁니다.

언론의 핵심 역할은 바로 이것입니다. 이 사회의 주인인 우리가 결정을 내리기 전에 필요한 내용을 전달해주는 것. 이 일을 제대로 하느냐 못하느냐만 봐도 언론이 제 역할을 하는지 못하는지가 보이고, 우리 사회가 잘 돌아가는지 그렇지 않은지도 알 수 있습니다. 저는 모든 문제의 출발점이 여기에 있다고 봅니다.

권력에
맞서 싸우다

옛날에는 신문이 언론의 대표적인 형태였습니다. 신문이 정보를 제공해줘야 할 사람 수는 지극히 제한적이었습니다. 사회 규모가 작고, 유권자 수도 적었으니까요. 남녀노소 상관없이 일정 나이에 이르면 투표권을 갖게 된 지는 얼마 안 됐습니다. 20세기 초반만 해도 미국에서는 여성들에게 투표권이 없었어요. 흑인에게 투표권이 생긴 것은 여성 투표권이 생기고 한참 뒤였고요.

그런데 사회 규모가 점점 커지면서 여러 사람들에게 동시에 정보를 전달해야 할 필요가 생겼고, 이에 따라 언론을 둘러싼 문제도 복잡해지기 시작합니다.

언론이 사람들에게 정보를 전달하면서 어떤 영향력을 얻게 되잖아요. 그런데 그 영향력에서 반걸음만 나가면 권력이 되죠? 언론도 자신들이 권력을 쥘 수 있다는 것을 알게 돼요. 그 영향력으로 큰돈을 벌 수 있다는 것도 깨닫습니다. 자본주의 사회에서 영향력은 그 자체로 돈이 되니까요. 그러나 언론이 언론으로서의 역할을 다하려면 자신들의 책임을 버리지 않는 한도 내에서 권력을 얻건 돈을 벌건 해야 합니다. 그러니까 본질이 있고 부수적인 게 있는 건데, 이 경계가 점점 허물어지면서 문제가 복잡해지죠.

기본적으로 언론이 사회에 필요한 역할을 하고 있다고 보면, 그 언론을 유지하는 데 들어가는 돈을 누가 내야겠습니까? 그 언론을 소비하는 사람들이 내야겠죠. 그러니까 신문을 본다면 구독료를 내는 게 원칙이에요. 사실 세금으로 언론을 지원할 필요가 없어요. 언론을 이용하는 사람이 내면 되는 거니까요. 그런데 언론에서 다루는 바가 워낙 광범위해지고 점점 더 많은 사람에게 영향을 주다 보니 우리 세금에서 일정 부분을 지원하자, 이렇게 합의를 보게 된 것입니다. 이런 합의가 가능했던 이유는 언론의 역할이 사회적으로 확대되었기 때문이고요. 여기서 골치 아픈 문제가 발생합니다. 그렇다면 도대체 얼마를 줄 건지, 언제 줄 건지, 누구에게 줄 건지를 결정하는 데서 또 권력이 발생됩니다. 세금을 집행하는 집단이 언론을 컨트롤할 수 있게 되는 거죠.

언론과 관련한 대표적인 문제는 언론이 사회적 소임을 다하려고 노력하는데 이 사회의 의사결정권을 대리하는 권력 집단, 즉 정부가 언론에 영향력을 행사하고자 하는 마음이 생긴다는 겁니다. 그래서 옛날에는 권력으로부터의 독립이 언론의 가장 큰 문제였습니다. 우리는 너희들 돈 안 받겠다. 그까짓 돈 몇 푼 준다고 너희 비판하는 내용 못 싣게 하려는 거 아니냐. 구독료만으로 운영하겠다. 그런데 구독료만으로는 부족하니까 우리의 영향력을 약간 활용해서 광고를 싣겠다. 이렇게 되면 권력으로부터는 독립할 수 있게 되잖아요.

그런데 이렇게 하다 보니 광고를 주는 광고주가 영향력을 행사하게 되죠. 그게 우리가 흔히 말하는 자본입니다. 그래서 권력을 피해 도망갔더니 자본을 만났다, 이런 말이 나오는 거예요. 호랑이 피해서 도망갔더니 늑대를 만났다, 뭐 이런 셈이지요.

이 과정을 상징적으로 보여주는 사건이 있습니다. 들어보신 분도 계시겠지만, 다시 설명드릴게요. 박정희 시절의 '〈동아일보〉 백지 광고 사태'입니다. 〈동아일보〉가 박정희 마음에 들지 않는 행동을 했어요. 그런데 언론인들을 다 잡아 가둘 수도 없고, 고분고분 자기 명령을 들을 것 같지도 않으니까, 정부가 〈동아일보〉에 광고를 내는 회사들을 압박합니다. 광고 내지 말라고요. 약속되었던 광고들이 어느 날 갑자기 다 취소되면서 〈동아일보〉 지면에서 광고가 사라집니다. 한번 생각해보세요. 신문 지면의 3분의 1 이상이 광고입니다. 광고가 실려야 할 지면이 다 백지인 채로 발행됐어요. 사람들이 깜짝 놀랐죠. 정권에 저항하는 〈동아일보〉를 보고 잘 싸우라는 의미에서 사람들이 넓은 지면을 조금씩 잘라서 광고를 내주기 시작했어요. '인천 사는 홍길동, 동아일보 힘내세요.' 이런 식으로요. 그런 광고가 광고 면을 꽉 채웠단 말입니다. 〈동아일보〉는 권력에서 독립하기 위해 광고의 힘을 빌렸는데, 광고주마저 권력과 한편이 되어버리니까 독자들이 지켜주는 모양새가 됩니다. 그런데 그렇게 싸워서 이겼으면 좋았을 텐데, 졌습니다. 뒤끝이 안 좋았어요.

독자들이 구독료 내는 걸 뛰어넘어 광고까지 내면서 끝까지 신문을 지키다는 건 불가능한 일이에요. 사람들은 금방 지치게 되어 있거든요. 분개해서 며칠은 가능하지만 몇 년씩 그렇게 하기는 힘들어요. 사람들이 아무리 지지한다고 해도 한계가 있는 거고, 또 그런 식으로 신문사를 운영할 수는 없습니다. 마침내 신문사가 그 싸움에서 지게 되고, 상황은 몹시 악화됐죠. 그 이야기는 조금 뒤에 자세히 하겠습니다.

아예 독자들이 돈을 모아서 만든 신문도 있습니다. 사람들이 5만 원, 10만 원씩 십시일반으로 출자해서 만든 신문이 1987년에 창간한 〈한겨레〉입니다. 저도 그때 돈을 좀 냈습니다. 주식 증서도 받았는데, 잃어버린 것 같아요. 그때 도움을 준 사람들이 꾸준히 힘을 보태고 있다면 지금쯤 〈한겨레〉는 국내 최고의 신문이 됐겠지요. 물론 전국적인 메이저 신문이긴 하지만, 넘버 3에는 들지 못합니다. 사실 근근이 운영되고 있다고 알고 있습니다.

지금-여기
언론의 모습

어떻게 권력과 싸울 것인가. 권력을 피해서 자본으로 어떻게 도망갈 것인가. 자생력은 어떻게 갖출 것인가. 독자들에게 얼마만큼 의지해야 할 것인가. 신문이 이런 고민을 하는 동안 세상은 더 빠르게 변했습니다. 사회 전체로 봤을 때, 정치권력이 자본권력보다 약해진 시대가 된 거예요. 자본이 사회를 지배하기 시작했다는 거죠. 언론은 여전히 정치권력과의 싸움에서도 지고 있는데, 자본과의 싸움을 더 심각하게 고민해야 하는 시기가 온 거예요.

항상 이런 생각이 들어요. 사회의 개혁이나 진보를 바라는 사람들의 생각보다 사회의 변화 속도가 더 빠르다는. 하나의 상대를 놓고 막 싸우다 보면, 어느새 상대가 달라져 있죠. 지금 싸우고 있는 상대가 주적이 아닌 거예요. 그래서 또 저쪽에 가서 싸우다 보면 또 다른 상대가 생기죠. 그렇기 때문에 우리는 늘 변화를 앞서서 볼 필요가 있습니다.

그런데 시간이 흐르면서 언론은 권력과 싸울 생각도, 자본과 싸울 생각도 못하고 있는 것 같습니다. 무슨 뜻인가 하면, 이제 언론으로서는 자신들의 생존이 가장 중요한 문제가 된 겁니다. 처음에 제가 우리나라 언론들은 언론의 사회적 역할을 너무 생각하지 않는 것 같다고 이야기했는데, 이런 문제 제기 자체가 사치일 수 있다는 겁니다. 그러니까 지금 언론의 핵심 과제는 생존입니다. 실제로 그런 상황이에요. 〈황산벌〉이라는 영화가 있어요. 그 영화에 "강한 자가 살아남는 게 아니고, 살아남는 자가 강한 것이다"라는 대사가 나옵니다. 이 영화가 나오기 전에도 많이 쓰이던 말이었죠. 언론 이야기를 여기에 대입하면, 올바른 언론이 살아남는 게 아니라 살아남는 언론이 올바른 것이다, 라고 할 수 있습니다. 좋은 언론이 다 죽어버리면 그때는 뭐, 좋은 언론인지 아닌지 따질 것도 없겠죠.

기자들도 마찬가지라고 생각해요. 1970년대 〈동아일보〉 사태 때 기자들은 언론 자유를 위해 국가와 맞서 싸운다는 비장함이 있었는데, 요즘 기자들은 살아가기도 힘들어요. 상황이 이렇게까지 악화되고 있다는 거죠.

이제 우리 사회의 대표 언론들이 저마다 어떤 식으로 행동하고 있는지 살펴보도록 하겠습니다. 먼저 조중동의 경우는 이렇습니다. 많은 사람들과 이야기해보면 대부분 조중동을 정권의 편이라고 생각하는 것 같아요. 또는 가진 사람들 편이다, 조금 더 진도가 나가면 자본의 편이다, 라고 생각하죠.

저는 의견이 조금 다릅니다. 일단, 정권의 편은 아니에요. 만약 조중동이 정권의 편이었다면, 참여정부 때 참여정부 편을 들었어야지 왜 정권이랑 싸워요. 그러면 자본의 편일까요? 그런데

〈조선일보〉는 특히 삼성도 가끔 공격합니다. 그럼, 조중동은 가진 자들의 편인가? 조중동은 가진 사람의 모럴 해저드, 노블레스오블리주, 뭐 이런 이야기도 이따금 합니다. 〈조선일보〉의 태도에서 유일하게 찾을 수 있는 일관성은 이기주의예요. 사설도 그렇고 모든 논조가 다 〈조선일보〉를 위해 이루어지고 있다는 걸알 수 있습니다. 〈중앙일보〉도 마찬가지예요. 이걸 멋지게 표현하면 자사 이기주의라고 할 수 있을 텐데, 제가 보기엔 자사 이기주의도 아니에요. 자사 이기주의라면 차라리 나을 거라 생각합니다. 회사를 위한 거니까요. 그러나 이건 오너owner들의 이익을 위한 이기주의입니다.

예전에 〈중앙일보〉의 홍석현 회장이 검찰에 잡혀간 적이 있습니다. 그때 중앙일보사 앞에 직원들이 죽 늘어서서 '회장님, 힘내세요'라고 적힌 팻말을 들고 있었어요. 회장이 정권에 대항하다잡혀가거나 다른 이유로 부당하게 잡혀가는 거라면 회장님 힘내시라고 해도 되죠. 근데 삼성 비자금 문제로 걸려 들어간 거잖아요. 불법 뇌물 수수란 말이에요. 제대로 된 언론사라면 자기네 사주가 그런 불미스러운 일로 잡혀 들어갔으니 일단 사과문부터싣고, 그 사건의 전말을 자사가 보도해야 한다고 생각합니다. 그런데 데스크부터 나가서 회장님 힘내세요, 이러고 있죠.

〈조선일보〉는 어떤가요? 연예인 장 모 씨가 소속사의 성 상납 압력을 견디지 못해 자살한 사건에 〈조선일보〉 사주 가족들이 연루되어 있었어요. 〈조선일보〉는 이 사건을 전혀 보도하지 않죠. 온 국민이 관심을 쏟고 있고 자기네 오너가 관계되어 있는 사건인데, 결국은 오너의 이익을 위해서 보도하지 않은 겁니다. 오너를 옹호할 수는 없었겠죠. 그러니까 그냥 그런 사건이 없는 듯이 외면한 겁니다. 이게 정권을 위한 건가요, 자본을 위한 건가요, 아니면 조선일보사라는 회사를 위한 건가요. 방씨 집안을 위한 거죠. 스스로를 위한 언론이 되어버린 거예요.

〈조선일보〉나 〈중앙일보〉가 그런 식으로 자신들의 이익을 위해 보도할 때 쓰는 방법이 편집권 행사입니다. 사회에서 발생하는 모든 문제에는 다양한 측면이 있게 마련입니다. 다면체죠. 사건이든 인물이든 마찬가지입니다. 언론에서 한 사건의 전모를 모두 밝히는 것은 불가능합니다. 어떤 특정한 관점에서만 보도할 수밖에 없죠. 모든 관점을 보도하는 것이 옳겠지만, 그건 자원이 허용하지 않습니다. 그래서 고를 수밖에 없는 거예요. 또 여러 사건 중에서 보도할 만한 사건을 선정해야 합니다.

어떤 사건을 보도하느냐 안 하느냐를 두고 문제를 지적하는 건 별로 의미가 없어요. 그건 모든 언론이 기본적으로 가지고 있는 선택권이거든요. 그걸 우리는 '편집권'이라고 하죠. 편집권은 인정해야 합니다. 어떤 신문이 사설에서 이러이러하다고 주장했는데 그 주장이 틀렸다고 판단되면 비판할 수 있습니다. 그런데 그게 아니라 사건이 a, b, c가 있는데 왜 너는 c에 대해서 보도

하지 않느냐, 일부러 축소하려는 거 아니냐, 이런 지적은 하기 어려워요. 그건 우리 편집권이야, 하면 끝이거든요. 모든 언론이 편집권을 교묘하게 이용해서 자기주장을 펴고 있는 거죠. 〈조선일보〉나 〈중앙일보〉는 편집권을 엄청 잘 활용합니다. 이건 어쩔 수 없습니다. 모든 신문이 다 그러니까요. 그게 억울하면 〈조선일보〉 〈중앙일보〉와 맞먹을 만한 다른 신문을 만드는 방법밖에 없을 겁니다.

이런 선택권을 전혀 활용하지 못하는 신문도 있어요. 대표적으로 〈딴지일보〉라고 있는데(웃음), 〈딴지일보〉는 기자가 별로 없어서 한때는 외부 필진의 기사에 의존한 적이 있습니다. 아무튼, 〈딴지일보〉가 왜 선택권을 활용하지 못했었느냐. 〈딴지일보〉는 매일매일 서너 개의 기사를 채우는 데 급급합니다. 그날그날, 오늘 올리게 기사 하나만 써주세요 해서 받은, 그나마 기본적인 틀을 갖춘 글을 채워 넣기 바빠요. 그래서 선택하는 게 아니라 선택을 당하는 거죠. 〈딴지일보〉 편집장 김용석 씨가 이런 이야기를 한 적이 있습니다. "사람들은 〈딴지일보〉에 논조가 있다고 생각하는데 그건 착각이다. 〈딴지일보〉에는 논조가 없다. 조갑제가 되었건, 이문열이 되었건, 읽을 만한 글을 써주면 〈딴지일보〉는 실을 수 있다. 그런데 안 써준다. 심지어 돈을 많이 준다고 해도 안 써준다. 그래서 우리는 논조가 없는 것으로 정했다. 유일하게 논조라고 할 만한 것이 있다면 재미다. 재미. 진짜 멋진 글을

주더라도 재미가 없으면 싣지 않는다." 이런 이야기를 하는 언론
도 한구석에 있긴 합니다.

이건 진지하게 하는 이야기인데, 〈딴지일보〉가 김어준 총수
의 정치적 견해 때문에 오해를 받는 경향이 있어요. 김어준 총수
가 굉장히 강력한 '친노'나 '친문'의 성향을 띠고 있고 그런 방송
을 하고 있지만, 글 안 쓴 지는 좀 됐습니다. 그리고 〈딴지일보〉
에 실을 글을 고르지도 않아요. 어떤 글을 내리라고도 하지 않습
니다. 그러니까 실제로 〈딴지일보〉 논조에 영향을 주는 건 아닙
니다. 그런 일은 편집장이 다 하거든요. 경영과 편집이 분리되어
있었죠. 그런데 사실 〈딴지일보〉 필진의 성향은 친노와는 거리가
좀 있습니다. 진짜 극단적인 좌파도 좀 있고요. 그래서 〈딴지일
보〉가 왜 친노 매체라는 이야기를 들어야 하느냐고 불만을 토로
하기도 합니다. 〈딴지일보〉는 그냥 우스개 삼아 한 이야기고요,
〈동아일보〉 이야기로 돌아가겠습니다.

〈동아일보〉
백지 광고 사태

〈동아일보〉를 보면 어떤 사회적인 존재가 망가져도 어쩌면
이렇게 구차하게 망가질 수 있는지 안타까움을 느끼게 됩니다.

1970년대만 해도 〈동아일보〉는 말 그대로 민족정론지였어요. 반독재 세력의 선봉에 서 있는 집단이었습니다. 박정희 입장에서는 〈동아일보〉가 제일 눈엣가시였죠. 그전에는 장준하 선생이 창간한 《사상계》도 있었지만, 〈동아일보〉는 메이저 일간지잖아요. 어쨌든 그때만 해도 진보적인 지식인, 반정권적인 반골 기질이 있는 사람이 〈동아일보〉를 많이 봤어요. 저희 아버님이 박정희 대통령을 꽤 좋아하면서도 희한하게 〈동아일보〉를 보시는 바람에 제가 이렇게 된 것이 아닌가 합니다.(웃음) 제가 보기에 〈동아일보〉는 초대 설립자가 2세에게 물려주면서 망가지기 시작한 것 같습니다.

〈동아일보〉 백지 광고 사태의 전후 맥락을 다시 한 번 설명드릴 때가 된 것 같네요. 1974년도에 〈동아일보〉 기자들이 박정희 정권에 맞서 '자유언론실천선언'을 발표합니다. 사실 그 내용이 별건 아닙니다. 첫째, 정권이 신문이나 잡지 발행에 간섭하지 마라. 둘째, 기관원들이 언론사에 출입하지 마라. 이거 갸우뚱하시죠? 셋째, 언론인들을 불법 연행하지 마라.

당시에 어땠느냐 하면, 중앙정보부 요원들이 선글라스를 쓰고 편집국장 데스크 앞에 다리 꼬고 앉아 있다가 기자들이 원고지 들고 들어오면 먼저 받아요. 읽어보고 편집국장을 줍니다. 기사 전체를 찢거나 빨간 펜을 그어서 기자들이 그 꼴을 더는 못 보겠다는 거였어요. 그런 시절이었으니, 지금 보면 별것 아닌 듯해도 목숨 걸고 한 이야기일 겁니다. 만약 그 기관원한테 당신 왜 여기서 이러고 있느냐고 하면 남산으로 끌려갑니다. 끌려가서 2박 3일 두들겨 맞고 나와요. 영장도 없고, 혐의도 없어요. 일단 끌고 가서 팹니다. 초주검이 되면 풀어주는 거죠. 그런 거 하지 말아달라. 이게 그 역사적인 '자유언론실천선언'이라는 건데, 내용이 참 소극적이죠. 그런데 '자유언론실천선언' 때문에 박정희가 '빡'이 친 겁니다. 그러자 요원들이 〈동아일보〉에 광고를 내는 기업들을 찾아갑니다. 광고 내지 말라고. 그래서 백지 광고 사태가 일어나지요. 독자들이 열 받아서 돈을 내서 광고를 메워줬고요. 하지만 그것도 한계가 있었습니다.

아까 말씀드린 대로 그 싸움에서 항복한 사람은 사주입니다. 기자들은 계속 싸우고 있었어요. 왜냐? 광고비를 받지 못하니까 더 이상 싸울 힘이 없었던 겁니다. 사주가 항복하고 정권에 항복 신호를 보냅니다. 즉 기자들을 모조리 자릅니다. 기자들이 기자 신분을 유지하면 신문사 안에서 농성할 수 있잖아요. 그런데 기자 신분을 잃게 되면 경찰이 와서 잡아가도 되는 거죠. 외부인이 들어와서 업무를 방해하는 거니까요.

'자유언론실천선언'이 1974년 말에 나왔고, 기자들을 해고한 날짜가 1975년 3월 17일입니다. 그리고 해고된 기자들은 바로 이튿날 모여서 '동아투위', 즉 '동아자유언론수호투쟁위원회'를 결성했어요. 그 75년에 결성된 '동아투위'가 아직도 있습니다. 이들의 싸움 상대는 박정희 정권이었죠. 그 뒤로 5년이 채 못 되어 박정희가 김재규에게 암살 당합니다. 그래서 이제 〈동아일보〉로 돌아가 신문을 만들 수 있겠구나 생각했는데, 더 무서운 사람이 나타납니다. 바로 전두환이죠.

전두환이 1980년대에 정권을 잡자마자 한 일이 그 유명한 '언론 통폐합'입니다. 신문사, 방송사, 지역 언론, 통신사를 다 통폐합한 겁니다. 깔끔하게 정리했죠. 이렇게 정리하면서 자기 사람을 다 깔았어요. 제가 80년대 언론 통폐합 조치 때문에 크게 피해 본 사람이에요. 언론이 통폐합되기 전에 방송국은 KBS, MBC, 그리고 TBC(동양방송)가 있었어요. 그때는 텔레비전 방송이 오후 6시에 시작했어요. 방송 시작하면서 애국가가 나오고, 그게 끝나면 바로 어린이를 위한 만화영화를 방영합니다. 중학교 1학년이었던 저는 학교 다녀오면 만화영화를 봤는데, TBC 만화영화가 제일 재미있었어요. 일본의 유명한 애니메이션을 다 거기서 방영했거든요. 그런데 어느 날 갑자기 TBC가 없어지고 KBS 제2방송이 됐어요. 만화영화를 방영 안 해줘요. 저는 충격을 받았어요. 왜 이런 일이 벌어진 건지 물어봤는데, 아무도 대답해주지 않았죠. 그러다가 옆집 사는 형이 얘기해주길, 전두환 장군이 TBC를 없앴다는 거예요. 그래서 아무것도 모르는 어린 제가 전두환 장군에 대한 불타는 적개심을 품게 된 겁니다.(웃음)

어쨌든, 우리도 돌아가서 신문을 만들 수 있겠구나 생각했던 기자들은 또다시 절망에 빠집니다. 그래도 이분들 진짜 끈질기게 싸웁니다. 언론사가 통폐합되면서 기자들이 또 무더기로 해고됐는데, 이 해직 기자들이 모여서 1984년 '민주언론운동협의회'를 결성하고 그 뒤로도 계속 싸웁니다. 그리고 드디어 1987년 6·10 항쟁을 통해서 제6공화국이 출범하고 그즈음 〈한겨레〉가 창간되는데, 그때 〈한겨레〉 창간을 이 해직 기자들이 주도했습니다. 그때만 해도 사람들은 시민들이 돈을 모아 신문사를 만들면 권력으로부터 자유로워질 거라는 생각만 했지, 정치권력보다 더 무서운 게 기다리고 있으리라고는 짐작조차 못했었죠.

새로운 상대,
자본의 등장

이런 과정을 거쳐 창간된 〈한겨레〉에는 권력에 맞서 싸우고, 노동의 가치를 존중하며, 약자를 보호하는 신문이라는 이미지가 있습니다. 〈한겨레〉는 정권에서 기사 바꾸라고 해도 말을 안 듣습니다. 그런데 그런 〈한겨레〉가 삼성전자에서 한 달 치 광고를 주겠다, 이러면 바꿉니다. 진짜 창피하고 자존심 상하는 일이지만 실제로 그런 일이 있었어요. 호남 쪽 지방판인데, 동성애를 혐오하는 개신교 집단에서 전면 하단 통광고를 실은 적이 있습니다. 그 광고를 보고 사람들이 〈한겨레〉에 항의했죠. 어떻게 이런 광고를 실을 수 있느냐. 〈한겨레〉라면 그런 반인권적인 광고는 거절할 거라고 기대했던 거예요. 그러나 〈한겨레〉에서는 신문은 우리 사회에 이런 의견을 가진 사람들이 있다는 걸 알릴 수도 있다고 변명했다고 합니다. 사실 그건 아니죠. 광고비 받으려고 실은 거잖아요. 그래놓고 변명을 합니다. 권력에 굴복하는 건 부끄럽게 생각하면서, 돈에 굴복하는 건 부끄럽게 생각하지 않아요. 왜? 수치심이 없거나 그래서는 아닙니다. 당장 기자들 월급 줄 돈이 없는 거예요. 돈 500만 원, 1000만 원이 급해서 어떻게든 벌어야 하는 거예요. 결국 처음으로 돌아간 겁니다. 권력과의 싸움이 자본과의 싸움으로 바뀌었는데, 지금은 자본과의 싸움, 수준이 아니라 자신들의 존재를 지속시키는 데 모든 초점이 맞춰져 있습니다. 〈한겨레〉도 그런 현실에서 자유롭지 못한 거죠.

신문의 사정이 이 정도라면 방송은 더 말할 것도 없습니다. 왜냐하면 방송은 유지비 차원이 다르니까요. 동그라미 개수가 다릅니다. 방송은 신문보다 영향력이 살아 있기 때문에 모든 권력은 방송을 망가뜨리려고 합니다. 방송이 자신들을 방해하지 못하게끔 총력을 기울이죠. 대표적으로 MBC가 정말 엄청나게 망가졌습니다.

참여정부 시절에는 정권이 잘못하면 작은 일에도 바로바로 보도를 쏟아냈어요. MBC도 그랬고, KBS도 그랬어요. 참여정부 시절 KBS는 세계적인 수준의 다큐멘터리를 찍었고, MBC는 수준 높은 시사교양 프로그램의 전성기를 맞았습니다. 〈피디수첩〉이 대표적이죠. 황우석 논문 조작 사건은 〈피디수첩〉이 알린 거예요. 참고로, 그때 황우석 사건을 다룬 〈피디수첩〉을 총괄 지휘한 최승호 피디는 지금 인터넷 독립언론인 '뉴스타파'에 계십니다. 다른 피디들도 업무와 무관한 곳으로 좌천됐죠.

KBS는 공영방송이고, MBC는 준공영방송입니다. 이 두 방송국이 너무 빨리 망가지는 바람에 지금은 민영방송인 SBS가 얼떨결에 가장 훌륭한 방송이 된 것 같습니다. SBS의 피디나 기자 등 구성원의 자질이 좋아진 게 아니라 늘 하던 대로 하는 건데, 앞에 있던 두 방송국이 뒤처지면서 선두가 된 거죠. 그나마 다행스러운 일은, MBC의 간판스타였던 손석희 기자가 JTBC 보도국 사장으로 전격 취임하면서 비교적 뉴스다운 뉴스를 만들고 있다는 겁니다. 물론 그 배후에도 거대한 자본이 있는 건 다 아는 사실이죠. 솔직히 저는 기대되기도 하고 궁금하기도 합니다. 언제쯤 손석희 사장이 삼성 문제를 정면으로 다루고 해고될 것인가. 아니면 끝내 다루지 않을 것인가.

조폭 언론의
진실

이 대목에서 조중동으로 대표되는 신문들의 특징을 잘 설명한 것이 KBS 사장을 지낸 정연주 씨의 말입니다. 정연주 씨는 〈동아일보〉 기자 출신으로 1975년에 해직됐습니다. 동아투위에는 참여하지 않았던 것으로 되어 있어요. 해직 후 정연주 씨는 미국으로 건너가 미국에서 발간하던 《씨알의 소리》 편집장을 맡았고요. 그러다가 1980년대 후반 〈한겨레〉 창간 과정에 참여했습니다. 소속은 〈한겨레〉지만 국내로 돌아오지 않고 〈한겨레〉 워싱턴 특파원으로 일하면서 좋은 글을 많이 썼습니다. 그때 쓴 글에서 정연주 씨는 우리나라 언론, 특히 조중동의 특징을 이렇게 표현했습니다. 한국 언론은 둘 중 하나다. '재벌 언론' 아니면 '언론 재벌'. 재벌이 언론을 만들어서 가지고 있는 게 〈중앙일보〉, 그리고 언론을 만들어서 재벌이 된 곳이 〈조선일보〉와 〈동아일보〉죠. 이렇게 둘로 분류했는데, 이 둘을 관통하는 하나의 특징은 '조폭 언론'이라고 했어요. 단순히 나쁜 언론이라는 뜻에서 조폭 언론이라고 한 건 아니죠. 왜 조폭 언론이라고 했는지도 설명합니다.

그 내용을 이해하려면, 언론 중에서 종이 신문이 겪고 있는 위기 상황을 알아야 합니다. 종이 신문은 뉴미디어가 생겨나면서 존립을 위협받는 상황이에요. 성급하게 판단하는 사람들은 종이 신문의 수명이 끝났다고 말합니다. 그렇지만 아직 찍고 있잖아요. 〈조선일보〉는 몇백만 부씩 찍습니다. 그중 30퍼센트가 포장도 뜯지 않은 채 고스란히 폐지로 나가고 있지만, 굉장한 발행 부수를 자랑하고 있죠. 핵심은 이제 사람들이 종이 신문을 안 보기 시작했다는 것. 더욱 치명적인 일은, 예전에는 인터넷으로라도 신문 기사를 보기는 했는데 이젠 그마저도 안 본다는 겁니다. 별로 오래된 이야기도 아니에요. 한 10년 전만 해도 지하철 객차 사이를 왔다 갔다 하면서 스포츠 신문을 파는 사람들이 있었어요. 사람들이 그걸 사서 보다가 선반 위에 올려놓고 내리면 그걸 치우는 사람이 따로 있어야 할 정도였죠. 그런데 어느 순간부터 지하철 안에서 신문의 존재를 발견할 수가 없어요. 그게 언제부터냐. 스마트폰이 보편화하면서부터예요. 기사를 안 보는 건 아니에요. 다들 스마트폰으로 보죠.

사람들이 종이 신문을 안 보면 어떤 문제가 생기느냐. 처음에 신문사에서 구독료만으로 유지하기 힘드니까 광고 수익에 힘을 썼잖아요. 그런데 종이 신문 보는 사람이 적어지면 광고 효과가 줄어드니까 광고 수익도 적어져요. 극단적으로 말해서 광고 수익이 사라지면 신문사도 없어집니다. 실제로 미국에서는 많은 신문사가 없어졌어요. 심지어 〈워싱턴 포스트The Washington Post〉는 아마존에 인수됐습니다. 옛날 같으면 턱도 없는 일이죠.

그런데 특이하게도 우리나라 조중동은 광고 수익이 별로 줄지 않아요. 사람들이 신문을 안 보면 광고 효과가 떨어져야 하잖아요. 실제로 얼마나 떨어졌느냐면, 예전에 〈조선일보〉 1면 하단에 통으로 5단 광고를 내려면 500~700만 원이 들었거든요. 800만원까지 가기도 했죠. 그러면 그 광고를 보고 문의 전화가 하루에 300통~500통 정도 왔다고 해요. 그런데 요즘은 5단 광고를 내면 첫날 20통 오고 끝이라고 합니다. 그만큼 광고 효과가 없어졌다는 뜻이에요. 그러면 광고주들이 광고를 안 내야죠. 효과가 없으니까.

그런데 조중동은 꾸준히 광고 수입을 올리고 있습니다. 왜냐, 광고주들이 광고 효과를 노리고 광고를 내는 게 아니라 뜯기는 차원에서 광고를 주고 있기 때문이에요. 〈조선일보〉 기자들, 〈중앙일보〉 기자들, 〈동아일보〉 기자들이 취재하러 가죠. 가서 영업을 하고 옵니다. 광고를 크게 내면 기사 내용이 우호적이 되고, 생각보다 광고를 안 주면 기사를 부정적으로 쓰는 거예요. 그러니까 실제로 돈을 뜯어가는 셈입니다. 예전에 재래시장에서 조폭들이 보호비 명목으로 돈을 뜯어내는 거랑 똑같은 행태인 거예요. 광고 효과는 사라지고 없는데, 따라서 신문의 광고 시장이 붕괴되었어야 마땅한데, 광고 효과 대신에 다른 영향력을 이용해 유지하고 있는 거죠. 어떤 회사든 구린 곳은 다 있습니다. 그런 걸 기자들은 다 알고 있거든요. 광고를 내면 봐주고, 광고를 안 내면 터뜨리고. 예컨대 쓰레기 만두 사건, 이렇게 되면 회사가 날아가버리니 기업들은 공포에 질릴 수밖에 없죠. 그러니 광고 효과를 보고 주는 게 아니라 입을 막으려고 주는 거예요. 이렇게 뜯어낸 돈으로 신문사가 굴러가요. 이게 바로 조폭 언론이라는 말이 뜻하는 바입니다.

정연주 씨는 그 점을 정확하게 지적하고 있어요. 언론계에서 동업자 의식 비슷한 게 있어서 다 알면서도 쉬쉬하며 언론 지면에 공개하지 않는 건데, 〈한겨레〉의 정연주 워싱턴 특파원은 그런 불문율을 깨고 있는 그대로 다루었죠. 언론인으로서의 본래 역할을 한 겁니다. 그 덕분에 정연주 씨는 언론계에서 왕따가 됩니다.

조중동이 망하지 않는 이유가 또 있습니다. 재벌답게 다양한 사업 분야를 두고 있어요. 한때 여기저기서 많이 하던 영어마을 있죠? 그거 다 〈조선일보〉 겁니다. 지자체에서 운영하는 영어마을 위탁 사업 그거 다 〈조선일보〉 계열사 사람들이 하는 거예요. 그러면서 또 지자체에 돈 뜯으러 가죠. 영어마을 운영의 문제점을 보도할까 말까 하면서요. 그러면 또 영어마을 정책 자금이 올라갑니다. 다 놀고먹는 비즈니스거든요. 전통적인 사업 분야도 많습니다. 오랜 역사와 전통을 자랑하는 '동아마라톤대회'도 큰 수익 사업입니다. 참가비를 많이 받는 것도 아니고, 유명 선수 초청하고 행사 진행 요원도 쓰려면 돈도 꽤 들 텐데 무슨 수익 사업이냐고 반문하시는 분들도 있을 거예요. 그런데 이때가 대목

장사철이죠. 거의 모든 대기업을 돌면서 몇억씩 후원금을 갈취합니다. 동네 아저씨들 마인드랑 똑같아요. 저 집에 큰 잔치 있다던데 이때 도와줘야 1년이 편하다, 그러는 거죠. 대기업들이 광고비도 아니고 마라톤 후원금을 엄청나게 냅니다. 그러면 마라톤 행사장 플래카드에 이름을 쭉 써줍니다. 거기에 5억, 10억씩 드는 겁니다. 그 밖에도 무수히 많은 부가 사업을 운영합니다. 그래서 광고시장이 망했어도 거대한 규모의 회사가 돌아가는 겁니다.

그래도 하다하다 안 되니까 이제 신문은 망했나 보다, 방송을 하자, 이래서 종편 채널을 만든 겁니다. 제가 거칠게 이야기했지만, 이쪽 계통 사람들은 다들 그러려니 분석하고 있습니다. 그런데 종편이 무슨 광고 효과가 있겠습니까. 지금 종편 시청률이 0.1에서 1.2퍼센트 사이를 왔다 갔다 하는데.

'채널A'나 'TV조선'에서 토론 프로그램을 하는 이유가 정치적인 이유 때문이 아니에요. 토론 프로그램이 제작비가 제일 적게 듭니다. 드라마 한 편 찍으려면 어설프게 찍어도 회당 5천~1억이 들어요. 지상파 스타일로 찍으려면, 2억 5천~3억까지 듭니다. 그래서 드라마는 만들 엄두도 못 내지만, 토론 프로그램은 돈 들어갈 일이 별로 없습니다. 한 회 만드는 데 드는 돈이 100만 원을 넘지 않는다고 해요. 그러니까 주야장천 그것만 하는 거지요. 이 사람들은 언론의 역할 그런 거에는 관심 없어요. 수익 모델을 찾자, 돈을 벌어서 살아남아야 한다는 생각이 지배적이죠. 말하자면 사회에 필요한 일을 하기 위한 언론으로 존재하는 게 아니라 자본주의 체제 아래 사기업으로 존재하는 겁니다. 그들이 정치적으로 보수적인 견해를 관철하기 위해서 보수 정권을 옹호하는 거 아닙니다. 그 사람들은 돈 된다면 지금 당장이라도 서구식 사민주의를 하자, 그럴지도 몰라요.

이제 지역 언론들을 살펴볼까요. 지역 언론은 더 어려운 상황입니다. 〈한겨레〉 〈경향신문〉하고도 비교가 되지 않습니다. 지역에 도시 이름을 달고 펴내는 신문들이 있는데, 그 신문들은 대부분 지역의 유지들과 토호들과 그 지역 출신 정치인들 간의 합의 아래 움직입니다. 정치인들 처지에서는 홍보 수단이 있어야 하니까 지역 언론을 이용하는 거고요. 지방 소도시는 아주 작은 국가라고 할 수 있어요. 그 지역 내에서 영향력을 행사하고 싶어하는 사람들이 있습니다. 이 사람들끼리 자존심 경쟁이 심해요. 그 경쟁에서 이기려면 내가 저 사람보다 더 좋은 걸 가지고 있어야 하니 신문이나 하나 만들자, 이런 거죠. 저는 지자체에서 지역 언론에 돈을 대주는 게 좋은 일인지 잘 모르겠어요. 분기별로 지역 언론 지원 사업이라는 것을 하는데, 규모가 좀 있는 곳에는 큰 윤전기를 들여놔주거나 대여해줘요. 또 매일매일 편집하고 조판하는 시스템 같은 거는 비싼데, 이런 시스템을 일괄 공급해주고 사용법 가르쳐주고. 그러면 지역 유지의 이종사촌 조카쯤 되는 사람 데려다 앉혀놓고, 그러는 겁니다. 지역 언론은 수익 모델이 하나도 없거든요. 이 자리에 서울 시민 아닌 분들 계실 텐데, 솔직히 안양에 사는 사람 가운데 〈안양시민신문〉 돈 주고 보시는 분 없잖아요. 거기에 나온 광고 보고 물건 사본 사람도 없을 테고요.

수익 모델이 전혀 없는 상태에서 지역 언론이 굴러간다는 건 누군가 큰돈을 내고 있고, 누군가 그걸 원하고 있고, 언론을 발전시킨다는 명목으로 지원하고 있기 때문입니다. 지방선거 때를 제외하면 지역 신문에 수익이라는 게 있을 수가 없습니다. 그러니 조중동이 삼성·현대 사람들 만나러 다니듯, 지역 신문사들은 지역 사람들을 뜯으러 다니는 거죠. 지역 조폭 같은 거예요. 돈 받으러 가는데 안 주면 그 회사의 비리를 마구 캐냅니다. 조중동을 그대로 따라 하는 거예요. 거기도 역시 광고 효과 때문이 아니라 욕하지 말라고 돈을 줍니다. 그런 식으로 푼돈을 모아 기자들 서넛쯤 거느리고 지역 언론 만들면서 유지 행세를 하고 다니죠. 편집인, 발행인 직함 대부분 유지들이 달고 다닙니다. 신문은 기자들 중 고참이 다 만드는 겁니다. 편집자는 오늘 무슨 기사가 나오는지도 몰라요. 물론 좋은 언론도 있어요. 그 지역의 진보적인 분들이 모여서 편집위원회도 결성하고 지식인들이 칼럼도 쓰곤 하지요. 하지만 그러면 뭐합니까. 아무도 안 보는데.

종이 신문의
몰락

솔직히 종이 신문을 찍을 이유가 있는지 잘 모르겠어요. 그게 남아 있어야 하는 이유도 모르겠고요. 그저 관습적으로 종이에 뭐가 찍혀 있으면 뭔가 한 거 같고, 종이 없이 웹사이트만 있으면 뭘 안 한 것 같으니까 그런 걸까요?

어쨌든 전통적인 종이 신문사들은 실질적·현실적으로 내리막길로 접어드는 중이고, 꽤 많은 종이 신문들이 존재 이유를 잃은 지 오래입니다. 앞으로 좋아질 것 같지도 않아요. 사람들이 어느 날 스마트폰 버리고 종이 신문 볼 일은 절대 없죠.

따라서 우리는 그다음 단계를 생각해야 한다는 거죠. 전통적인 신문과 방송이 주류를 이루던 언론 시장이 변화하고 있는데, 그러면 어떻게 해야 하느냐. 제가 방송은 별로 이야기하지 않았지만, 지금 방송도 큰 어려움에 부딪혔습니다. 우리나라 지상파 방송들의 질이 무너진 게 지난 정권에서 워낙 심하게 했기 때문이기도 하지만, 본질적인 위기에 부딪혔기 때문이라고 볼 수 있습니다. 저는 방송의 큰 위기가 VOD^{Video on Demand}(맞춤 영상 정보 서비스)에서 온다고 보거든요. 미국은 이 시장이 어마어마하게 크고 있어요. 전통적인 방송과 VOD에는 근본적인 차이가 있습니다. 지상파 방송이나 케이블도 마찬가지죠. 흔히 말하는 '본방

사수'가 현대인들에게는 힘들잖아요. 여태까지는 관습으로 합니다. 화제를 모으는 드라마가 있으면 달려가서 보죠.

그렇지만 앞으로는 그 비율이 점점 줄어들 겁니다. 각자 라이프 사이클이 다르거든요. 밤에 일하는 사람, 낮에 일하는 사람, 아침에 일하는 사람 다 다른데, 어떻게 같은 시간대에 다 같이 모여서 그걸 보느냐. 그냥 필요할 때 앉아서 클릭만 하면 다 볼 수 있는 거잖아요. VOD 시스템은 과금도 합리적입니다. 전체 채널을 틀어주고 시청료를 받아가는 시스템은 이제 시대에 뒤떨어졌어요.

그렇다면 과연 지상파 방송국이 살아남을 수 있는가, 편성표가 있는 방송이 살아남을 수 있는가, 라는 질문을 할 수 있겠죠. 이건 광고 시장을 보면 알 수 있어요. 현재 지상파 방송의 광고 시장은 급격히 감소하고 있습니다. 대신 케이블이나 VOD 광고 시장은 늘어나고 있죠. 전 세계적으로 종이 신문의 광고 시장이 급속도로 감소해버린 것과 똑같은 겁니다. 우리나라처럼 조폭 같은 짓을 하는 데가 아니라면요.

그런데 광고주들의 광고 수요는 꾸준히 증가하고 있습니다. 산업적으로 발전하면 당연한 일이죠. 그럼 어디에서 광고 효과를 내느냐. 오늘날 광고 효과는 대부분 인터넷에서 볼 수 있어요. 이건 전 세계적인 추세예요. 구글 하면 여러분은 검색엔진이라고 생각하겠지만, 구글은 전 세계에서 매출을 가장 많이 올리는 광고회사예요. 그게 참 특이해요. 잘 보이지도 않는데 말이죠. 구글 광고를 상대할 만한 회사가 몇 개 있지만 규모에서 동그라미 단위가 다릅니다. 인터넷 광고회사가 광고 시장의 파이를 왕창 떼어가기 때문에 방송·잡지·신문의 광고 시장은 사실상 죽어버린 거죠.

자, 그처럼 언론 환경이 빠르게 변하고 있는데 그런 환경에서 우리가 처음에 이야기한 대로 사회적 역할을 담당하는 언론이 어떤 형태로 등장하게 될 것인가, 이걸 생각해보지 않을 수 없죠. 물론 〈한겨레〉나 〈경향신문〉 같은 언론사가 살아날 수 있도록 관심을 쏟고 도와줄 필요가 있습니다. 하지만 우리 사회 환경이 언제 또 바뀔지 모르는데 미래를 대비하지 않을 수 없는 거죠. 현실의 일은 현실에 맞춰 충실하게 하고, 과거의 일은 학습을 통해 뽑아낼 수 있는 지혜를 뽑아내고, 이 모든 것을 이용해서 미래를 대비해야 합니다. 사회를 바라보는 게 이렇게 힘드니까 자꾸 포기하고 싶지만, 그래도 피하지 말고 한번 생각해보자는 거죠.

인터넷 언론,
어뷰징 전성시대

그럼 이야기를 뉴미디어, 인터넷상의 언론으로 끌고 가보죠.

인터넷상의 언론은 어떤 식으로 존재하고, 어떻게 하고 있으며, 앞으로 어떻게 변할 것인가. 인터넷은 과연 우리 일반 대중의 편인가. 초창기에는 다 그렇게 생각했습니다. 정보의 바다고 인터넷은 완전히 공개된 공간이고 자유로우니 일반 대중의 편이 될 것처럼 보였는데, 까 보니 역시 인터넷은 자본의 편이었습니다. 기본적으로 설비 자체가 자본의 것이죠. 거대 통신회사들이 깔아 놓은 망일 뿐이에요. 일반인들은 돈 내고 들어가서 쓰는 겁니다.

돈이 없으면 인터넷상에 들어갈 수도 없어요. 사실 한 달에 한 번씩 내는 인터넷 사용로 1,2만 원은 옛날에 비하면 진짜 비싼 거예요. 실제로 아무것도 없이 인터넷에 접속하기 위해서만 내는 돈이잖아요. 인터넷 접속비, 모바일 접속비 등등, 현대사회에서 통신비는 계속 올라가고 있습니다. 전체적인 접속 비용이 굉장히 상승했습니다. 사회생활을 하는 사람의 경우 1인당 10만 원 정도가 넘어갈 거란 말이죠.

여기서 가장 중요한 핵심 논리는 정보 비대칭 문제입니다. 없는 사람들은 인터넷에서 정보를 흡수할 수가 없어요. 자산이나 자본 보유량의 차이에 따른 차별 문제가 인터넷상에서는 해소될 거라고 예상했는데, 실제로 인터넷에 들어가 보니 현실보다 더한 격차가 발생합니다. 인터넷에서도 자본의 위력이 훨씬 더 크기 때문에 그렇습니다. 인터넷에서 돌아가는 뉴미디어를 설명하기도 전에 비관적인 이야기부터 시작해서 좀 뭣하네요.

어찌 됐건 현실을 설명하기 위해서 저는 두 가지 개념을 골라 봤습니다. 하나는 어뷰징abusing에 대한 건데, 많이 들어보셨을 겁니다. 다른 하나는 현재 활동하는 회사라서 고민했는데, 이 회사를 중심으로 많은 이야기를 할 수 있어서 일단 골라봤습니다. 바로 〈허핑턴 포스트〉입니다.

우리 사회에서 심각한 문제가 되고 있는 어뷰징이라는 말에는 오용, 남용, 학대 따위의 뜻이 있습니다. 이건 언론이 아니라 온라인 게임에서 먼저 쓰였어요. 온라인 게임도 하나의 사회여서, 나름대로 룰과 시스템이 있어요. 그런데 이 시스템이 모든 걸 막지는 못해요. 허점이 있다는 거죠. 그러면 머리 좋은 애들은 남들과 공정하게 경쟁하지 않고 그 허점을 이용해서 자기가 더 많은 이득을 취합니다. 다른 사람의 계정을 해킹해서 아이템을 빼앗거나 치트키Cheat Key를 쓰거나 어떤 네트워크상에 프로그램을 돌린다거나 그러죠. 이런 걸 두루 일컬어 어뷰징이라고 합니다. 그래도 그건 게임 속 공간이니까, 게임회사가 알아서 막아야 할 일이죠.

그런데 이말이 언론에서 쓰인 지는 얼마 안 됐지만, 요즘 언론계의 가장 큰 이슈입니다. 모든 인터넷 언론사와 포털사이트가 이 문제를 어떻게 해결할지를 놓고 상당히 첨예한 갈등을 빚고 있죠. 이 문제에 대해 정확히 모르는 분도 많은 것 같아서 제가 조금 정리해드릴게요.

서구 사회와 달리 우리 사회에서는 인터넷이 좀 이상하게 발전했어요. 그러니까 서구에서 인터넷이 발전한 단계를 건너뛰고 압축 성장을 한 거죠. 인터넷 서비스 중에서 이메일 같은 건다 아실 거고, 혹시 아카이라는 서비스 써보신 분 계신가요? 아카이, 메일링리스트, 뉴스그룹, IRC, 고퍼, FTP, 이런 게 다 인터넷에서 쓰는 서비스들이에요. 서구에서는 이런 서비스들을 순차적으로 쓰면서 발전해왔는데, 우리나라에서는 다 건너뛰죠. 게다가 가장 원초적인 이메일 서비스보다도 웹메일 서비스가 먼저 등장합니다.

우리나라 최초의 웹메일은 다음커뮤니케이션에서 만든 '한메일'로, 우리나라 인터넷 대중화의 초석이 됩니다. 차근차근 누적된 인터넷상의 개념들을 이해하기도 전에 갑자기 PC를 켜면 인터넷이 딱 뜨는 거예요. 그게 바로 웹브라우저죠. 심지어는 PC를 파는 사람들이 브라우저를 세팅할 때, 브라우저를 치기만 하면바로 네이버가 뜨게끔 만듭니다. 그래서 많은 노인분들은 네이버가 인터넷인 줄 알아요. 사실 2000년대 초반만 해도 검색엔진회사가 많이 있었습니다. 초창기에는 '야후! 코리아'가 있었어요. 제리 양Jerry Yang이라는 중국계 미국인이 만든 검색엔진이죠. 그러나 '야후! 코리아'는 2013년부터 사이트 운영을 멈췄고, 2014년 4월 30일 이후 한국 사업을 철수했습니다. 알타비스타, 라이코스, 인포시크 같은 검색엔진도 있었습니다. 라이코스는 텔레비전 광고까지 했어요. 그런 건 진짜 검색엔진이었어요. 인터넷에 퍼져 있는 웹사이트를 찾아주는 거죠. 그런데 그런 검색엔진들이 다 시들시들해졌습니다. 그렇게 시들시들해지는 와중에 검색엔진의 최종 진화판이라는 구글이 등장해 싹 쓸어버렸죠.

그런데 우리나라 검색엔진 시장에는 두 개의 사이트가 나타나 시장을 장악합니다. 먼저, 아까 이야기했던 웹메일인 한메일로 성장한 '다음'. 그리고 유명한 여성 연예인이 초록색 이파리가 꽂혀 있는 모자 쓰고 나와서 광고하던 거 기억하시죠? 네, '네이버'입니다. 그렇게 두 사이트가 큰 인기를 끌었죠. 다음과 네이버는 솔직히 검색엔진이라고 하기 어렵습니다. 두 포털의 검색 기능은 순수한 검색엔진 기능이라고 볼 수 없어요.

두 포털과 구글의 결정적인 차이를 볼까요. 구글은 우선 특정 키워드에 대한 검색 결과를 그 사이트의 방문자 수, 그리고 그 사이트를 인용한 사람 수를 기준으로 나열합니다. 그래서 내가 검색하려는 것에 대한 가장 양질의 정보가 상위에 나올 때가 많아요. 그런데 네이버나 다음 같은 경우에는 그 키워드와 관련해서 돈을 가장 많이 준 회사가 상단에 뜹니다. 따라서 네이버나 다음은 검색엔진이 아니고 카탈로그를 쥐고 있다고 볼 수 있습니다. 그걸 검색 결과인 양 보여주는 거고, 내가 정말 필요로 하는 정보는 검색 결과 끝에 가 있을 때가 많아요. 그리고 다른 검색엔진들이 네이버 내부를 검색하지 못하게 막았어요. 구글에서 검색하면 네이버 서버에 있는 문서는 거의 보이지 않습니다. 네이버의 이런 정책은 굉장히 이기적이라고 생각합니다.

이처럼 우리나라 사람들은 포털사이트 안에서 모든 걸 해결하는 방식에 익숙해졌어요. 포털사이트는 사람들이 필요로 하는 모든 것을 자신이 제공하겠다는 목표를 세우게 됐고요. 언론사가 만든 기사를 네이버 서비스를 통해서 보게 하는 것이 대표적인 경우죠. 만약 서태지에 관한 기사를 검색한다고 하면, 검색 결과로 나온 서태지 기사들 중 하나를 클릭해 그 기사를 작성한 언론사 사이트에서 그 내용을 보는 것이 정상이잖아요. 그런데 네이버는 그 기사를 포털사이트로 가져와서 보여주는 거예요. 결과적으로 이용자가 네이버 밖으로 못 나가게 하는 거죠. 요즘에는 해당 기사 하단에 링크가 있어서 그걸 클릭하면 해당 사이트로 이동할 수 있게끔 해놨더라고요. 어쨌거나 인터넷 사용자의 대부분을 다음과 네이버가 나눠 가진 거예요.

언론사 입장에서는 사람들을 자사 사이트로 끌어 오려고 사이트 주소를 홍보해도 방문자 수가 잘 늘지 않으니까 포털 기사를 통해서 트래픽을 끌어오는 데 힘을 기울입니다. 우리 언론사 사이트로 트래픽을 많이 가져오려면 어떻게 해야 하는가, 사람들이 많이 클릭해서 보는 화면에 자사 기사가 노출되어야 한다, 그러다 보니 네이버 인기 검색어에 눈이 가게 됩니다. 사회에서 뭔가가 화제가 되면, 사람들이 일제히 하는 행동이 포털에서 검색

해보는 거잖아요. 네이버는 실시간 급상승 검색어라는 서비스를 메인 페이지 오른쪽 상단 영역에 운영하고 있습니다. 만약 지금 실시간 급상승 검색어 1위로 올라간 키워드가 있고, 그 키워드를 클릭했을 때 나오는 검색 결과 페이지에 자사 기사가 있다면 사람들은 그 기사를 클릭해서 많이 보게 될 텐데, 그러면 어마어마한 트래픽이 몰려오게 됩니다. 아무리 광고를 해도 잘 만들어지지 않던 트래픽이 발생하는 것입니다. 10분 만에 몇십만 몇백만의 조회수가 생길 수도 있습니다. 그러면 언론사는 그 트래픽 일부를 자기네 사이트에 있는 광고로 끌어와 광고 조회수를 확 올리는 거죠. 이렇게 해서 1년 치 광고 수익을 올리는 경우도 있어요.

저도 이런 경험을 한 적이 있습니다. 예전에 몇몇 친한 사람들과 팀블로그를 운영했는데, 그때 태안반도 기름 유출 사건이 일어났어요. 마침 우리 팀 중 한 명이 그곳으로 여행을 가 있었죠. 기름이 몰려오는 순간에요. 그런데 그 사람이 아마추어 수준을 넘는 사진가여서 생생한 현장 사진을 잔뜩 찍어 블로그에 보내준 거예요. 10분 만에 조회 수가 200만이 나오더라고요. 다음과 네이버 모두 메인 화면에 게재됐어요. 갑자기 트래픽이 몰려서 호스팅 서버의 트래픽을 리셋 하느라 몇십만 원 날리고, 대신에 구글 광고비를 몇백만 원 벌었습니다. 언론도 아닌 일개 블로거가 말이죠. 이게 며칠 만에 벌어진 일이었습니다.

언론사들은 이런 경우를 하루에도 몇 건씩 겪고 싶은 거예요.

그래서 그렇게 난리를 치는 겁니다. 실시간 검색 키워드에 맞춘 쓰레기 기사를 양산하는 거죠. 그런 기사들의 공통점이 기사 말미에 '한편 네티즌은'이라는 말이 나오는 거예요. 그리고 기사에 해당 키워드가 반복됩니다. 요즘은 거기에서 더 진화해, 아예 실시간 검색어 여러 개가 기사 하나에 들어가 있어요. 기사 내용은 한 줄이고 '한편 네티즌은'으로 1번 키워드, 2번 키워드가 반복됩니다. 이런 행위를 어뷰징이라고 해요. 이걸 언론사들이 서로 못해서 난리가 난 겁니다.

포털 입장에서는 문제가 생깁니다. 메인 화면에 노출되는 것인데 모두 쓰레기 기사인 거죠. 그러면 사용자들이 화를 내요. 신문사들이 욕을 먹고, 포털도 욕을 먹게 됩니다. 그래서 네이버가 뉴스 정책을 몇 번 바꿉니다. 그러면 언론사들은 새로운 방법을 찾습니다. 그리고 언론사들끼리는 모여서 우리 제발 이러지 좀 말자, 서로 그러는 거죠. 너희부터 멈춰라. 우린 조금 더 할게. 협상은 계속 결렬되죠. 네이버가 새로운 정책을 낼 때마다 새로운 어뷰징이 나옵니다. 그렇게 한 5~6년이 지난 것 같습니다. 지금은 이런 쓰레기 기사를 생성하는 스크립 코드도 가능해요. 알바를 고용해서 하루에 몇백 개씩 생산했는데, 조만간 기계가 만들기 시작할 겁니다. 지금 우리가 언론의 사회적 역할을 이야기하고 있지만, 언론은 정말 동전 한 닢을 놓고 싸우는 이전투구의 현장이 되어버린 거죠.

이런 문제를 해결하지 못하는 한 인터넷 언론의 미래는 무척이나 어둡습니다. 점점 더 불신만 쌓여가겠죠. 사실 언론을 제대로 이용하는 사람은 해당 언론사 홈페이지를 찾아갑니다. 그리고 다음이나 네이버가 아닌 구글을 통해 뉴스를 검색하죠. 실제로 구글에서는 새로 올라온 기사가 검색 결과로 잘 노출되지 않습니다. 그런 기사 대부분이 어뷰징 기사니까요. 이런 시스템이 안정되고, 사람들이 네이버의 낚시 기사를 클릭하지 않으면 되는데, 아직도 사용자들의 70~80퍼센트가 포털 대문에서 기사를 봅니다. 네이버가 포털 대문에서 기사를 없애고 네이버 캐스트로 바꿨을 때, 사람들의 엄청난 항의가 있었다고 합니다. 왜 대문 화면에 기사가 없냐고요. 이건 서로 답답한 일이에요.

이렇게 어뷰징이 널리 퍼지게 되면 또 다른 문제가 생깁니다. 본래 신문사 기사라는 건 생산하는 데 비용이 많이 듭니다. 기자가 있어야 하고, 취재를 해야 하고, 그러면 취재 차량도 제공해야 하고 기자도 팀으로 움직이고……. 그러니까 자신들만의 취재 능력을 보유할 규모가 되는 언론사들만 취재가 가능했던 거죠. 그런데 어뷰징하는 데는 그런 게 필요 없잖아요. 인터넷 언론이라는 간판 걸고 기자 두세 명 고용한 인터넷 언론사가 생기기 시작합니다. 이들은 다른 사람들보다 어뷰징 테크닉이 좋습니다. 그러면 인터넷 수익은 조중동을 앞설 수 있다는 거예요.

포털 입장에서는 그런 언론사 링크는 안 걸고 싶죠. 그렇지만 법적으로 언론은 동등하게 대해야 하기 때문에, 정부가 제시한 기준에 부합하고 인터넷 언론사로 등록되어 있고 또 한국인터넷 언론사협회에 회비를 내고 있으면 막을 방법이 없습니다. 물론 네이버가 계약을 맺을 때 검토는 합니다. 검토해서 포털과 계약을 맺는 시기에는 언론인 것처럼 기사를 만들다가, 포털과 계약이 맺어지는 순간 어뷰징으로 돌아서는 거예요.

이런 어뷰징 전문 인터넷 언론이 대거 등장했습니다. 인터넷 언론 상당수가 이런 형태를 띠고 있어요. 그들은 왜 힘들게 취재하느냐, 어차피 기사는 다른 언론사들이 다 작성하는데. 문장 조금 바꿔서 올리면 되는 거지. 그리고 돈은 어뷰징으로 벌면 두세 명 인건비는 충분히 나오는 거죠. 그럼 그들을 언론이라고 할 수 있는 건지, 인터넷 장사꾼이라고 불러야 하는 건지 알 수 없게 됩니다. 어뷰징 기사에 속아 심각한 마음으로 클릭했다가 화가 나서 키보드나 모니터를 부순 사람이 얼마나 될까요? 저는 꽤 있을 거라 생각합니다. 저도 키보드 하나 망가뜨린 적이 있거든요.(웃음) 이게 우리 사회 인터넷 언론들의 현주소입니다.

〈허핑턴 포스트〉는
언론일까?

사실 어뷰징 문제는 해결할 방법이 거의 없어요. 사람들이 그런 쓰레기 기사에 대한 기대를 없애고, 아예 안 봐야 해결할 수 있다고 생각합니다. 그런데 그럴 수는 없잖아요. 그러면 나름대로 제대로 된 콘텐츠를 만드는 곳의 기사를 골라서 봐야 하는데, 정신없이 바쁜 현대인들이 그렇게까지 하긴 어렵습니다.

그래서 나온 것이 큐레이션curation 개념입니다. 인터넷이 워낙 넓고 쓰레기 정보가 대부분이지만, 보석도 숨어 있거든요. 그 보석들을 찾아서 보여주는 사이트가 있으면 좋겠죠. 그런데 모든 것을 포괄적으로 찾을 수는 없습니다. 따라서 시사면 시사, 문화면 문화, 이렇게 범위가 있어야겠죠. 어떤 이슈가 뜨면 그 이슈와 관련된 좋은 글을 읽고 골라서 목록을 만들어 보여주는 서비스가 있으면 좋지 않을까, 하는 생각을 해봅니다.

큐레이션 서비스가 가능하려면 몇 가지 조건을 충족시켜야 합니다. 먼저 인터넷에 큐레이션이 가능할 정도로 좋은 콘텐츠가 충분히 있는가, 또 콘텐츠가 제시간에 충분히 올라오는가. 그리고 그걸 모으고 선별하는 사람의 시각을 믿을 수 있는가. 큐레이션하는 사람은 수익을 어디서 창출해야 하는가. 보통 콘텐츠를 만드는 사람과 소비하는 사람들 사이에는 돈이 오가는데, 큐레이션하는 사람은 어디에서 돈을 받을 수 있느냐는 거죠.

인터넷 곳곳에 보석 같은 콘텐츠들이 숨겨져 있는가. 있습니다. 찾아보면요. 예를 들어 물뚝심송 블로그 같은 데 가면 조금 있어요.(웃음) 좋은 글을 꾸준히 올리는 블로거, 팀블로그도 있고요. 젊은 친구들이 대안 언론을 표방하면서 만든 것 중에는 꽤 알려진 것도 있지만, 아직 수익 구조를 만들고 있지는 못해요. 흔히 말하는 열정 페이로 버티는 거죠. 언젠간 좋은 일이 생기겠지, 하는 마음으로 한다지만 그렇게 하면 지속가능성이 없습니다.

대안 언론이 될 수 있겠다는 점, 그리고 큐레이션 개념이 적용된다는 점에서 〈허핑턴 포스트〉는 눈여겨봐야 할 사이트입니다. 2014년 초 〈한겨레〉와 제휴하여 국내에서도 서비스를 시작했죠. 결론부터 말씀드리면, 실망을 좀 했습니다.

〈허핑턴 포스트〉는 아리아나 허핑턴Arianna Huffington이라는 여성이 만든 웹사이트예요. 그분 자체가 유능한 칼럼니스트였고, 미국 언론계에서 꽤 좋은 인적 네트워크를 가지고 있는 분이죠. 그래서 처음에는 유명한 사람들의 글을 공짜로 받아오고, 공간을 만들어서 그 사람들이 글을 올리게 해주고, 몇몇 직원들 동원해서 재미있는 글을 생산하기 시작했습니다. 그리고 그 글에 이전과는 다른 SNS 기반의 댓글이 많이 달릴 수 있게끔 노력했어요. 그래서 꽤 재미있는 대화가 〈허핑턴 포스트〉상에 오갔고 그 기사들이 인기를 끕니다. 또 젊은 언론인답게 센스가 있어서, 사람들이 좋아할 만한 기사를 올립니다. 결과는 트래픽에 반영되었습니다. 트래픽이 마구 성장하죠. 드디어 〈허핑턴 포스트〉는 월간 조회수가 12억이 넘는 초대형 사이트로 성장해 엄청난 금액에 팔리게 됩니다.

미국의 대표 일간지 〈워싱턴 포스트〉가 아마존에 약 2억 5천만 달러에 인수됐습니다. 그때 아마 전 세계의 저널리스트들은 피눈물을 흘렸을 겁니다. 〈워싱턴 포스트〉의 이름값이 이것밖에 안 되나 하고요. 〈허핑턴 포스트〉는 '아메리카 온라인America Online'이라는 꽤 큰 대기업에 인수되죠. 인수 금액이 약 3억 5천만 달러였다고 합니다. 〈허핑턴 포스트〉가 〈워싱턴 포스트〉보다 더 영향력이 셌다는 거예요. 언론계에 관심 있는 사람에게는 어이없고 서글픈 일이겠지만, 그게 현실입니다.

지속적으로 성장한 〈허핑턴 포스트〉는 굉장히 자유주의적이면서도 부르주아적인 언론이 됩니다. 사람들이 관심을 둘 법한 내용은 정말 빨리 올라와요. 그러면서 심층보도는 점차 사라집니다. 현대인들에게는 전후좌우를 다 설명하는 긴 글을 읽을 정신적·시간적 여유가 없다는 사실을 〈허핑턴 포스트〉 운영자들이 잘 알고 있다는 거죠. 재미 위주의 짧은 기사를 게재하면 트래픽이 올라가니까 글을 올리고 편집하는 방향이 트래픽이라는 목적으로 움직이게 됩니다. '마음에 있는 남자를 유혹하는 열 가지 방법' 같은 제목의 기사들이죠.

그럼에도 〈허핑턴 포스트〉는 인터넷 언론으로는 최초로 퓰리 처상까지 받습니다. 그리고 〈한겨레〉와 제휴해서 〈허핑턴 포스트 코리아〉도 생깁니다. 〈허핑턴 포스트 코리아〉가 한국에 들어 왔을 때 논란이 일었는데, 저는 그 논란 주제가 마음에 들지 않았어요. 〈허핑턴 포스트 코리아〉가 어떤 언론이 될 것인가에 대한 논의보다는, 〈허핑턴 포스트〉는 유명 인사들에게 원고를 받아 운영하는데 왜 원고료를 주지 않는가가 논란이었죠. 저는 〈허핑턴 포스트〉 운영 목적이 트래픽이라는 점이 문제라고 보는데, 일단 이 문제에 의견을 보태자면 명사들에게 고료 없이 원고를 받는 것은 문제가 된다고 봅니다.

그리고 원고료를 안 주는 것은 여러모로 문제가 되지만, 가장 마음에 걸리는 건 저널리스트가 되고자 하는 젊은 층이 일할 기회를 빼앗는다는 거예요. 그 사람들이 발로 뛰어서 탐사하고 제대로 된 보도기사를 쓰기 위해 최소한 먹고사는 비용을 받을 기회를 빼앗는다는 거죠. 만약 〈허핑턴 포스트〉가 원고료를 줬다면, 저널리스트가 되기 위해 노력하는 젊은이들이 많이 들어왔을 겁니다. 〈허핑턴 포스트〉에 가벼운 수준의 에세이도 써가면서 거기에서 받은 돈으로 진짜 기사를 썼을지도 모르죠. 명사들은 절대 그렇게는 못합니다.

〈허핑턴 포스트〉는 영향력 있는 언론이 될 수 있는 선택이 아니라 트래픽을 끌어다 돈을 벌 수 있는 선택을 하고 있습니다.

〈허핑턴 포스트〉에 대해 제가 내린 최종 결론은, 이들은 진짜 언론이 될 생각이 없으며 도시인들이 한가한 시간에 3~5분 정도면 읽을 수 있는 가벼운 읽을거리를 제공하는 매거진에 불과하다는 것입니다. 그렇게 엄청난 트래픽을 만들고 그 트래픽에 기반한 광고료 수익을 내는 매거진 사이트에 불과하다는 거죠.

뉴미디어, 대안을 찾아서

기존의 언론 시스템이 다 망가진 상황에서 무엇이 새로운 형태의 언론이 될 수 있을까요? 제가 대개 그렇듯이 내놓을 만한 특별한 대책은 없습니다.(웃음) 사실 우리 사회에서는 대안 언론에 대한 실험이 꽤 다양하게 이루어지고 있습니다. '뉴스타파'도 있고, '국민TV'도 있고, 그 밖에 '미디어 몽구' 같은 블로거도 있죠. 자기 카메라를 들고 나가는 거예요. 진짜 훌륭합니다. 그들이 만드는 콘텐츠를 소비하는 사람들이 그들이 꾸준히 콘텐츠를 생산할 수 있도록 후원해주는 건 좋은 일이에요. 그게 어떤 안정된 생태계를 형성하고 지속가능한 시스템으로 발전하고 있지는 못하지만, 그래도 삐죽삐죽 올라오고는 있습니다. 다양한 시도가 있다는 거죠. 그중에서 희망을 찾아야 한다는 것이 제 생각입니다.

주로 저는 정치 평론을 하고 있지만, 사실 제대로 된 언론, 또는 제대로 된 콘텐츠가 생산되고 소비되는 사이클을 갖춘 시스템을 만드는 일에 무척 관심이 많습니다. 미약하지만 실험도 해봤습니다. 별건 아닙니다. 제 블로그에서 원고료를 받는 거였는데, 저는 그 실험에서 절반 이상의 성공을 거뒀다고 생각합니다. 과연 사람들이 새로운 콘텐츠, 제대로 된 기사를 원하고 있는가. 사실 이게 가장 중요하다고 보거든요. 제 블로그 독자들이 보내주시는 고료는 3천 원, 5천 원 정도로, 그렇게 많지는 않습니다. 그렇지만 고료를 보내주시는 분들의 수를 봤을 때 아주 유의미한 숫자라고 생각해요. 사람들은 진정 볼 만한 콘텐츠를 원하고 있다는 거죠.

그런데 이렇게 특정 콘텐츠에 돈을 내는 행위가 정파성과 어떻게 구분될 수 있는가, 하는 문제로 고민을 많이 했어요. 진정한 언론 소비자라면 정파성에서 한발 물러설 줄 알아야 한다고 생각합니다. 어떤 기사가 얼마나 가치 있는지 판단하는 데서 그 기사가 내가 지지하는 정파를 지지하는가, 이런 것이 기준이 되어서는 안 된다는 겁니다. 반대 정파의 기사라도 콘텐츠가 좋다면 가치가 있는 거죠. 이런 기사라도 돈 내고 소비할 수 있어야 합니다.

이런 사람들이 우리나라에 얼마나 있느냐. 우리나라에서는 특정한 정파성을 띠고 큰 주목을 끌면 지지자들의 후원이라는 피드백이 옵니다. 저는 그 후원이 정상적인 콘텐츠 소비자들에게서 나오는 것은 아니라고 봐요. 그건 절대 지속 불가능하거든요. 지지하는 정파의 상징인 정치인이 사라졌다, 그러면 그대로 없어집니다. 그러니까 정파성을 떠나서 읽을 만한 가치가 있는 콘텐츠를 알아보고, 그 콘텐츠를 소비하면서 대가를 지불할 만한 소비자가 있느냐. 저는 일단, 있다고 봅니다. 하지만 현재는 그 소비자들과 콘텐츠를 만드는 사람들 사이에 연결이 없다고 생각하는 거죠.

그런 관점에서 보면, 지금 열심히 하시는 분들 이야기라 말하기가 조심스럽지만, '뉴스타파'도 문제가 됩니다. '뉴스타파'는 전적으로 후원자들의 후원금으로 운영되고 있거든요. 제가 무엇을 보고 심각성을 느꼈냐 하면, '뉴스타파'에서 새정치민주연합 권은희 후보의 부동산 관련 문제를 보도했습니다. 보도하는 순간 '뉴스타파' 후원 회원들이 급속도로 탈퇴했다고 해요. 물론 시간이 지나면 다른 후원자로 채워질 겁니다. 그러나 이런 상황을 경험한 '뉴스타파' 구성원들이 자신들이 보도하고 싶은 걸 계속 보도할 수 있을까요. 회사가 바로 그날로 날아갈 수도 있는 문제잖아요. 그러니까 후원에 의존하는 언론은 위험하다고 보는 거죠.

심지어 '국민TV' 같은 경우는 후원도 아니고 조합입니다. 조합원이 그 회사 운영에 실질적인 권한을 가진, 즉 의사결정권을 가지게 됩니다. 조합원 전원이 회의에 참석하지 못하니까 대의

원을 선출하긴 하지만요. 그런데 '뉴스타파'의 이 일화를 보고, '국민TV'는 조합원들의 입맛에 맞지 않는 프로그램을 만들 수 있겠는가 하는 질문을 해볼 수 있겠죠. 절대 불가능하다고 봅니다. 이런 제약 조건은 언론사가 언론으로서 콘텐츠를 만드는 과정에서 이 사회에 진짜 필요하다고 생각되는 기사를 만들지 못하게 하는 벽이 되는 거예요. 그걸 저는 '확장성을 제한한다'고 표현합니다. '뉴스타파'의 모토는 '이 사회의 99퍼센트를 위한 방송'입니다. 하지만 뉴스타파를 후원하는 사람은 대한민국 인구의 99퍼센트는커녕 1퍼센트도 안 됩니다. 그러니 결과적으로 후원 회원들이 무서워서 1퍼센트를 위한 방송을 만들게 되는 겁니다.

〈허핑턴 포스트〉가 트래픽만 보고 가는 것과 '뉴스타파'가 후원 회원들만 보고 가는 것, 그리고 '국민TV'가 조합원들만 보고 가는 것이 모두 똑같습니다. 이래서는 안 된다는 거죠. 그럼 '국민TV'가 문제가 있다면, '뉴스타파'가 문제가 있다면, 제가 소속된 'XSFM'은 문제가 없느냐. 'XSFM'은 후원도 안 받고, 조합도 결성하지 않았습니다. 대신 광고를 받죠. 지금은 구멍가게니까 광고주들이 개입하지 않습니다. 그런데 만약 XSFM이 미디어로 엄청나게 성장한다면 그때도 광고주들의 영향을 안 받을 수 있을까요? 만약 삼성전자가 한 달에 10억 줄 테니까 광고를 실어달라, 대신 한 달 동안 삼성 욕하지 말아달라고 하면 거절할 수 있겠는가 말이죠. 광고에 의존한다고 해서 자유로운 건 아닙니다.

저는 제대로 된 콘텐츠를 소비하고자 하는 사람들과 제대로 된 콘텐츠를 만드는 사람들이 연결되는 것이 언론에 남은 유일한 희망이라고 생각해요. 기사 한 건당 몇백 원을 부담할 뜻이 있는 사람 몇만 명이 있다면, 그 콘텐츠 제작자는 꾸준히 콘텐츠를 생산할 수 있습니다. 굳이 한 명이 아니어도 됩니다. '미디어몽구'처럼 혼자가 아니어도 되고, 팀이어도 괜찮습니다. 소규모 팀들이 콘텐츠 소비자들과 연결되어 콘텐츠에 대한 결제가 가능해진다면 새로운 형태의 콘텐츠 생산 기지 역할을 하게 될 테고, 이런 생산 기지들이 사회적으로 몇백 개 몇천 개가 생기면 이런 콘텐츠를 큐레이션하는 사이트도 당연히 생길 테고, 그러면 기업이나 조합 형태로 조직되지 않고서도 충분히 콘텐츠가 순환되는 생태계가 만들어질 수 있지 않을까요?

프로그램을 만드는 개발자들은 '앱스토어'나 '구글플레이' 같은 생태계를 경험하고 있습니다. 그 마켓에서 앱들이 0.9달러 이런 식으로 소액 결제를 통해 팔리고 있는데, 앱스토어 전체 매출액이 할리우드 영화 전체 매출액을 앞섭니다. 따라서 소규모 집단에서 만드는 콘텐츠가 기존 언론에서 만들던 콘텐츠를 대신할 가능성도 있지 않을까 하는 거죠. 여기에 대표적인 걸림돌은 결제 수단이 없다는 겁니다. 우리나라 결제 수단은 1만 원권 이상부터 유의미합니다. 카드로 결제하면 카드회사가 수수료로 3퍼센트를 떼어가거든요.

어떤 글이나 그림을 봤을 때, 1천 원 이하의 비용을 지불하게 해야 합니다. 그 글이 실린 매체가 블로그건 사이트건, 독자가 보기에 고생했고 잘 썼다고 생각하는 글이 있으면 500원쯤 결제할 수 있게 하는 거죠. 그런데 현재 시스템에서 500원을 보내려면 카드사가 수수료로 300원을 뜯어갑니다. 계좌 이체 수수료도 500원 떼어갑니다. 그렇게는 낼 수 없잖아요. 원고료가 500원인데요. 저는 IT업계에서 이런 소액 결제와 관련한 자유로운 시스템이 만들어져야 한다고 오래전부터 이야기해왔는데, 요즘 그런 서비스가 많이 나오고 있습니다. 저는 한때 비트코인bitcoin*이 그 대안이 될 수 있을 거라고 생각했습니다. 알리페이alipay** 같은 것도 나왔고요. 우리나라의 카카오톡 같은 회사에서도 결제 서비스가 나왔습니다. 이런 대안들이 활성화해야 문제가 해결될 수

---

* 비트코인은 지폐나 동전과 달리 물리적인 형태가 없는 온라인 가상화폐. 각국 중앙은행이 화폐 발행을 독점하고 자의적인 통화정책을 펴는 것에 반발해 2009년 나카모토 사토시라는 정체불명의 개발자가 만든 것으로 알려져 있다. 특히 2009년은 미국연방준비제도FRS가 막대한 양의 달러를 찍어내 시장에 공급하는 양적 완화가 시작된 해로, 달러화 가치 하락 우려가 겹치면서 비트코인은 대안 화폐로 주목받기 시작했다. 사용자들은 인터넷에서 내려 받은 '지갑' 프로그램을 통해 인터넷뱅킹으로 계좌 이체하듯 비트코인을 주고받을 수 있으며, 인터넷 환전 사이트에서 비트코인을 구매하거나 현금화할 수 있다. 비트코인은 유럽과 북미, 중국 등에서 이미 현금처럼 쓰이는 데다 한국에도 2013년 4월 '코빗korbit'이라는 거래소가 생기는 등 영향력이 확대되고 있다.

** 소비자들의 금융 거래를 돕는 온라인 금융·결제 서비스 회사로, 중국 최대 전자상거래 업체인 알리바바 그룹의 자회사다. 2004년 설립됐으며 소비자들이 알리페이에 가입하고 은행 계좌, 신용카드를 연동시키면 인터넷·스마트폰으로 송금이나 결제뿐 아니라 대출, 펀드 가입 등을 할 수 있다.

있는 거죠. 제 생각에는 500원에 수수료를 5원만 받아도 결제 회사는 충분히 수익을 올릴 수 있습니다. 왜냐? 결제 횟수가 많을 테니까요. 그런데도 계속 수수료를 높게 책정해서 문제가 되는 건데, 이런 문제가 해결되면 다양한 움직임이 나오게 되리라 봅니다. 저널리스트 지망생이나 저널리스트들이 독립해서 만든 팀들이 양질의 콘텐츠를 생산하려고 노력할 테고, 그 콘텐츠를 본 소비자들이 어뷰징에 당했던 기억을 되살리면서 좋은 기사니까 300원을 결제하는 거죠.

〈오마이뉴스〉나 〈딴지일보〉에서도 이와 비슷한 시도를 했지만 잘 안 됐습니다. 그러나 반드시 해결돼야 합니다. 그 문제가 해결된다면 게릴라처럼 흩어져 있는 작은 콘텐츠 생산자들이 다수 등장할 겁니다. 그런데 이 대안이 성공하기는 몹시 힘들 것 같습니다. 난관이 너무 많아요. 무엇보다 결제 기술이 없습니다. 또 저널리즘을 향한 열정을 품은 사람들이 미래에 대한 불확실성을 담보하면서까지 양질의 콘텐츠 생산에 돌입할 수 있을지도 의문입니다.

그럼에도 불구하고 저는 상당히 희망적으로 보고 있습니다. 제가 그 알량한 조회수를 토대로 제 블로그에서 원고료를 받겠다는 선언을 했다고 했죠. 솔직히 글쟁이에게 이런 일은 몹시 창피하고 민망한 일입니다. 실제로 구걸하는 거 아니냐는 말도 들었어요. 자존심 상하고 기분도 나빴습니다. 하지만 저는 액수가 아니라 몇 분이 반응하는가에 더 관심이 있었어요. 제가 IT업계에서 일해본 덕분에 웹상에서 돈이 오가는 것, 전체 중 몇 퍼센트가 반응하는가, 조회수가 어느 정도 나오면 몇 사람이 광고 배너를 클릭하는가 등을 대충 아는데, 제가 예상한 것보다 5배나 많은 분들이 반응하셨습니다. 제 글처럼 재미없고 길기만 한 글이 그 정도였으니, 요즘 젊은 사람들이 감각적으로 만들어낸 콘텐츠로 해본다면 500원, 1천 원 부담하는 사람들은 많을 거라 보는 거죠.

소비자 입장에서 저는 한 달에 5만 원에서 10만 원 정도 인터넷 계좌에 꽂아놓고 인터넷 서핑하면서 큐레이션 사이트 돌다가 마음에 드는 기사를 보면 500원 정도 줄 의향이 얼마든지 있습니다. 그런데 엑티브엑스ActiveX 설치하고, 공인인증서 써야 하고, 이러면 어려울 겁니다. 아마존처럼 원클릭1-Click*으로 가야 해요. 이런 시스템이 마련되면 양질의 콘텐츠가 생산될 수 있습니다. 빠르면 2~3년 안에 이런 움직임이 시작되지 않을까 합니다. 그러면 저는 독자들에게서 원고료를 조금 더 받을 수 있게 되겠죠.(웃음)

---

* 온라인상에 고객의 주소와 개인 정보를 저장해둠으로써 물건을 살 때마다 고객이 정보를 새로 입력할 필요 없이 간단하게 접속시키는 기술을 말한다. 인터넷 최대 서점인 아마존사는 1997년부터 원클릭 기법을 개발했고, 이후 아마존뿐 아니라 대부분의 인터넷 업계에서 이 기술을 이용하고 있다.

저는 새로운 언론은 대규모 언론사나 방송사처럼 큰 기업이 만들어내지는 못할 거라고 생각합니다. 그들은 자본과 너무 밀접한 관계에 있으니까. 대신에 우리가 미래의 언론이라고 부를 수 있는 진짜 가치 있는 콘텐츠들은 게릴라 형태로 등장할 것이다, 이런 예측으로 오늘 이야기를 마무리할까 합니다.

종교

양심을 버리고 권력을 택하다

유신론과
무신론의 싸움

인터넷에 널리 퍼져 있는 종교 관련 떡밥 중 최고봉은 아마 유신론과 무신론의 싸움이 아닐까 합니다. 10년 전에도 싸웠던 것 같은데 여전히 싸우고 있고, 내용도 비슷해요. 아마 10년 뒤에도 똑같이 싸울 것 같아요.

신이 있는가 없는가 하는 논쟁만큼 쓸모없는 것도 없을 듯합니다. 진짜 비생산적이죠. 물론 호기심이 가긴 합니다. 정말 신이 있는지 없는지 모르니까. 이 문제와 관련해서는 벌써 여러 가지 논증論證이 있는데, 제가 제일 좋아하는 논증은 '찻주전자' 우화를 이용한 버트런드 러셀Bertrand Russell의 논증입니다. 이 논증은 러셀이 기독교와 불가지론을 비판하기 위해 〈신은 존재하는가 IsThere a God?〉라는 글에서 쓴 것입니다. 없다는 것을 증명하는 것은 불가능하다는 것이 이 논증의 요지예요.

찻주전자 우화는 단순합니다. 태양계 끄트머리에 있는 행성, 즉 천왕성이나 해왕성쯤 되는 행성의 공전궤도에 중국식 찻주전자가 하나 떠 있다고 가정해보자는 겁니다. 그러면 지구에 있는 우리가 그곳에 찻주전자가 있는지 없는지를 증명할 수 있겠는가, 하는 것입니다. 찻주전자가 있다는 것을 증명하기는 아주 쉽습니다. 우주선을 타고 가서 사진을 찍어 오거나 거기에 있는 찻주전자를 가져오면 되는 거죠. 찻주전자가 있다는 증거 하나만 있으면 됩니다.

그런데 그 궤도에 찻주전자가 있다는 주장을 반박하기 위해 실제로 없다는 것을 증명할 수 있는 방법은 뭘까요? 명왕성이나 천왕성의 궤도를 모두 뒤질 수도 없습니다. 찻주전자가 이동할지도 모르기 때문에 한번 찾아보고서는 없다고 단정할 수도 없습니다. 즉 찻주전자가 없다는 것은 입증이 불가능합니다. 이 찻주전자 우화가 신의 존재 논쟁에서 흔히 언급되는데, 신이 없다는 것을 논리적으로 증명하기는 불가능하다는 거죠.

그런데 인간의 수천 년 역사에서 신이 존재한다는 걸 확실하게 증명한 사례도 아직 없습니다. 뭐, 내일 증명될 수도 있겠죠. 신이 인간에게 말을 걸면 됩니다. 신이 스스로 자신의 존재를 입증해준다면 신의 존재를 둘러싼 논쟁은 간단하게 끝낼 수 있습니다. 또는 신이 존재한다고 주장하는 사람들이 신이 존재하는 증거를 가져오면 이 논쟁은 그 자리에서 끝나요. 하지만 일찍이 그런 증거는 나온 적이 없습니다. 물론 저는 여기서 그 사람들이 신이 존재한다는 증거를 하나도 못 가져왔으니 신은 없다고 이야기하려는 건 아닙니다. 신은 우리가 그렇게 쉽게 있고 없음을 확증할 수 있는 존재가 아닐 겁니다. 저는 강력한 무신론자예요. 그렇지만 종교인들을 존중합니다. 신이 있다고 믿는 그분들의 믿음을 존중하는 거예요. 대신 신의 존재를 과학의 영역으로 가지고 들어오지는 말았으면 좋겠다고 생각합니다.

결국 이런 무의미한 논쟁을 이어가는 것은 아무에게도 도움이 안 됩니다. 의미가 없는 떡밥은 물지 마세요. 이런 논쟁은 전혀 생산적이지 못합니다. 종교인 가운데 무신론자와 가장 많이 싸우는 분들은 개신교 신자들이에요. 간혹 천주교 신자도 있긴 합니다. 그런데 불교도들이 이 논쟁에 참여한 경우를 저는 지금까지 한 번도 못 봤어요. 그럼 불교도들은 신의 존재를 믿지 않는 걸까요? 불교에도 신이 있잖아요. 그런데 불교도들이 왜 이 논쟁에 참여하지 않나 살펴봤더니 불교는 이신론理神論, deism이나 범신론汎神論, pantheism과 연결되기 때문인 것 같더군요.

이신론과 범신론을 확실하게 구분해드리기는 어려울 것 같아요. 대략 살펴보면, 이신론은 성서를 비판적으로 연구하고 계시啓示를 부정하거나 그 역할을 현저히 후퇴시켜 기독교의 신앙 내용을 오로지 이성적인 진리에 한정시킨 합리주의 신학의 종교관입니다. 신이 천지창조의 주체이긴 하지만 창조 행위 후에는 인간 세계에 대한 자의적인 개입을 중지하고, 자연에 내재하는 합리적인 법칙에 의해서만 우주를 통치한다는 겁니다. 즉 신이 분노하고, 심판하고, 인간을 사랑하고, 그런 건 없다는 얘기죠. 이신론자들은 신이 존재한다면 자연법칙의 형태로 존재한다고 보는 겁니다.

범신론은 신을 세계와 동일시하여 세계가 곧 신이라는 신의 비인격화를 주장합니다. 이에 따르면 자연의 풀 한 포기, 나무 한 그루도 신의 형상이죠. 범신론은 불교나 힌두교와 비슷한 점이 있습니다. 만유불성萬有佛性, 모든 것이 부처다, 길가의 돌멩이에도 부처가 있다는 주장은 사실 자연법칙과 가까워지는 겁니다. 범신론이나 이신론이나 변화해온 과정이 다를 뿐, 결론적으로는 신이라는 존재가 이 자연계를 관통하는 하나의 질서 또는 질서가 존재하게 만드는 법칙, 즉 자연법칙으로 귀결됩니다. 물리학자들이 아주 좋아할 만한 이야기죠. 그러다 보니 현대 물리학자들 중에는 불교나 인도 철학에 빠져드는 사람이 꽤 있습니다.

역사적으로 살펴보면 유럽의 합리주의나 계몽주의에서 나온 이신론이 점점 발전하면서 미국 사회에 영향을 끼칩니다. 미국의 파운딩 파더founding father(건국 선조), 즉 미국 독립선언서와 미국 헌법에 서명한 사람들 대부분이 이신론자였다고 합니다. 그들은 미국이라는 국가의 정체성에서 신과 종교를 완전히 분리합니다. 말하자면 세속주의 국가를 만든 거죠. 미국 수정헌법을 보면 의회가 특정 종교에 특혜를 줄 수 없고, 또 종교와 국가를 연계하는 법안을 만들 수 없다고 명문화되어 있습니다. 미국의 건국 선조들은 국가 시스템에 종교를 끌어들이지 말라고 확실하게 주장하고 있습니다. 미국 정치인들, 특히 공화당원들 중에 워낙 기독교인이 많아서 미국이 기독교 국가처럼 보일 수도 있습니다. 하지만 미국 헌법에 따르면 미국은 종교와 전혀 상관없는 국가입니다. 미국이 세속주의 국가라는 주제와 관련해서는 할 이야기가 정말 많지만, 그러면 길을 잃을 우려가 있으니 다시 돌아오도록 하겠습니다.

종교는
사회에 도움이 될까?

종교는 우리 사회에 도움이 될까요, 해가 될까요. 이런 주제야말로 이야기할 가치가 있다고 생각합니다. 여러분도 알다시피 종교는 인류 문화 발전에 큰 영향을 끼쳤습니다. 중세에는 학문이 신학밖에 없었잖아요. 수도원에서 신학자들이 과거부터 전해오는 책들을 필사해 연구하면서 과학기술을 발전시키고, 연금술을 연구하고, 무기도 제작했어요. 신학이 서양 과학의 아버지인건 맞아요. 과학자들도 이 점을 부정할 수는 없습니다. 중세 신학이 없었다면 오늘날의 과학기술은 없었을 겁니다.

이런 관점에서 보면, 종교가 우리 사회에 불필요하다고 단언하면서 종교를 말살시켜야 할 해악으로 간주하는 리처드 도킨스 Richard Dawkins 같은 사람들의 주장이 그리 옳은 것 같지는 않습니다. 저는 개인적으로 그런 주장이 마음에 들긴 하지만, 공식 의견으로 채택하면 안 된다고 봅니다. 종교가 있는 사람들의 신념을 비하해서는 안 되잖아요. 물론 리처드 도킨스도 과거에 종교가 인류에게 끼친 긍정적인 영향은 인정합니다. 그런데 지금은 어떠냐는 거죠. 종교의 해악을 다룰 때 도킨스가 주로 거론하는 것은 개신교, 특히 미국의 개신교입니다.

종교가 우리 사회에 필요한가 필요하지 않는가를 둘러싼 문제도 어느 한쪽으로 결론이 나기가 어렵습니다. 종교에는 분명 우리 사회에 이익을 가져다주는 면이 있습니다. 어떤 사람에게 종교는 아주 큰 힘이 되지요. 삶을 이어가기 힘든 사람들에게 다시 살아갈 용기를 주기도 하고, 스스로 믿을 만한 가치관을 세우지 못한 사람에게 삶의 지표가 되어줄 수도 있고, 또 종교 활동을 통해 새로운 경험을 하면서 성장해나가게도 하겠죠.

사회적으로 종교 단체들은 빈민 구호 활동을 해왔습니다. 이건 유대교에서 시작된 전통입니다. 개신교가 우리나라에 정착했을 때 가장 먼저 내세운 것이 어려운 사람들을 돕는다는 거였습니다. 예전에는 농촌 지역에 개척교회가 생기면서 활빈교회라는 게 많이 생겼어요. 가난을 막겠다는 뜻이죠. 교회에서 동네 주민들에게 구호 물품을 나눠주었습니다. 먹을 게 모자라는 사회에 식량을 공급한다는 것은 무척 중요한 일이죠.

공산주의자들은 종교를 극단적으로 싫어한다고 알려져 있습니다. "종교는 인민의 아편이다"라는 말도 있죠. 그들이 종교를 싫어하는 이유는 여러 가지일 겁니다. 우선 공산주의자들은 유물론자여서 신의 존재 자체를 믿지 않고, 종교가 신을 앞세워 민중에게 하는 행위를 보고 옳지 않다는 생각도 한 거겠죠. 사람들이 공산주의 사상을 받아들이는 데 종교가 방해가 된다고 여겼을 수도 있고요.

어쨌거나 공산주의 국가에서는 종교를 인정하지 않다가 현대에 이르러 비로소 종교를 인정했습니다. 사실 요즘은 순수한 공산주의 국가가 있다고 할 수도 없지요. 심지어 북한에도 종교 집단이 있다고 합니다. 사회에 종교 집단이 필요하다고 판단해서 인정하는 건지, 아무리 막으려 해도 종교 집단이 생기는 걸 막을 수 없어서 포기한 건지는 알 수 없습니다. 그런데 실제로 교회를 탄압한 권력 중에서 살아남은 사례는 없습니다.

종교는 우리 사회에 도움이 되는 것 같기도 하고 아닌 것 같기도 하고, 도움이 안 된다고 해도 없앨 수 없을뿐더러 없어지는 것도 아닙니다. 종교는 우리 사회에 항상 있어왔습니다. 답은 두 가지인 것 같습니다. 신이 있어서 종교를 존속하게 만들어주는 것이거나 인간의 본성이 종교를 필요로 하는 것이거나. 그렇게 밖에 볼 수 없잖아요? 종교를 없애려는 노력은 인간의 본성에 위배된다고 보는 것이 가장 타당한 듯합니다.

그렇다면 먼저 종교를 필요로 하는 인간의 본성이 뭔지 생각해봅시다. 인간에게는 기본적으로 강력한 무언가에 의지하고 싶어 하는 마음이 있는 것 같아요. 제가 '같아요'라고 한 이유는 예외인 사람도 있을 수 있기 때문입니다. 그래도 대부분의 사람들에게 그런 경향이 있는 것 같습니다.

〈맨 프럼 어스The Man from Earth〉라는 영화를 보면 종교와 관련해 이런 이야기가 나옵니다. "저기 바다를 보고 놀라고, 태풍을 보고 놀라고 있으면 어딘가에 강력한 어떤 큰 사람이 있어서 그자가 모든 걸 컨트롤하는 게 아닐까 하는 생각이 들어. 그 사람이 나를 싫어하지 않았으면 좋겠어." 이런 생각에서 종교가 나오지 않았겠느냐고 하는데, 아주 자연스러운 일이죠. 원시인들의 생각은 아이가 자라면서 하는 생각이랑 비슷해요. 사람들이 강력한 뭔가에 의지하고 싶어 하는 본성이 있다, 라고 가정해보면 사람들이 뭘 바라는지 알 것 같아요. 자기가 살아가면서 느끼는 불합리하고 억울한 점들 있잖아요. 그렇게 되면 안 되는 거. 그런 문제를 그 강력한 존재가 해결해주길 바라는 거죠.

사람들이 만들어내는 영화라든가 연극, 소설 같은 콘텐츠들을 보면 해피엔딩, 권선징악으로 끝나는 경우가 많잖아요? 저는 현실에서는 그런 경우가 드물기 때문에 그렇게 끝나는 것 아닌가 생각해요. 현실에서 정의가 승리하는 경우는 거의 없습니다. 역사를 길게 보면 끝내 정의가 승리한다고도 하지만, 그런 경우는 별로 없다고 느껴집니다. 부분적으로 승리했다고 볼 수도 있고, 또 결과적으로 사회가 발전해오긴 했지만, 어떤 한 사건 단위로 봤을 때는 정의보다 불의가 승리하는 경우가 더 많습니다. 그렇기 때문에 사람들은 뭔가 강력한 존재가 나타나 문제를 해결해주기를 바라는 게 아닌가 하는 거죠. 이건 지금 우리뿐만 아니라 지구상에서 살아온 모든 사람들에게 해당되는 이야기입니다. 이게 종교의 존재를 합리화하는 근거이기도 하지만, 인류의 모든 문화가 탄생하게 된 원인이기도 합니다.

한때 진중권 교수가 '데우스 엑스 마키나deus ex machina'(기계를 타고 내려온 신)라는 말을 사회적으로 널리 퍼뜨렸습니다. 이 말은 고대 그리스 연극에서 연유했는데, 마키나machina는 영어의 머신machine, 즉 기계의 어원입니다. 여기서 마키나는 기중기를 뜻합니다. 고대 그리스 연극에서는 사건이 전개되다가 갈등이 고조되고 절정으로 치달으면 등장인물들이 절대 해결할 수 없는 총체적 난국이 벌어지는데, 그때 올림포스에 사는 신들이 무대에 등장합니다. 신이 나타나 극에서 벌어진 모든 난국을 해결하고 사건을 정리해주죠. 당시에는 신 역할을 맡은 배우가 기중기에 끈으로 몸을 묶고 매달려 무대에 등장했다고 합니다. 그래서 '데

우스 엑스 마키나'라고 하는 거죠.

이 말은 《시학》에 처음 나왔는데, 아리스토텔레스는 "이야기의 결말은 어디까지나 이야기 자체 안에서 이루어지게 해야 한다"며 데우스 엑스 마키나가 연극에서 사용되는 것을 비판했습니다. 그걸 보면 아리스토텔레스의 성격이 진중권 교수와 비슷했나 봅니다.(웃음)《논리학》을 쓸 정도로 합리성을 중시한 아리스토텔레스가 개연성이 부족하고 사람들에게 헛된 희망을 준다며 데우스 엑스 마키나를 비판했지만, 데우스 엑스 마키나는 여전히 우리 마음속에 존재합니다. 이것도 인간의 본성 때문이 아닌가 합니다. 누가 와서 자기 문제를 해결해주길 바라는 마음이 누구에게나 있지 않나요? 저는 가끔 그런 마음이 들 때가 있습니다.

이러한 인간의 속성이 독재자 박정희를 이 나라를 구한 위대한 영웅으로 섬기게 하는 것 같습니다. 박정희를 영웅화하는 사람들은 그가 독재를 했다는 사실을 모를까요? 박정희가 자기 말 안 듣는다는 이유로 얼마나 많은 사람들을 잡아갔는지, 얼마나 부정부패를 저질렀는지, 이런 거 그 사람들도 다 압니다. 그저 그 사람들은 실제로 존재하는 박정희가 아닌 자기 머릿속에 있는 박정희를 숭배하는 겁니다. 그 사람들에게 당신이 섬기는 박정희와 실제로 존재했던 박정희 사이에 어떤 관계가 있냐고 물어보면 그 질문 자체가 신이 존재하는가 하는 질문과 같아집니다. 사실 모든 신들은 신을 믿는 누군가의 머릿속에 존재하잖아요.

김대중 대통령이 살아 계실 때, 그분을 지지하는 사람들의 태도도 박정희 대통령을 지지하는 사람들과 크게 다르지 않았어요. 이게 특정 지역 사투리여서 좀 뭣한데, 그쪽은 선생님을 '슨상님'이라고 부르죠. '슨상님'이 모든 것을 해결해줄 거라고 생각하는 사람들이 많았습니다. 그런 분들이 시장통에서 100원, 200원 푼푼이 벌어 모은 몇백만 원을 아낌없이 후원금으로 냈습니다. 자기가 당하면서 살아온 세월의 두께가 너무 크기 때문이에요. 그렇다면 박정희 대통령을 숭배하는 사람들과 김대중 대통령이 모든 걸 해결해줄 거라고 믿었던 사람들이 다른 게 뭔가. 결국 같다는 거죠. 물론 정치적 올바름이라는 관점에서 보면 박정희와 김대중 사이에는 꽤나 큰 간극이 있습니다만 그건 극소수 사람들의 경우에 해당하는 일이고, 대부분의 경우에는 종교를 필요로 하고 데우스 엑스 마키나를 필요로 하는 인간의 본성이 똑같이 작용하고 있다고 하겠습니다.

그런데 솔직히 이렇게 이해하고 나면 힘들어집니다. 욕을 못하게 돼요. 할머니들이 대통령 선거 때 박근혜 후보의 손을 붙잡고 울고 그러는 행동이 이해되기 시작합니다. 지극히 정상적인 일일 수 있어요. 그래서 정파성에 입각해 상대방을 강하게 비판하던 말을 점점 더 못하게 됩니다. 그러면서 늙어가는 것 같아요.(웃음)

솔직히 말씀드리자면, 마치 저는 안 그런 것처럼 인간에게는 이런 본성이 있다고 이야기하고 있지만, 저한테도 그런 본성이 있습니다. 제 경험담을 말씀드릴 수밖에 없는데, 김대중 대통령이 당선되던 날 그런 기분이 들었어요. 뭔가 큰 문제가 해결될 것만 같은 그런 기분이요. 노무현 대통령이 당선되던 날은 더했죠. 데우스 엑스 마키나를 느꼈어요. 그래서 이민 가려고 그때까지 준비해놓은 걸 다 취소하고 눌러앉았죠. 지금은 그때 이민 가지 않은 것을 몹시 후회하고 있습니다.(웃음)

후회한다는 건 크게 깨달았다는 거죠. 사실 그전에도 알고 있긴 했어요. 대통령이 바뀐다고 우리 사회가 금세 바뀌지는 않을 거라는 정도는 분명히 알고 있었습니다. 그런데 머리로만 알고 있었던 거예요. 뭔가 될 거라고 기대를 했으니까요. 제 마음은 그랬던 거예요. 그런데 그런 일을 한 번 더 겪은 겁니다. 대통령 두 명, 합쳐서 10년. 물론 좋은 형태의 변화는 있었습니다. 그렇지만 이 정도면 흡족하다는 수준까지 발전하진 못했어요. 강력한 권력이 등장해서 사회를 변화시키려고 노력해봤자 사회 구성원들이 변하기 전에는 결코 변화지 않는다는 거죠.

저는 그런 일은 없다는 걸 점점 더 깨달아가는 중이에요. 오히려 그런 종교적인 기대감을 품었었다는 게 조금 부끄럽기도 하고, 다른 한편으로는 원래 인간이 그런 존재인데 뭐가 부끄럽나 하는 생각도 듭니다.

오늘 종교 이야기를 하려니까 자꾸 인간의 본성 이야기를 하고 인간 이야기로 돌아가게 되는데, 사실 우리가 고민하는 모든 문제는 결국 인간에 대한 질문으로 돌아가게 됩니다. 인간은 과연 어떤 존재인가. 저 말고도 노인분들 말고도, 김대중 대통령을 지지하던 시장통 아주머니들 말고도, 지금 이 순간 젊은이들 사이에서도 정치인을 상대로 데우스 엑스 마키나를 갈구하는 일은 아주 흔하게 발견할 수 있습니다.

어제(2015년 2월 2일) 새정치민주연합 당대표 후보 3인이었던 문재인 후보, 박지원 후보, 이인영 후보가 JTBC에서 토론을 했습니다. 그런데 문재인 후보의 발음이 좀 샜습니다. 문재인 후보의 치아가 왜 나빠졌는지 저는 압니다. 문재인 후보는 2014년 8월 19일부터 9일간 세월호 특별법 제정과 관련하여 단식 농성을 하면서 치아 건강이 또 악화된 거예요. 그런데 그걸 〈딴지일보〉의 사진작가 한 분이 SNS상에서 흉내를 냈다가 불벼락을 맞았어요. 문재인 후보 지지자에게는 그를 조롱이나 유머의 대상으로 삼는 것 자체가 용납되지 않는 거죠. 마치 신에 대한 불경죄를 저지르는 것과 비슷한 일로 간주하게 되는 겁니다. 저는 그 심정 이해가 갑니다만, 옳은 행동은 아니죠. 문재인뿐만 아니라 박정희, 김대중, 노무현을 거쳐서 그 뒤에 안철수였다가 문재인이었다가 지금쯤 어느 한구석에는 김무성을 구세주로 생각하는 사람도 있을 겁니다. 특히 한반도 동남쪽 어딘가에 많을 거예요.(웃음) 그런 일이 무한히 반복된다는 겁니다. 결국 인간의 그런 본성이 우리 사회에서 종교를 영속케 한다는 이 한마디를 하기 위해 지금까지 많은 이야기를 했습니다.

종교에 대해
말할 수 없는 사회

국민TV가 운영하는 국민TV 라디오에서 제가 진행했던 〈메가 스토리〉라는 팟캐스트와 XSFM의 〈그것은 알기 싫다〉 성탄 특집방송에서 개신교 이야기를 한 적이 있습니다. 사실 개신교에 관한 이야기를 공공연이 한다는 건 부담스러운 일임에 틀림없습니다. 얼마나 부담스러운 일인지, 개신교 이야기를 하는 사람이 별로 없습니다. 사회에 대해 논평하는 사람들도 되도록이면 피하려고 해요. 실제로 방송에서 어느 대형교회의 문제를 다루면 그 방송국 앞에서 촛불시위가 벌어집니다. 외부의 비판에만 그러는 게 아닙니다. 대형교회 안에서 자기들끼리 싸우기도 합니다. 난동을 피우고 기물을 파괴하는 일도 흔히 일어나요.

제가 개신교 역사를 정리해야겠다고 마음먹고 자료를 모으면서 가장 무서웠던 이야기를 하나 들려드리겠습니다. 개신교 관련 단체가 발행하는 신문에서 기자로 일하시던 분이 특정 교단의 문제점을 고발한 적이 있었습니다. 그분은 결국 칼에 찔려 죽었습니다. 이분이 비판하던 교회의 아주 광적인 신도에 의해서요. 그나마 피해자가 사회적으로 알려진 분이라 제가 이 사건을 알게 된 거지, 그렇지 않은 사람들 중에 종교적인 문제로 피해를 본 사람들은 아마 훨씬 많을 겁니다.

종교적인 이유로 사람들이 목숨을 잃는 사건은 대부분 사이비 교단에서 많이 벌어져요. '오대양사건' 같은 건 정말 충격적이었죠. 수십 명이 동반자살을 했습니다. 이 정도가 되면 종교는 사회적인 해악 수준이 아니라 생명에 대한 위협 요인이 되며, 사법적으로 처리해서라도 제거해야 할 대상이 되는 겁니다. 그런데 우리 사회에서는 개신교가 현행법상에 극단적인 문제를 일으킨 경우가 아니라면, 심지어 그런 경우라 할지라도, 기자가 사건을 파헤쳐서 저널리즘에 입각해 보도하기가 몹시 어렵습니다. 정치인들도 제대로 못하죠.

하지만 저는 그런 이야기를 하는 게 부담스러우니까 오히려 더 해야 한다고 생각합니다. 제가 국민TV 라디오와 〈그것은 알기 싫다〉에서 개신교 이야기를 다루자고 제안한 게 그런 이유 때문이었고요. 어떤 종류의 이야기는 공개적으로 하는 것만으로도 꽤 많은 문제가 해결되곤 합니다. 그 이야기를 숨기고, 무조건 금기시하면서 안 하기 때문에 문제가 되는 거지, 일단 말을 꺼내면 반은 해결되는 게 있죠. 대표적으로 성에 대한 담론이 그렇습니다. 특히 성적 소수자 이야기는요. 그런 문제에 대해서는 누군가 나서서 대중에게 이야기해야 합니다. 이게 저널리스트들의 가장 기본적인 의무죠. 저는 저널리스트까지는 못 되고 유사 언론인이기 때문에, 저널리스트 흉내라도 내고 싶어서 개신교에 대한 이야기를 많이 합니다.

개신교나 종교 이야기를 하면, 사람들은 종교 이야기는 종교인들에게 맡겨두라고 말하곤 합니다. 그러면 저는 "그럼 범죄 이야기는 범죄인들에게 맡겨두라는 거냐"고 응대하죠. 말이 안 되는 거예요. 종교가 사회에 아무런 영향도 끼치지 않고 상호작용이 없다면 그럴 수 있죠. 다섯 명쯤 되는 사람들이 섬에 들어가 종교생활을 한다, 그러면 그 사람들이 서로 죽이거나 하는 것만 아니라면 그냥 내버려둬도 됩니다. 그런데 우리나라 개신교 집단은 그 수가 어마어마합니다. 1~2만도 아니고 몇십만 단위도 아니에요. 제가 마지막으로 본 자료가 2009년도 통계인데, 여의도순복음교회에 등록된 교인 수가 130만 명이 넘습니다. 그 수는 2009년 말 사랑의교회에 의해 깨졌습니다. 우리나라 대형교회의 규모가 그래요. 보통 신자 수가 20만, 30만쯤 됩니다. 이런 곳에서 교단 사이에 이해관계가 생기면 몰려가서 때려 부수고 그럽니다.

이건 아주 큰 사회문제죠. 이런 문제를 공론화하지 않으면 곤란합니다. 순복음교회만 해도 순복음교회의 지도자 격인 큰 목사님들이 사회 현행법을 한두 가지 어기는 게 아닙니다. 그런데 사법 권력마저 개입하기를 꺼려하는 구역에서 벌어지기 때문에 알려지지 않고, 내부적으로 피해자만 양산되는 거죠. 우리 사회가 정상적이고 제대로 된 사회라면 그런 문제를 모른 척하고 있어서는 안 됩니다.

대한민국 기독교의 역사

그러면 대형교회는 도대체 언제부터 생겨났을까요. 우리나라에 천주교가 전래한 것은 1784년입니다. 꽤 오래됐죠. 일본은 우리나라보다 먼저 천주교를 받아들였습니다. 일본에는 1549년 예수회 선교사이자 바스크 출신의 에스파냐 사람 프란시스코 하비에르Francisco Javier가 천주교를 전파했다고 합니다. 천주교가 전파되고 꼭 백 년이 지난 1884년에는 개신교가 들어옵니다. 로버트 매클레이Robert S. Maclay라는 감리교 선교사가 전파했습니다. 그때만 해도 기독교는 굉장히 탄압받았습니다. 기독교인들이 관에 잡히면 죽음을 면치 못했어요. 천주교는 그전에 이미 엄청난 탄압을 받았고요.

우리가 잘 아는 정약용, 정약전 형제도 천주교 때문에 유배를 가죠. 천주교에 관대했던 정조가 세상을 떠난 뒤 정순왕후는 천주교를 빌미로 정적을 제거하기 위해 신유박해辛酉迫害를 일으키는데, 정약종·정약용·정약전 세 형제도 모두 참수의 위기를 맞습니다. 다행히 정약용과 정약전은 선왕의 총애도 있고 스스로 천주교를 부인해서 유배로 감형되고, 정약종만 참수형을 당하죠. 초기에 전파된 개신교도 같은 무리로 분류되면서 공인되지 않은 종교였습니다.

우리나라 최초의 개신교 교회는 1885년 황해도 소래에 세워진 소래교회입니다. 당시에는 교인이라는 사실이 들통나면 잡혀가니까 외딴집에 몇몇 사람이 모여서 예배를 드렸는데, 그러다가 서상륜이라는 사람이 몇몇 신도와 함께 예배당을 만들고 미국 북장로교과 선교사였던 언더우드Horace Grant Underwood가 헌당식을 했습니다. 그 자리에서 서상륜의 동생 서경조가 장로로 임명되어 조직적인 교회 형태를 만들어갑니다. 이 소래교회의 전통을 새문안교회가 이어받습니다. 그래서 새문안교회가 자기네가 우리나라 최초의 교회라고 주장하는 거죠.

감리교에서는 선교사 아펜젤러Henry Gerhard Appenzeller가 1887년 10월 정동 37번지 일대에 배재학당을 세우고 한옥을 개조해 감리교 교회당을 세웁니다. 이 감리교 교회당이 지금의 정동교회예요. 감리교에서는 1885년에 처음으로 예배를 드렸으니 자기네가 한국 최초의 교회라고 주장하기도 합니다. 그런데 1885년에 따른 교회가 있었던 것도 아니고, 장로를 임명하고 그런 과정도 없고, 그냥 아펜젤러가 자기 집에서 신도 몇 명과 함께 예배를 봤다는 기록만 있기 때문에 교회라고 인정받지는 못합니다. 따라서 매클레이가 먼저 감리교를 전파했음에도 불구하고 '최초의 교회'라는 타이틀은 장로교가 가져갑니다. 그렇지만 그게 뭐 그리 중요한지는 잘 모르겠어요.

이와 같이 점조직으로 퍼지던 개신교가 정부의 인정을 받기 시작한 것은 다분히 서양 의학의 힘이었다고 볼 수 있습니다. 당시 정부가 개신교를 공인한 것은 매클레이 선교사가 김옥균에게 이야기하고, 김옥균이 고종에게 이야기를 해서입니다. 그러나 정부는 교회가 아니라 서양식 학교와 서양식 병원 설립만 인가해준 것입니다.

개신교가 한국 사회에서 실시한 신식 교육과 서양 의료는 당시 사회에 아주 큰 영향을 줍니다. 이런 기관들이 교회의 존립 기반이었다고 해도 틀리지 않을 거예요. 일제강점기가 되어서는 총독부가 선교사들의 선교 활동을 열심히 지원했습니다. 왜? 학교와 병원을 세워주니까요. 물론 그 무렵 서양 의학은 지금에 비하면 별것 아니었습니다. 페니실린이 1920년대에 겨우 개발된 정도였으니까요. 이처럼 개신교는 학교와 병원을 중심으로 우리 사회에 조금씩 퍼져 나가는데, 계속 그 속도로 퍼져 나갔다면 지금 개신교를 믿는 사람은 1~2만 명 정도밖에 안 되었을 거예요. 기독교 학교 다녔다고 꼭 기독교 신자가 되는 건 아니잖아요. 그렇다면 우리 사회에서 개신교 신자들이 빠르게 늘어난 이유는 무엇이었을까요?

부흥회,
한국 개신교에 불을 붙이다

우리 사회에 개신교가 사회적으로 영향력 있는 집단으로 성장한 가장 큰 배경으로 대부흥大復興을 꼽는 의견이 제일 설득력이 있다고 봅니다. 대부흥은 원산에서 평양으로 이어지는 기독교 운동이었습니다. 예전에는 다 '평양대부흥'이라고 했는데, 1907년 1월 6일부터 10일 동안 평양 장대현교회를 중심으로 일어난 신앙 부흥 운동을 일컫는 말입니다. 지금은 많은 신학자들이 평양대부흥이 원산에서 시작되었다고 이야기해요. 그래서 보통 원산에서 평양으로 이어지는 대부흥이라고 말합니다.

이 '부흥復興'의 개념이 참 난감해요. 교인분들은 보통 이렇게 표현하죠. "성령의 역사하심이다." 즉 성령이 임해서 사람을 바꿔 준다는 뜻입니다. 저는 부흥을 일종의 신비주의적 축제 개념으로 봅니다.

축제는 아주 오래전부터 모든 인간 공동체에 있어왔어요. 축제는 먹고 즐기는 게 전부가 아니죠. 축제가 성행하는 곳은 스트레스가 아주 많은 곳입니다. 옛날에는 주로 생존 자체에서 오는 스트레스였겠죠. 이 스트레스를 계속 품고 있으면 공동체 건강에 무척 큰 문제가 생깁니다. 그러므로 어떻게든 스트레스를 발산하게 할 필요가 생기는 겁니다. 그래서 인간은 현명하게도 축제를 만들어 스트레스를 발산하는 전통을 만든 겁니다. 원주민들이 모닥불을 피우고 춤을 추면서, 이상한 약초뿌리 달인 물을 마시고, 약간의 환각을 경험하고 하던 것이 꾸준히 이어져 내려와서 브라질의 리우 카니발Rio Carnival 로까지 발전해요. 우리 사회에서 완전히 맥이 끊어지다시피 했던 축제의 원형은 2002년 월드컵 거리 응원 때 대규모로 발현되기도 했죠.

축제란 집단적인 심리 현상입니다. 내가 이 집단에 속해 있다는 소속감을 강렬하게 느끼고, 어떤 사건을 통해 점점 더 흥분도가 높아지고, 그러다 보면 엑스터시를 느끼게 되는 건데, 이것이 부흥이라는 개념과 매우 비슷합니다.

실제로 부흥회가 어떻게 진행되는지 볼까요? 사람들이 많이 모여서 집회를 열면 아주 열정적으로 설교하는 사람이 있습니다. 그 이야기를 듣다 보면 사람들의 흥분도가 올라가는 거죠. 그런 설교는 굉장히 리드미컬하게 진행됩니다. 코미디에도 많이 쓰이잖아요. "믿습니까?" 뭐 이런 거요.(웃음) 그렇게 해서 열광에 빠지면 사람들이 이상한 행동을 하게 됩니다. 큰 소리로 울거나 큰 소리로 웃거나 기어 다니거나 누워서 발버둥을 치거나 이해할 수 없는 말을 하거나요. 이런 행동들은 이성의 제어에 의해 그렇게 해야겠다고 생각해서 나오는 것이 아니라 자연발생적으로 나오는 거죠. 그것을 개신교에서는 성령이 임했다고 표현하는데, 제가 볼 때는 그냥 집단적 엑스터시 상태 같습니다.

엑스터시를 경험하는 동안 스트레스가 해소되고 세상을 보는 눈이 좀 바뀐다고 하죠. 축제 문화가 일반적인 나라에서는 그게 반복되는 거예요. 스트레스가 쌓였는데 축제를 벌이니 조금 해소되네, 그러면 다음번 축제 때 또 잘 놀아보자, 이렇게 일반적으로 진행되는 것은 정기적인 축제입니다. 부흥이라는 건 흥분의 강도를 높여가는 과정에서 종교적 가치관이 주입되는 거잖아요. 앞에서 전도사가 열정적인 설교를 하면 그 설교 내용이 뇌리에 남는 거죠. 그 상황을 통해서 세상을 바라보는 새로운 눈, 새로운 가치관을 전달받는 거예요. 그러면서 그 종교에 입문하겠다고 자연스럽게 결신(종교를 믿기로 결심함)하게 되는 거죠.

이런 대규모 부흥은 1801년 미국 캔자스에 있는 케인리치라는 지역에서도 열렸어요. 다만 미국은 워낙 땅이 넓고 인구밀도가 낮아서 모여봐야 얼마 안 되는데, 평양에서는 몇만 명 단위로 모인 겁니다. 원산과 평양을 이은 대부흥에서 개신교 신자가 된 사람들의 수가 기하급수적으로 늘어났어요.

그런데 왜 이런 일이 일어났을까요? 대부흥을 경험한 나라는 미국과 우리나라밖에 없습니다. 유럽에서는 이런 일이 전혀 없었습니다. 특히 천주교에서는 사람들이 모여서 집단적으로 지나치게 흥분하는 것을 죄악시했습니다. 천주교 미사는 경건하잖아요. 그러나 〈시스터 액트〉 같은 영화에도 나오듯, 미국 개신교 집단은 열광적으로 노래하고 같이 춤추고 합니다. 백인들이 주로 다니는 교회에도 이런 분위기가 퍼져 있어요. 저는 이런 전통이 참 특이하다고 보는데, 축제 때처럼 스트레스를 해소하기 위한 행동이었으리라고 추측합니다.

부흥회가 필요했던
병든 조선

그러면 당시 원산과 평양에서 사람들은 어떤 스트레스를 받았을까요? 저는 크게 두 가지를 꼽습니다. 우선 어떤 사회의 중핵적인 가치관, 그 사회 구성원 대다수가 동의할 수 있는 가치관, 세계를 바라보고 해석하는 눈. 조선왕조 내내 이어져온 유교적 질서, 삼강오륜 따위의 가치관과 세계관이 뜻밖에도 너무나 허술하게 붕괴된 거죠.

그 무렵 조선인들에게 세상의 중심은 청나라였습니다. 청나라가 세계 최강자고, 그 밑에 조선이 있고, 그 외에는 다 속국이고 오랑캐라고 생각해오던 차에, 바로 우리 땅에서 벌어진 청일전쟁을 목격하게 된 거죠. 대국大國이라고 여겨왔던 청나라가 일본한테 힘 한번 써보지 못하고 쫓겨갑니다. 이건 정말 가치관을 심각하게 붕괴시킨 사건 아니었을까요. 청일전쟁에 이김으로써 자신감을 얻은 일본은 러일전쟁을 일으키죠. 우리나라에게 러시아는 거대한 군함을 갖춘 양이洋夷에 해당하는 나라였습니다. 그런데 그 러시아마저 쫓겨갑니다. 우리가 맨날 왜놈이라고 비웃던 일본에게 말이죠.

그런데 왜 청나라와 일본, 러시아와 일본이 싸우는데 우리 땅에서 싸우냐고요. 이 두 전쟁 때문에 우리 국토가 초토화합니다.

그러니까 아까 말한 바와 같이 몇백 년간 이어져온 가치관이 붕괴하면서 겪은 스트레스가 있고, 그다음으로 생존에 대한 스트레스가 있었을 겁니다. 일본군한테 죽거나 아니면 굶어 죽거나. 농사를 지을 수 없으니까요. 참으로 절박한 상황에 몰려버린 거죠. 이 같은 세기말적 스트레스를 받던 민중에게 개신교 선교사들의 이야기는 몹시 새롭게 다가갔을 겁니다. 그리고 평양 사람들이 가장 열광했을 이야기는 아마 하느님 앞에 모두 평등하다는 말이었겠죠. 반상의 구분이 엄연한 현실인데, 이런 이야기를 들으면 머슴들 마음이 어땠겠습니까?

제가 왜 이런 추정을 하게 됐냐 하면, 그렇게나 많은 사람들이 열렬하게 회개했다는 점이 부흥회 때 벌어진 가장 특이한 현상이기 때문입니다. 이게 무슨 말인가 하면, 자신의 가치관이 붕괴해버리면 새로운 가치관을 받아들이기 전에 내가 뭐 잘못한 게 아닌가 하고 죄책감을 느끼게 됩니다. 그런데 그 죄책감을 부흥회에서 풀어준 것 같다는 뜻이에요. 어떻게 푸느냐. 너희가 지은 죄가 많은데, 그 죄를 하느님 앞에 낱낱이 고하고 회개하면 된다. 그런데 이때 사람들이 주로 첩을 둔 거, 남의 돈을 빌리고 갚지 않은 거, 형제끼리 싸운 것 등, 일반인들이 사회생활하면서 저지를 수 있는 죄를 가지고 인생 끝날 만큼 큰 죄를 지은 것처럼 울면서 회개하고는 개신교로 거듭나게 됩니다. 그 무렵에는 이런 현상이 매우 보편적이었다는 기록들이 있더군요.

신비주의적
종교의 전통

우리나라에는 아주 다양한 종교가 있습니다. 유교를 종교라고 본다면 유교의 영향력이 제일 강했다고 볼 수 있지만, 유교보다 훨씬 먼저 들어와 민중 사이에 넓게 퍼져 있던 불교의 영향력도 만만치 않았죠. 동네마다 사찰이 하나씩 있고, 스님에게 공양하고 절하는 건 일반적이었어요. 또한 우리나라 민담이나 설화에서 볼 수 있듯 도교적인 전통도 강했습니다. 샤머니즘도 있었죠. 동네마다 무당 있고, 성황당 있고, 정화수 떠놓고 빌면서 기원하는 문화가 있습니다. 이처럼 다양한 종교가 이미 혼재하는 상황에서 기독교가 하나 더 얹힌 셈이죠.

그리고 유교적 사회질서가 붕괴하기 시작한 구한말에 이르러서는 이것저것 뒤섞인 이상한 종교도 등장하게 됩니다. 그중 하나가 백백교白白教입니다. 평소에 한자로 된 길고 이상한 주문을 외우면 무병장수한다는 등의 교리를 설파한 종교입니다. 이런 신비주의적인 흐름은 나중에 문선명의 통일교나 신앙촌으로 잘 알려진 박태선의 천부교로 발전했어요.

통일교는 '세계기독교통일신령협회'의 약칭으로 1954년 문선명이 서울에서 창시한 신흥 기독교입니다. 역사는 짧지만 1957년 일본, 1958년 미국을 시작으로 해외 선교활동을 전개해 전 세계 194개국에 약 300만 명의 신도를 두고 있습니다.

신앙촌은 1957년부터 신앙공동생활을 위해 설립된 촌락입니다. 1957년 박태선과 그를 따르는 목사, 장로에 의해 설립되었죠. 신앙촌은 각종 생필품을 만들어 공급하는 등 신도들의 경제적 자립구조를 갖추며 매우 독특한 집단 거주 지역을 형성했는데요, 1980년 5월 23일 박태선은 자신이 '천부天父'가 되었다고 선포하고 '천부교'라는 새로운 종교를 만들었습니다. 1990년 2월 7일 박태선이 사망한 뒤에도 천부교 신도들과 기존 예수교 신도들 사이에 교회 재산을 놓고 신앙과 재산 분쟁이 계속되고 있다고 알려졌습니다. 그러나 신비주의가 주류가 될 수는 없죠. 신도들의

재산을 갈취하는 사례가 자꾸 발생하고, 각종 범죄 행위가 많이
일어나니까요.

권력과 타협한
주류 개신교

대부흥의 여파로 주류 교단은 신도 수가 늘고 점점 세력이 커
집니다. 일제강점기 초에는 교회 활동을 굉장히 많이 지원했어
요. 여기에는 일제 초기의 유화 정책이 한몫했습니다. 조선 사람
들 심기를 되도록이면 건드리지 말자, 나라 잃은 사람들 괜히 건
드리면 화낼지도 모른다, 자꾸 괴롭히다가 들고일어나면 어떻게
하느냐, 그런 거죠. 또한 개신교의 흐름을 이끄는 사람들이 주로
미국인이었는데, 미국인을 탄압하면 미국과의 외교 문제가 생길
지도 모른다는 판단 때문에 매우 유한 태도를 취했습니다. 그래
서 감리교, 장로교, 성결교, 침례교 등의 교단이 일제강점기 초부
터 중반까지 급속도로 성장하면서 여러 지역에 교회를 만들고
세력을 키웁니다.

그런데 일본이 간이 배 밖으로 나와서 전 세계를 상대로 싸움
을 걸게 되지요. 여태까지는 서구 열강, 특히 미국의 눈치를 꽤
봤는데, 이제는 미국이 적국이 된 거예요. 사실 일본은 1930년대

부터 전쟁 준비를 했고, 1941년 12월 7일 진주만을 기습 공격하면서 본격적인 전시 상태로 들어갑니다. 전시 상황에서 교회라는 집단에 신경 쓰지 않을 수 없게 된 일본은 주류 개신교 지도자들에게 일본에 협력할 것을 요구합니다.

그런데 일본에는 신도神道라는 종교가 있잖아요. 여기서 개신교 역사나 우리나라 독립운동사, 그리고 일본과의 관계에서도 중요한 이슈로 대두되는 신사참배 문제가 나옵니다. 종교가 없는 사람들은 그게 무슨 큰일이냐 할 수도 있지만, 개신교 입장에서 볼 때 신사참배는 배교 행위에 가깝습니다.

구한말에 순교했던 사람들이 순교한 이유가 배교를 거부했기 때문이잖아요. 그런데 일제강점기에 그런 일이 또 벌어진 겁니다. 조선총독부가 종교 지도자들에게 신사참배를 요구하자 개신교 내부에 파란이 일어난 거죠. 그때 끝까지 거부한 사람들은 가혹한 처벌을 받았습니다. 투옥되고, 투옥 후 고문으로 죽고요. 신사참배를 거부했다는 이유로 감옥에 갔다가 엄청난 고문을 받고 해방 이후 풀려난 사람들을 출옥신도라고 합니다. 그 출옥신도들이 주도해서 만든 게 흔히 말하는 '고려파高麗派'입니다. 부산의 고신대가 바로 이 고려파에서 만든 대학이고요. 고려파는 종교적으로 완강한 보수파로, 성경에 나오는 교리를 그대로 따라야 한다고 생각하는 사람들입니다.

그러나 주류 개신교는 일제의 요청에 일제히 굴복합니다. 개인적으로 거부한 경우는 있지만, 장로회를 필두로 거의 모든 주류 개신교 집단이 다 신사참배에 응합니다. 주류 교단이 일제에 굴복했다는 건 아주 큰 의미가 있습니다. 왜냐하면, 저는 이 과정에서 한국 사회의 개신교 집단이 권력을 상대하는 방법을 알게 되었다고 보거든요. 자기들이 믿는 종교적 신념을 위배할지라도 권력과는 타협해야 한다는 교훈을 얻은 거죠.

나중에 일제가 물러간 다음 출옥신도들이 중심이 되어서 신사참배에 응했던 개신교도들을 몰아내고 한국 교회의 흐름을 주도했다면 지금 볼 수 있는 교회의 온갖 문제들은 발생하지 않았을 것 같습니다. 왜냐? 권력에 굴종하면 대가를 치르게 된다는 것을 보여주었을 테니까요. 그런데 역사는 그렇게 흘러가지 않았죠. 신사참배에 응했던 개신교도들이 해방 후에도 그대로 개신교의 중심 역할을 맡게 됩니다. 그들에게 권력에 대항할 필요가 없다는 강력한 교훈을 준 셈이죠. 그래서 한국 개신교 집단은 해방 이후 권력에 맞서 싸운 전례가 거의 없습니다. 싸워봤자 좋을 거 없다는 사실을 제대로 배운 거죠. 물론 일부 개신교 집단은 독재정권에 저항하기도 했지만, 그 수는 매우 보잘것없습니다.

교회,
반공의 옷을 입다

　그렇게 잘못된 교훈을 얻고 해방이 되자, 다른 나라에서는 찾아볼 수 없는 우리나라만의 특수한 상황이 벌어집니다. 처음 개신교가 전래된 평안도, 황해도, 함경도 같은 서북 지역은 신문물을 일찌감치 받아들여서 개화한 사람들이 많았어요. 청나라와 가까웠으니까요. 그런데 해방이 되자 이 사람들이 이 지역의 정치권력을 잡으려고 움직입니다. 해방 이후 역사를 아는 분들은 아시겠지만 우리나라 전역에서 건국준비위원회가 조직되는데, 이 건국준비위원회와 함께 서북지역의 자치권을 확보하기 위해 종교 지도자들이 움직이기 시작합니다.

　그러나 이 움직임은 남북 분단이라는 역사적 굴곡을 겪으면서 김일성과 그 측근들에 의해 무산됩니다. 김일성 세력이 '종교는 인민의 아편'이라며 기독교인들을 몰아내려고 한 진짜 이유는 기독교인들이 집단행동을 하고, 사회적 권력을 쟁취하려 했기 때문일 수도 있습니다. 즉 김일성이 북한 지역의 권력을 독점하는 데 방해됐기 때문에 이 사람들을 몰아낸 거지요. 공산주의자들은 기본적으로 두 집단을 몰아냈는데, 바로 종교인과 지주들입니다. 서북지역 개신교도는 이 둘 다에 포함되거든요. 대부분의 목회자가 종교인인 동시에 지주였으니, 김일성 입장에선

이들이 아주 반동들인 거죠.

이 사람들은 가진 것을 다 빼앗기고, 근거지를 잃고, 자신들을 따르던 신도들과 함께 월남합니다. 그들은 서울과 부산을 중심으로 정착하는데, 특히 서울에 많이 정착합니다. 그 중심에 한경직 목사가 있었죠. 한경직 목사는 우리나라 개신교, 특히 장로교의 중심인물로 크게 존경받는 분입니다. 여러모로 훌륭하신 분이라 말하기가 좀 조심스럽기도 합니다. 그분이 바로 영락교회를 만들었는데, 서북지역에서 내려온 월남민들이 이 영락교회에 결집하기 시작합니다.

한경직 목사는 남으로 내려오자마자 이승만과 거래합니다. 이승만은 주로 하와이 등 외국에서 활동했기 때문에 국내나 중국에서 활동하던 김구·김규식보다 국내 지지 세력이 적었습니다. 당연히 이승만은 사회적 지지 세력이 필요해졌지요. 어떻게든 지지자들을 끌어모아야 하는 상황에서 친일 경찰과도 손을 잡은 이승만이니, 한경직은 아주 훌륭한 아군이었을 겁니다.

한편, 한경직은 자신의 근거지를 빼앗은 공산주의자들에게 뿌리 깊은 증오심을 품고 있었을 겁니다. 개신교도와 증오라는 말이 어울리진 않지만, 사람이기 때문에 양쪽을 다 취할 수 있습니다. 미국에서도 비슷한 현상이 있었습니다. 공산주의에 반대하는 개신교의 흐름, 매카시즘McCarthyism 같은 거요. 미국 개신교도 공산주의에 대한 뿌리 깊은 증오가 있었거든요. 우리나라에서도 영락교회를 중심으로 반공이라는 기치가 자리 잡기 시작합니다. 교리에 포함되었다고 하기는 애매하고, 일종의 행동 원칙이라고 볼 수 있죠.

영락교회는 학교도 많이 세우고 난민 구호사업도 하는 등 종교적인 관점에서 훌륭한 일도 많이 했습니다. 그러나 역사적으로는 그 악명 높은 '서북청년단'을 탄생시킨 곳이라는 오점을 남기게 됩니다. 서북지역에서 월남한 사람들, 영락교회에 몰려든 사람들이 자기 아이들도 데리고 왔을 것 아닙니까. 그 아이들이 자라나면서 서북청년단을 만들고 이승만을 위해 온갖 험한 짓을 다 하죠.

그런데 그 영락교회를 만든 한경직 목사가 그 문제에 대해 사과한 적이 있느냐. 1990년대 후반 들어 신사참배와 관련해서는 한 번 사과를 했어요. 하지만 서북청년단에 대해서는 어떤 사과도 하지 않습니다. 그건 좀 곤란한 부분이라고 생각합니다. 물론 영락교회 한경직 목사는 순복음교회 같은 대형교회 목사님들과 달리 교회 재산을 개인의 재산으로 간주하거나 하지 않아서 칭송받지만, 해방과 전쟁을 겪으면서 저지른 수많은 과오에 대해서는 사과하지 않은 거죠. 유일하게 신사참배 행위에 대해 한 번 사과한 일 가지고 자신의 잘못을 사과할 줄 아는 분이라고 칭찬을 듣습니다. 쓸쓸한 현실이긴 한데, 그나마 자신의 행동에 대해 단 한 번이라도 사과한 사람이 한경직 목사밖에 없다는 사실이 더욱 아쉽기도 합니다.

돈 모으는 법을 배운
교회

영락교회 이외에도 주류 개신교 교단은 권력과 타협해야 한다는 별로 아름답지 못한 교훈과 더불어 자본을 끌어모으는 법을 배우게 됩니다. 영락교회를 중심으로 설명드리자면, 해방 이후 우리 사회에는 먹을 게 없었죠. 그래서 여러 나라에서 구호물자를 보냈는데, 이 구호물자의 분배를 교회가 담당합니다. 당시 목회자의 능력은 미국에서 들어온 구호물자를 얼마나 많이 가져오느냐로 평가받았다고 합니다. 구호물자를 많이 확보하면 가난한 사람들이 모여들겠죠. 그러면 그들은 독실한 신자가 될 수밖에 없습니다. 먹을 걸 받아야 하니까. 그렇게 모여든 빈민들을 신도로 만들면서 교회가 순식간에 부자로 성장한 겁니다.

그러니까 딱 두 가지예요. 종교가 권력과 자본을 얻는 방법은 지금 실존하는 권력과 타협하는 것, 그리고 엄청나게 많은 교인을 모으는 것. 우리나라 기독교 주류 교단 또는 대형 교회들은 1950년대와 60년대를 겪으면서 이 방법을 다 깨우친 거예요. 그 뒤로는 그 교훈에 입각한 행동을 합니다. 이승만이 하야한 뒤에는 박정희, 박정희 죽은 뒤에는 전두환, 전두환이 물러난 뒤에는 노태우. 주류 교단은 계속 권력과 함께하죠. 본래 예수님은 버림받고 소외받은 사람들 곁에 있으라고 했는데, 주류 교단 사람들은 독재자들이 욕을 많이 먹으니까 버림받은 사람이라고 생각했나 봅니다.(웃음)

어떤 권력자든 정권을 잡고 나면 목회자들이 조찬 기도라는 명목으로 권력자를 축복해줍니다. 따라서 한경직 목사 같은 사람이 축복해주면 모든 장로교도는 그 사람을 지도자로 인정할 수밖에 없는 거죠. 박정희도 그걸 즐겼고, 전두환도 대통령으로 취임하자마자 목회자들을 부릅니다. 그 대가로 목회자들은 교회 기반을 넓히는 활동에 대한 권리를 보장받죠. 교회 짓고, 땅 투기하고, 집회하는 것에 대한 자유로운 환경을 확보하게 되는 겁니다. 그것이 이승만, 박정희 시대를 거치며 쌓아온 개신교의 전통입니다. 오늘날 종교 집단에 주어진 모든 특혜, 모든 권력이 다 그때 주어졌어요. 사회적 동의를 얻은 적이 없습니다. 교회는 왜 세금을 안 내나요? 교회는 왜 그린벨트 지역에 건물을 지어도 철거 당하지 않나요? 교회가 유일하게 건물을 못 짓는 곳은 사찰 영역이죠. 그래서 교회가 사찰을 싫어하고 '봉은사 땅 밟기' 같은 부끄러운 일이 벌어지는지도 모르겠습니다.

교회에 나가면
부자가 된다고?

권력과 자본을 결집할 줄 아는 집단이 개신교 내부에서 성장하면서 1970년대 우리나라 개신교는 또 한 번 비약적으로 성장합니다. 그때는 일제강점기의 평양대부흥과는 또 다른 환경이었죠. 물론 국민들의 스트레스는 엄청 높았습니다. 극심한 이농 현상으로 도시에 빈민들이 폭발적으로 늘어났어요. 사회가 빠른 속도로 성장하면서 자고 일어나면 건물 생기고, 자고 일어나면 벽돌 만들던 아저씨가 건설회사 사장이 되기도 하고, 논에서 소 끌던 아저씨가 땅이 개발되면서 벼락부자가 되기도 했고요. 이런 일이 비일비재해지면서 경제성장이라는 물질적인 가치에 치중한 사람들이 마음 둘 곳, 또는 경제성장의 흐름에 뒤처지지 않기 위해 사회에서 부자들과의 네트워크를 유지할 수 있는 장소가 필요해졌죠. 이런 모든 걸 제공할 수 있는 장소가 바로 교회였던 겁니다.

1970년대를 거치면서 많은 교회가 거대하게 성장하는데, 그 대표적인 예가 순복음교회입니다. 조용기 목사는 이른바 삼박자 구원론으로 성공했죠. 예수를 믿고 교회에 열심히 나오면 첫째로 영혼이 구원받고, 둘째로 몸이 건강해지고, 셋째로 돈을 많이 벌게 된다는 겁니다. 이게 순복음교회 삼박자 구원론의 핵심이에요. 어떻게 이런 천박한 교리를 내세울 수 있는지 이해되지는 않지만 신도들에게 아주 열광적인 호응을 얻습니다. 저는 이 자료를 검토하다가 우연히 아주 뉘앙스가 비슷하고 라임rhyme이 잘 맞는 걸 발견했어요. 박정희가 제창했던 근면, 자주, 협동이죠. 당시에는 이 두 가지가 한국 사회의 양대 산맥이었는데, 사람들은 그걸 다 믿었어요. 물질적인 대가, 물질적인 성공.

원래 우리나라는 유교적 전통이 있어서 청빈, 검소, 그리고 욕심 부리지 않는 것을 중요한 가치로 여겼잖아요. 부자를 보면 속으로는 부러워해도 겉으로는 아닌 척하는 그런 사회였어요. 그런데 1970~80년대를 거치면서 그런 전통이 사라집니다. 물질적인 부가 높은 가치로 떠오르게 되죠. 이러한 흐름의 결정판이 2001년 '부자 되세요'라는 카피를 내세운 신용카드사 광고가 아닐까 합니다. 그 시절의 교회는 이웃을 사랑하라, 약자를 보호하라, 이런 말보다 교회 나오면 돈 버니까 열심히 기도해라, 이런 말을 더 많이 했습니다. 그 결과로 오늘날 순복음교회에 등록된 교인이 130만 명, 매주 나오는 교인만 70~80만 명이 된 것입니다.

통일교는 글로벌하게 성장합니다. 통일교가 정치에도 손을 대서 우리나라에 '평화통일가정당'이라는 걸 만들어 출마도 했었는데, 다행스럽게도 당선자가 한 명도 없었어요. 그런데 네팔에서는 통일교가 만든 정당 소속 의원이 원내에 두 명 진출했어요. 네팔 국회에는 통일교 소속 국회의원이 둘이나 있는 거죠. 뭐, 통일교 이야기를 하자면 한도 끝도 없지만, 우리나라를 기반으로 하지 않고 글로벌하게 영역을 확장했으니 그렇다 칩시다. 박태선 장로의 신앙촌은 한때 우리나라 기업 순위에 들 만큼 크게 성장했어요. 수출 많이 했다고 박정희한테서 수출탑까지 받았고요. 또 나운몽의 용문산기도원은 하룻밤 기도하는 신도가 최대 3만 명인 적도 있다고 합니다. 정말 대단한 규모죠.

급기야 이 기독교 단체들이 연합해서 세계에서 제일 잘나간다는 빌리 그레이엄Billy Graham 목사를 초대해 1974년 여의도 5·16 광장에서 전도 집회를 엽니다. 빌리 그레이엄 목사는 전도 집회를 마친 뒤 세상에서 이렇게 많은 사람이 이렇게 열정적으로 반응한 집회는 처음이라고 얘기했다고 합니다. 일주일 동안 집회를 하는데, 마지막 날 하루에만 여의도 광장에 55만 명이 모였다고 해요. 원래 마지막이 하이라이트잖아요. 한날, 한시, 한 공간에 말이죠. 잠실 운동장을 꽉 채우면 8만 명이라는 점을 고려하면 정말 어마어마한 규모예요. 그 집회 한 번에 결신자가 4만 5천 명 나왔다고 합니다. 우리나라뿐 아니라 전 세계 개신교 역사에 기록된 사건이에요. 이런 과정을 거치면서 우리나라에는 초대형 교회, 흔히 메가처치Mega Church라고 하는 교회가 많아진 거죠.

전 세계 메가처치 순위 50위 안에 우리나라 교회 스물 몇 개가 들어간다고 합니다. 엄청나죠. 제가 갖고 있는 데이터를 보면, 순복음교회가 보유하고 있던 신자 수 기록을 사랑의교회가 깨서 지금은 사랑의교회가 1등이 되었습니다. 그래도 순복음교회는 2등이라고 인정하지 않아요. 여기저기에 많은 '은혜와진리교회'가 순복음교회 계열이죠. 안양남부순복음교회, 광림교회, 금란교회도 아주 큰 교회입니다. 전임 각하께서 주차 관리 요원까지 하셨던 소망교회도 있죠.

스스로 권력이 된
교회

우리나라 교회는 권력과 타협하고 자본을 끌어들이는 방법을 배움으로써 스스로 권력의 주인이 됩니다. 교인이 그렇게 많으니 내 말 한마디면 뭐든 다 할 수 있다는 거죠. 예전에 한경직 목사가 영락교회에서 여의도순복음교회 조용기 목사를 이단으로 규정한 적이 있어요. 그때 순복음교회 교인 약 천 명이 영락교회에 쳐들어가서 초토화시킨 사건이 있었습니다. 이런 일이 벌어지다 보니 모든 교회가 순복음교회는 이단이 아니라고 인정할 수밖에 없었죠. 교인들 스스로도 자신들의 사회적 영향력을 깨닫게 됐고요. 대통령쯤이나 돼야 큰소리치면서 대형교회 목사들을 만날 수 있고, 어지간한 지방자치의회 의원 정도는 교회 말이라면 껌뻑 죽는 거죠.

실제로 지방의 경우, 지역구 총선이나 지자체 선거에서 교회에 안 다니는 사람이 당선되는 경우는 거의 없을 겁니다. 그 사람들이 기독교 신자냐 하면, 그건 아니에요. 그 사람들은 매주 주일마다 교회에 가서 선거운동을 하는 거죠. 독실한 신자인 것처럼요. 대놓고 일정을 잡습니다. 성당에도 가고 절에도 갑니다. 교회에서는 그런 행동도 다 인정해줍니다.

목사님이 설교 도중에 누가 출마하는데 그 사람 집안에 문제가 있는 것 같더라, 이러면 낙선인거죠. 엄청난 권력입니다. 요즘 사회에서 누가 겨우 말 한마디로 공직선거에 출마한 사람을 낙선시킬 수 있겠습니까? 대형교회 목사라면 가능합니다. 또한 누가 교회의 일꾼에서 나라의 일꾼으로 나가려고 하니 우리 모두 도와줍시다, 이러면 몇천 표 몇만 표가 올라가요. 이러니 무서울게 없죠. 권력과 자본을 다 갖게 되는 겁니다.

권력을 갖게 되면, 그 주체는 자기도 모르게 권력의 논리를 따르게 됩니다. 이게 아주 무서운 일이죠. 권력을 쥐면, 자기들이 어떻게 출발했는지와 상관없이 권력의 논리를 따르게 됩니다. 저는 이 점을 아주 잘 묘사한 문학작품이 《반지의 제왕》이라고 생각합니다. 절대 권력이라는 반지를 끼게 되면 그 반지의 지배를 받게 됩니다. 사람이 변해요. 집단도 마찬가지예요. 권력을 가진 집단은 그 권력을 더 확장하려고 하죠. 그리고 더 오래도록 권력을 가지길 원하게 됩니다.

최근 우리 사회에도 그런 권력 행사가 한 번 있었습니다. 이제부터 동성애를 허용한다거나 동성애자들에게 뭘 해주겠다고 한 것도 아닌데, 단지 시민운동가들이 서울에 모여서 인권선언을 하겠다고 했고, 그 선언문 중에 동성애자를 차별하지 말자는 문구를 넣었다는 이유만으로 박원순 서울시장이 개신교 지도자들에게 불려가서 굴복했죠. 박원순 시장이 거기서 한 말이 본심이었을까요? 저는 아니라고 생각합니다. 저는 박원순 시장이 인권운동을 하던 시절부터 봐왔는데, 박원순 시장은 동성애자의 인권도 철저하게 보호받아야 하는 게 맞다고 생각하는 사람입니다. 그렇지만 우리나라에서 개신교 지도자들이 듣기 싫어하는 말을 할 권력은 없는 거죠. 개신교 지도자들의 말을 거스르는 순간, 차기는 물 건너가는 겁니다. 그래서 박원순 시장은 선택을 한 거예요. 내가 욕을 먹고 신념을 굽히는 한이 있어도, 이 사람들과 척지면 안 된다. 그게 바로 권력이잖아요.

그러면 그 개신교 지도자들은 동성애자들을 진짜 차별하고 싶어서 그랬을까요? 전 아니라고 봅니다. 자기들 권력에 도전하는 것 자체를 못 견뎌하는 거예요. 또한 신자 집단을 계속 늘리고 묶어둘 수 있는 구심점이 필요한 거예요. 그런 차원에서 항상 외부의 적이 필요한데, 동성애가 바로 그 역할을 해준 거죠.

저는 동성애와 기독교의 관계를 정치적으로 가장 올바르게 정리한 사람은 현직 프란치스코 교황이라고 봅니다. 동성애 문제는 종교적으로는 문제가 될 수도 있죠. 반대할 수도 있습니다. 동성애를 범죄나 질병으로 보는 시각은 좀 그렇지만, 혼자서 싫어할 수는 있는 거죠. 그런데 그걸 사회적으로 표현하면 곤란해집니다만, 우리 종교를 믿는 사람은 동성애를 하면 안 된다, 이런 교리는 가능하다고 보거든요. 그게 세속의 논리로 옳은가 그른가와는 별도로 말입니다. 그런데 프란치스코 교황은 동성애자들도 차별받지 않아야 한다고 했습니다. 그 사람의 성정체성이 어떠하든 상관없이 인간은 차별받지 말아야 한다고요. 어떻게 보면 종교적으로 가장 옳은 이야기일 수도 있습니다. 종교란 인간을 위해 존재하는 거니까요.

한국 사회의
네 권력 집단

우리나라에는 권력 집단이 꽤 있는데, 저는 그중에서도 항상 네 개의 집단을 꼽습니다. 기본적으로 정치권력을 가진 사람은 제외합니다. 그 사람들은 권력을 가진 듯이 보이지만 시스템에 의한 권력을 가진 겁니다. 그 권력을 집행하는 과정에 개입하는 사회적 집단은 딱 네 개예요.

첫 번째, 자본주의 사회니까 자본가, 재벌들이죠. 재벌들의 권력은 딱 한마디로 표현됩니다. 삼성공화국. 권력은 이미 시장으로 넘어갔다는 유명한 말도 있습니다. 두 번째는 지난번에 이야기한 언론 집단입니다. 그리고 세 번째가 바로 이 종교 집단, 대형교회죠. 물론 대형 사찰도 문제가 있습니다. 그런데 기본적인 통계를 보면, 각 종교 집단에서 모은 헌금 액수 가운데 개신교 집단의 헌금이 압도적으로 많습니다. 여타 종교를 다 합친 것보다도 많아요.

이번 시간에는 세 번째 집단인 종교 집단, 그중에서도 개신교를 기반으로 하는 대형교회들이 권력을 쥐게 된 과정을 살펴봤는데요, 그들은 결코 자신들이 차지한 권력을 놓지 않으려 할 것입니다. 권력을 영속화하려고 들겠죠. 그것을 상징적으로 보여주는 게 바로 대형교회의 세습입니다. 상속이죠. 세상에 어느 교회 목사가 자기 아들을 목사 시켜서 교회를 물려줍니까. 이건 말도 안 되거든요. 그랬더니 한기총(한국기독교총연합회)에서 답변을 내놨죠. 구약에 보면 제사장도 물려줘서 세습을 하니까 우리도 세습을 하겠다. 정말 말도 안 된다고 생각합니다.

개신교 집단이 더 무리수를 두는 이유가 있어요. 우리에게는 약간 희망적인 이유인데, 우리나라 기독교 신자 수가 정점을 찍고 내리막길로 접어들고 있거든요. 그런 현실을 가장 잘 보여주는 것이 도시 변두리 지역이나 근교의 개척교회들입니다. 예전에 동네 아파트 상가마다 하나씩 있던 개척교회들이 꽤 줄어들었습니다. 전체 신자 수가 줄어드는 거죠. 교회에서도 양극화가 일어나 신자들이 대형교회로 다 몰려가면서 개척교회나 소형교회는 줄어드는 거예요. 아파트 매물이 나오는 소식지에 교회 매물이 나옵니다. '신도 수가 300명인데, 이 중 200명은 매주 나옵니다.' 이런 문구와 함께요. 참 끔찍한 이야기죠.

그런데 대형교회 지도자들도 이 문제를 심각하게 느끼고 있다고 합니다. 그래서 요즘에는 주일날 예배 끝나고 교회 신자들을 총출동시켜 사람 많이 다니는 길에 좌판 펴놓고 커피며 간단한 떡 같은 거 제공하고 팸플릿을 돌리는 전도 활동을 열성적으로 합니다. 사실상 이거 세일즈거든요. 저는 그런 모습을 보면서 이 사람들도 위기감을 느끼는구나, 생각했습니다. 앞으로는 개신교 집단의 위세도 빠른 속도로 약화될 것으로 추정됩니다.

그러면 아직 이야기하지 않은 네 번째 집단은 무엇일까요. 그건 세 번째 집단과 거의 한 몸이고, 한 덩어리죠. 제가 오늘 개신교 교회의 발전사를 이야기하면서 굳이 한 부분을 빼고 이야기한 까닭은 바로 마지막 부분에 포인트를 주기 위해서입니다.(웃음)

교회에 권력과 자본이 축적됐을 때, 교회가 하기 좋은 사업이 학교입니다. 그리고 교회에 의해서 발전한 사립학교와는 또 다르게 해방 이후 사립학교들이 융성해진 원인이 있습니다. 이들이 성장하면서 한 단위의 학교가 아니라 사학재단의 형태로 묶이게 되죠. 이 사학재단의 규모도 점점 커지고 있습니다. 처음에는 초등학교, 중학교, 고등학교 이 정도였지만, 최근에 이르러 규모가 큰 사학재단들은 대학교 두 개, 고등학교 다섯 개, 초등학교나 중학교는 여러 개를 가지고 있어요.

그런데 신도 수가 줄어드는 위기를 맞아서 교회가 권력을 어떤 식으로 확대할지 고민하는 것처럼, 사학재단들은 학생 수가 줄고 있는 상황에서 어떻게 경쟁하고 집중해서 싸울 것인지 고민하고 있습니다. 그리고 이 사학재단들은 대형교회만큼이나 또는 그보다 더 심하게 우리 사회에 악영향을 끼치고 있어요. 저는 개인적으로 사학재단을 사학재벌이라고 표현하는 걸 좋아하는데, 이들이 어떻게 교회와 합작해서 우리 사회에 영향을 끼치고 있는지 다음 시간에 알아보겠습니다.

6강

교육

돈과 권력의 인질이 된 학교

어디부터
고칠 것인가

여러분도 아마 이런 경험을 해보셨을 겁니다. 우리가 살고 있는 사회가 뭔가 잘못되었다는 생각을 들게 하는 경험. 뭐가 잘못되었는지는 개인의 경험에 따라 다 다릅니다. 큰 사고일 수도 있고 부당 해고일 수도 있는데, 어쨌든 저마다의 생활 속에서 경험하게 되겠죠. 그런 문제 가운데 어떤 문제는 단지 한두 명의 잘못이나 범죄에서 비롯된 것이라 해도 사회적인 문제로 확장되기도 합니다. 나만 겪는 문제인 줄 알았는데, 알고 보니 비슷한 문제를 겪는 사람들이 많다는 걸 알게 되는 거죠. 그래서 비슷한 문제를 겪는 사람들과 연대해서 싸우는 사람이 생깁니다.

그렇다면 이러한 사회 구조적인 문제를 해결하려면 어떻게 해야 할까요. 모든 문제를 뜯어고치기 위해서 이 사회를 송두리째 엎어버리자, 그런 목적으로 하는 것이 혁명입니다. 그러나 혁명을 한다고 모든 문제가 해결되는 것은 아닙니다. 또 굉장히 다면화되고 고도화된 현대 국가에서 혁명이 문제 해결의 좋은 방법인 것 같지는 않습니다.

그렇다면 남은 방법은 사회 각 분야를 한 부분씩 고쳐나가는 것입니다. 하나를 고치는 게 이렇게 힘든데 수도 없이 많은 문제를 어떻게 고치느냐? 어디가 제일 급하고, 뭐가 핵심이냐. 무얼 먼저 고쳐야 문제 해결의 연쇄 반응을 일으킬 수 있을까.

이런 고민 끝에 나오는 분야가 보통 언론과 교육입니다. 그런데 언론과 교육은 누구를 가르치려는 데 목적이 있다는 점에서 사실 비슷합니다. 교육은 학생들을 대상으로 하고, 언론은 일반인들을 대상으로 하는 거라고 볼 수 있습니다. 정보를 제공하는 거니까요. 교육을 통해 사람들의 생각을 바꾸는 것이 사회를 바꾸는 첫걸음이라고 생각하는 건 자연스러운 일이죠. 언론에 관해서는 전 시간에 다루었으니, 오늘은 교육에 관한 이야기를 중점적으로 해보겠습니다.

전교조의
탄생

1987년으로 돌아가볼까요. 1987년 6·10 항쟁 이후 제6공화국 헌법이 만들어졌습니다. 그때 기준으로 보면 아주 잘 만들어진 헌법이지만 지금 보면 좀 고쳐야 할 내용이 있다고 정치 편에서 이야기했었죠. 그 무렵 가장 큰 사건 중 하나가 1988~89년에 벌어진 노동자대투쟁입니다. 역사적인 사건이었죠. 전국의 모든 기업에서 노동조합이 속속 결성되기 시작했습니다. 불과 몇 달 만에 전국적으로 수천 개의 노동조합이 생겼어요. 그 노동조합을 대표하는 민주노총이 활기를 띠고, 울산 등지를 중심으로 한 대기업 노조들이 활발한 활동을 펼칩니다.

노동자들이 권리 투쟁을 벌이는 동안 이 사회를 근본적으로 뜯어고치려면 언론과 교육이 바뀌어야 한다고 생각하는 사람들이 많아졌어요. 그래서 언론 쪽에서는 〈한겨레〉가 탄생했고, 교육 쪽에서는 '전국교직원노동조합(전교조)'이 만들어지게 됩니다. 원래는 1987년 9월 27일에 만들어진 '민주교육추진 전국교사협의회'라는 단체가 1989년에 전교조가 됩니다.

전교조는 아주 중요한 문제를 지적하면서 출발했는데, 촌지 거부 운동이 바로 그것입니다. 그리고 지금도 전교조의 모토로 남아 있는 참교육 실천을 기치로 내걸었죠. '참교육'이란 제대로 된 교육이라는 뜻입니다. 여태까지의 교육은 너무 엉망이었다, 이제 좀 제대로 된 교육을 하고 싶다, 이런 열망에서 나온 기치입니다. 그 전교조에 많은 사람들이 지지와 성원을 보낸 것은, 앞에서 말한 대로 우리 사회를 다 바꾸기는 힘들지만 그중에 힘을 모은다면 어디로 모을 것인가, 언론과 교육이다, 라는 사회적 합의가 있었기 때문이라고 봐도 될 것 같습니다.

촌지 거부 운동은 평교사들을 중심으로 제기됐어요. 촌지는 평교사들이 몇십 년 동안 교단에 서면서 느껴온 가장 큰 문제였습니다. 촌지라는 문제 제기가 교사들뿐 아니라 학부모들에게까지 공감을 사면서 전교조는 사회적으로 크게 주목받게 됩니다. 촌지 문화는 교육계와 언론계 외에도 사회에 만연해 있었는데, 경찰서나 동사무소 같은 관공서도 예외가 아니었습니다. 그래서 사회 모든 구성원들이 촌지 문제를 인지하고 있는 상황이었죠.

제가 학교 다닐 때도 이런 문제를 많이 겪었어요. 제가 초등학교, 그러니까 당시 국민학교에 다닐 때는 선생님에게 촌지를 줄 수 있는 집은 거의 다 주는 분위기였습니다. 형편이 여의치 않아 못 주는 집은 있었어도 웬만큼 사는데도 안 주는 집은 거의 없었어요. 촌지를 준 부모의 아이와 못 준 부모의 아이가 차별 대우를 받는 경우도 아주 흔했고요.

제 경험을 하나 이야기해볼게요. 제가 국민학교 3학년 1학기 마치고 받은 성적은 그렇게 나쁘지 않았는데, 3학년 2학기 마치

고 받은 통지표에는 제일 잘 나온 게 미였어요. 이를테면 미미양
양가. 그때는 수우미양가로 성적을 평가했거든요. 굉장히 충격
받았습니다. 나름대로 공부를 잘한다고 생각했는데 말이죠. 더
놀라웠던 건 통지표 한쪽에 써 있는 선생님의 의견이었습니다.
주의가 산만하고 학업성적이 부진함. 저는 통지표를 부모님께
보여드리지를 못했어요. 혼날까 봐 걱정되기도 했지만, 부끄러
워서였습니다. 몇 날 며칠을 고민하다 아버지께 드렸죠. 그런데
아버지가 통지표를 보시고는 한숨 한번 푹 내쉬고 담배를 피우
시더라고요. 그때 저는 그저 혼나지 않은 것만으로 좋았습니다.

4학년 때는 교육대학 마치고 갓 부임한 담임선생님 덕분에 즐
겁게 보낸 것 같습니다. 4학년 1학기 마치고 통지표를 받았는데
전 과목이 수였어요. 신나서 바로 아버지께 통지표를 보여드렸
어요. 그랬더니 아버지가 지난번처럼 한숨을 푹 내쉬면서 담배
를 피우시더라고요. 그때 뭔가 깨달았죠. 이게 바로 그 문제구나.

저희 아버지는 평생을 소방관으로 일하다가 퇴임한 뒤 농사를
지으신 분입니다. 자식도 4남 2녀나 되기 때문에, 아이들 학비
내고 쌀이며 연탄 사면 돈이 궁해지는 그런 형편이었어요. 공소
시효 지났으니 말하는 거지만, 아버지는 소방관 하시면서 수재
민들 구호품을 챙겨서 집에 가지고 오셨어요. 그걸로 우리 집이
먹고산 거죠. 그래서 선생님한테 촌지를 못 준 거예요. 그런데 3
학년 때 선생님은 촌지 여부에 따라서 아이들을 차별했고, 4학년

때 선생님은 안 그러셨던 겁니다. 아마 4학년 때 선생님도 촌지를 받긴 받았을 겁니다. 구조적으로 안 받기 힘든 시대였으니까요. 그렇지만 이제 막 교사가 된 입장에서 촌지 받은 것으로 학생을 차별하면 안 된다, 이런 기준은 있었던 분이라고 기억합니다.

학생들 대부분이 그런 일을 겪었으니 촌지 주고받는 것은 나쁜 일이라는 사회적 공감대가 형성된 상태였을 겁니다. 그중에서도 제일 힘들었던 사람은 아마 교사들 본인이 아니었을까 합니다. 교사들이 촌지 받아서 자기가 다 갖는 거 아니잖아요. 거기에도 학년주임, 교무주임 따라 올라가고 교장, 교감 다 올라가야 하는, 그 사람들 나름대로 거대한 뇌물의 순환 고리가 있는 것 아닙니까. 그런 와중에 촌지를 안 받을 수는 없었겠죠. 또 촌지를 받아 아이들을 차별하면, 초등학교 5학년만 돼도 다 알지 않습니까. 자기가 가르치는 제자들이 사회의 그런 부조리 때문에 멍들어가는 모습을 보는 교사의 심정이 어땠을까요.

저는 전교조가 이런 문제의식에서 생겼다고 봅니다. 교육의 품질, 우리 사회의 부조리, 이런 문제를 떠나서 내가 아이를 가르치는 사람으로서 아이들에게 그런 꼴을 보이는 게 너무 부끄럽다는 교사들의 자존심이 작용했으리라는 거죠. 그렇지 않은 분들도 있었겠지만요.

불법단체부터 법외노조까지,
전교조의 역사

그렇게 상처 받아왔던 교사들이 6·10 항쟁을 거치면서 사회 분위기가 극적으로 전환되자 들고일어난 겁니다. 촌지 받지 말자. 그리고 제대로 된 교육을 하자. 그때 그것을 참교육이라고 이름 붙였고요. 이 참교육의 의미가 많이 퇴색되어서, 요새 참교육이라고 하면 전교조 '좌빨' 교사들이 쓰는 말이라고 여겨지게 됐죠.

평교사들이 교원노조를 결성하겠다고 하자 당시의 메이저 언론인 조중동에서 아주 해괴한 논리를 들고 나옵니다. 선생들은 노조를 만들면 안 된다. 노조는 노동자들이나 만드는 거지, 선생님은 스승인데 스승이 어떻게 노동자냐. 이런 논리가 사설에 실렸어요. 그때로서는 결코 놀라운 주장이 아니었습니다. 그런데 스승은 노동자가 아니기 때문에 노동조합을 만들 수 없는 거라면, 그 고매하신 스승님들이 촌지 받고 아이들 차별하는 건 괜찮은가요. 어느 쪽이 더 나쁜가요. 그리고 노동조합 만드는 건 당연한 일인데 왜 말렸는지 모르겠지만, 당시 사회 분위기는 그랬습니다.

거듭 이야기하지만, 자기가 일한 대가로 삶을 유지하는 사람은 다 노동자예요. 극단적으로 말하면 대통령도 노동자입니다. 월급 받잖아요. 대통령들이 노조를 결성하지는 못하겠죠. 전 세

계적으로 대통령이 몇 명 안 되니까요.(웃음)

그럼 전교조의 역사를 간단히 살펴보겠습니다. 1987년도에 전국교사협의회가 결성되고, 1989년 5월 전국교직원노동조합이 창립대회를 엽니다. 연세대학교 노천극장에서 열린 창립대회에 몇만 명이 모였는데, 그 자리에 아주 특이한 사람이 참여합니다. 관객석 끄트머리에 있었던 그 사람은 바로 저예요.(웃음) 그때 대학생이었던 저는 구경하러 갔어요. 그런데 그 자리에 참가했던 전교조 평교사 전원이 모두 연행되어 갑니다. 교문을 봉쇄해놓고 말 그대로 단 한 사람도 빠짐없이 모두 연행해갔습니다. 저는 그 광경을 눈앞에서 직접 봤어요.

그리고 당일 저녁 당시 대통령 노태우는 전교조를 불법단체라고 선포합니다. 스스로 해산하라고 종용하면서 탈퇴해라, 그러지 않으면 범죄로 간주하겠다고 선포하죠. 당시 문교부(지금의 교육부) 장관이 정원식이었는데, 두 달 뒤 정원식 장관이 전교조를 불법단체로 다시 정의하면서, 전교조를 자발적으로 탈퇴하는 사람은 봐주겠지만, 탈퇴하지 않는 사람은 다 해직시키겠다고 선포합니다. 농담이 아니었어요. 이듬해에 전교조를 탈퇴하지 않은 교사 1,465명을 해직시켜버립니다. 파면도 있고 직권면직도 있고, 현직 교사 1,465명을 다양한 형태로 자른 거예요. 이게 그 유명한 전교조 교사 해직 사태인데, 이때 해직당한 교사들 중에 여러분이 아실 만한 사람이 많습니다. 시인 도종환 씨, 안도

현 씨도 이때 해직당했어요. 그리고 그중 전교조에서 중책을 맡았던 핵심 인사 55명이 구속됩니다.

이때 언론 보도를 통해 비극적인 장면들이 전파를 탔어요. 해직 교사들 중에는 열과 성을 다해서 학생들을 가르친 훌륭한 교사들이 많았습니다. 당연히 학생들도 그걸 다 알지요. 그런데 해직 교사들이 학교에 가면 경비원들이 문을 안 열어줍니다. 그러면 철문 안에 있는 학생들과 밖에 있는 교사들이 서로 붙들고 우는 장면이 많이 보도됐었죠. 너무 심한 처사가 아니냐는 분위기가 형성됐지만 아무도 말을 못했어요.

그리고 정권이 바뀌어서 김영삼 정부가 출범합니다. 김영삼이 대통령으로 당선되자 사람들은 전교조 문제가 해결되지 않겠느냐고 기대했죠. 김영삼 정부에서는 타협안을 제시합니다. 전교조를 합법화하는 건 힘들고, 해직 교사들은 복직시켜주겠다고요. 그래서 해직 교사 60~70명을 제외하고는 다 복직됩니다. 그 60~70명은 전교조가 합법화되지 않으면 복직하지 않겠다는 결연한 마음을 품은 분들이었죠. 그러나 김영삼 정권 내내 결국 이 문제를 해결하지 못합니다. 1980년대 후반에 시작된 노동자 투쟁으로 치열한 싸움이 거듭되던 시절, 전교조 교사들은 김영삼 정권 내내 싸웠어요.

1997년 김대중 정부로 정권이 바뀌죠. 김대중 정부는 경제 위기를 해결하기 위해 노사정위원회라는 기구를 만드는데, 여기서 전교조 합법화에 대한 합의가 이루어져요. 이때 선택의 문제가 있었습니다. 공식적인 이야기는 아니지만 회의에 참가했던 분들한테 직접 들은 것이니 신뢰할 만한 이야기일 겁니다.

정권 입장에서는 전교조를 합법화하는 것만도 몹시 부담스러운 일이었습니다. 전교조를 반대하는 사람도 많았으니까요. 우리 사회의 큰 문제인 비정규직 문제 있죠? 비정규직 법안이 이때 합의가 됩니다. 사실 이 법안은 노동계에서 결사적으로 막아야 했습니다. 그런데 노동계에서는 전교조 합법화도 강력하게 요구했습니다. 그때 정부 쪽에서는 둘 중 하나를 선택하라고 했다고합니다. 그 선택에 참여해야 했던 노동계 대표들은 아주 난감했겠죠. 아무튼 노동계 대표들은 전교조를 선택한 거예요. 우리 노동계가 조금 고생하더라도 교육이 바뀌면 미래는 있다고 생각한거죠. 덕분에 2년 뒤 전교조가 합법화됩니다. 이렇게 1997년도에 노사정위원회에서 합의하고 1999년도에 교원노조법이 제정되면서, 전교조는 10년 만에 합법적인 조직으로 인정받습니다.

그런데 이건 진짜 우스운 일입니다. 헌법에 노동삼권이 명시되어 있잖아요. 그러니까 헌법에 명시된 노동삼권을 10년 정도 인정하지 않았다고 봐야 하는 거죠. 어떤 직종에 있건 노동자들이 스스로 노동조합을 결성하겠다는 것을 불법으로 규정하는 것도 우습고, 그걸 10년이나 유지하다가 합법화해준다는 명분 아래 교원노조법이라는 법을 따로 만든다는 것도 우습죠. 끝까지 어떻게든 교사를 노동자와 분리하고 싶은 마음이 있었던 것이 아닐까 합니다. 우리 사회의 기본적인 인식이 그래왔습니다. 김대중 정부에서조차도요. 어쨌거나 전교조는 교원노조법에 따라 합법화됐습니다.

그런데 최근 들어 전교조가 다시 법외노조로 전락했습니다.* 이거 표현을 잘해야 합니다. 법외노조라는 말이 참 웃기는 거죠. 불법노조와는 다릅니다. 왜냐? 헌법에는 노조를 만드는 것은 헌법이 부여한 권리고, 그렇게 만들어진 노조는 헌법하의 보호를 받아야 한다고 명시되어 있습니다. 그 밑의 노동조합법에는 노조가 너무 많이 생겨서 자기들끼리 싸우거나 하면 곤란하니까 행정적 지원을 위해서 등록해라, 그러면 법적으로 지원해주겠다고 하죠. 그런데 교원노조법상의 몇 가지 문구를 가지고 시비를 걸어서 앞으로는 교원노조의 법적 지위를 보장할 수 없다고 판결을 내렸습니다. 지금도 이런저런 소송이 진행 중이죠. 전교조가 그 판결을 받자마자 맨 먼저 한 이야기는 1997년도의 노사정합의를 번복하는 거냐였습니다. 역사적 관점에서 당연한 말이죠. 그러나 최근 관료들은 1997년에 무슨 일이 있었는지조차

---

* 2013년 9월 23일 고용부는 해직자 9명을 노조 활동에서 제외하지 않는다면 한 달 후 전교조가 법외노조임을 통보하겠다고 예고함으로써 시작된 전교조의 법외노조 사태는 매우 복잡하게 진행된다. 그 뒤 "해직된 전교조 교사들을 가입 대상에 포함하고 있어 위 근로자가 아닌 자의 가입을 허용한 경우로 노동조합의 소극적 요건을 구비하지 못하였다"는 이유로 2014년 6월 19일 행정법원에서 법외노조로 판결함으로써 전교조는 법적 지위를 잃게 됐다.

잘 모르는 사람들일 거예요. 이로써 전교조가 부딪히는 현실은 1997년 이전으로 퇴행해버린 셈입니다.

전교조의
오늘

이런 일이 어떻게 가능했을까요. 1999년에 합법화되었는데 무려 16년 만에 또 다시 법외노조로 밀려나게 된 과정. 이 일을 누군가의 의도가 작용한 결과라고 간단하게 볼 수도 있겠지만, 저는 좀 다르게 봅니다. 근본적인 문제가 있어요. 전교조가 사회적인 지지를 잃은 거예요.

1980년대 말 1990년대 초 합법화될 당시, 2000년대 초반의 전교조와 지금의 전교조를 놓고 비교해보면 전교조를 바라보는 사람들의 인식이 굉장히 다릅니다. 1980년대에 촌지 거부 운동을 처음 시작했을 때는 전교조에 대한 사회적 지지가 엄청났거든요. 전교조 교사들을 해직시키고 노태우 정부가 직면했던 엄청난 비난을 생각해보세요. 또한 김영삼 정부가 해직 교사를 복직시켰다는 것은 그만큼 사회적 압력이 존재했다는 뜻이거든요. 학부모들이 보기에도 전교조 교사들이 일반 교사보다 훨씬 좋았던 거예요. 학생들도 좋아하고, 더 열심히 가르치고, 촌지 안 받고. 그런데 이 전교조 교사들을 대하는 사회의 긍정적인 인식이 10여 년 동안 아주 많이 녹아 없어졌어요. 전교조의 잘못도 있을 테고, 다른 문제도 있을 겁니다. 저는 지금 그 이야기를 하려고 합니다.

요즘 전교조라고 하면 대부분 '좌빨' 교사로 간주됩니다. 전교조 교사가 몇만 명이 넘는다고 하지만 전국에 초·중·고 수가 워낙 많으니까 학교별로 보면 작은 학교에는 1~2명, 많은 학교에는 5~6명, 엄청 큰 학교에 가면 10여 명 정도밖에 없어요. 교사 수가 100명이 넘는 큰 학교에도 전교조 교사가 10여 명 정도밖에 안 되는 거니까요.

일반적으로 학교에서 전교조 가입 교사들은 말 많은 사람, 불평 많은 사람이라는 평가를 받습니다. 전교조 교사들이 회의에 들어오면 반론을 제기하니까 회의가 길어진다, 또 괴짜들이라느니 왕따라느니 하는 평가도 있습니다. 다른 교사들과도 잘 어울리지 않으려 하고, 자꾸 입바른 이야기를 하고요. 예컨대 초등학교 녹색어머니회와 관련해서, 왜 학교가 학부모들을 동원하느냐며 이의를 제기하죠. 옳은 주장이지만, 관습적으로 해오던 일에 반기를 들면 일단 많은 사람들이 불편해집니다. 그래서 잘 어울리지 못하는 사람으로 평가받습니다.

그리고 교장, 교감들은 전교조 소속 교사들의 눈치를 좀 봅니다. 그 교사에게 불이익을 주거나 하면 전교조 차원에서 항의가 들어오거든요. 교장 처지에서는 힘들어지는 거예요. 이런 점을 악용해서 교사로서 자질이 부족하고 근무 상태가 좋지 않은 사람들이 자기 보호를 위해 전교조에 가입하는 일이 비일비재하게 일어납니다. 더 심한 일도 있습니다. 전교조 교사들이 오히려 교사로서 해서는 안 되는 일을 하는 경우도 있는 거죠. 아이들을 체벌한다거나 심지어 아이들을 성희롱, 성추행 하는 일까지 벌어집니다.

그런 일이 벌어지면 조중동은 바닥까지 캡니다. 그런 교사가 단 한 달이라도 전교조에 가입한 적이 있었으면 '전교조 교사, 성추행' 이런 식으로 보도하는 겁니다. 전교조가 하는 일, 전교조가 추진하는 사업, 이번에 전교조가 왜 싸우는가 등등에 대해 10여 년 동안 계속 그렇게 해왔어요. 한때 사회를 시끄럽게 했던 전산 통합 시스템 나이스NEIS*를 전교조가 가열차게 반대했는데, 왜 반대하는지는 전혀 보도하지 않고, 학교에 전산자동화 시스템을 도입하려고 하는데 전교조 교사들이 이유 없이 반대한다고만 보도합니다. 이처럼 전교조가 1980년대, 1990년대에 지니고 있던 좋은 이미지가 가랑비에 옷 젖듯이 계속 깎여왔어요. 솔직

---

* 2002년에 정부가 도입하고자 했던 '교육행정정보시스템'을 가리킨다. 전교조는 이 시스템에 과도한 개인 정보가 수집될 우려가 있으며, 그렇게 수집된 학생들의 개인 정보가 누출될 수 있다는 이유를 들어 시스템 도입을 적극 반대했다. 결국 전체 정보를 모두 통합 관리하고자 했던 당초 계획이 수정되어, 고등학교는 학교별로, 초·중학교는 몇십 개의 학교를 모은 그룹별로 통합 관리되는 것으로 결정되었다.

히 지금 당장 지지율을 조사해보면 전교조에 대한 지지율은 거의 바닥으로 나올 거예요. 전교조를 다시 합법 노조로 만들어주자고 주장할 수 있는 사회 여론이 거의 고갈된 거예요.

학교가 그동안 많이 바뀌었습니다. 1980년대 학교와 2000년대 학교는 수준 차이가 엄청 납니다. 우리 사회가 경제적으로 발전해서 학교 품질, 교사에 대한 처우, 학생에 대한 처우는 모두 좋아졌습니다. 그래서 학부모, 학교 일에 깊이 개입하는 학교 운영위원들도 전교조의 존재를 껄끄러워해요. 왜? 빨리 일을 끝내야 하는데 전교조 교사들은 항상 꼬치꼬치 따지거든요. 공개입찰 했느냐, 뒤에서 결탁한 거 없느냐, 이러니까 전교조 선생들이랑 일하기가 힘들다는 거죠.

언론에서는 연일 전교조가 뭘 잘못했다 떠들어대고요. 제일 잘 나오는 게 전교조 교사가 학생들에게 통일 교육 한다면서 북한 이야기를 했다는 겁니다. 학부모 중에 이거 싫어하는 사람 진짜 많습니다. 그러면 100퍼센트 학부모가 알게 되고 학교로 전화를 합니다. 우리 애한테 이런 노래 가르쳤다는데 누구냐, 이렇게 되는 겁니다. 이런 일이 생기면 바로 신문에 보도가 됩니다. 이미지는 계속 떨어져가는 거죠.

이런 상황에서 전교조는 사회적 연대를 위해 활동하기보다 영양사, 조리사 같은 학내 비정규직과 연대하고 그들의 권리를 보호하기 위한 활동에 치중하면서, 조직 이기주의라는 비난을 받게 됩니다. 초창기 같지 않다는 거죠. 초창기에는 그런 학교 내 비정규직도 별로 없었으니까 문제도 별로 없었어요. 이러다 보니 돌이킬 수 없는 상황까지 온 겁니다.

'전교조가 사회적 인지도를 좋게 유지했다면'이라는 가정이 가능했을지는 모르겠지만, 조금 더 열심히 해서 사회적 이미지가 더 좋았다면 아무리 무식한 이명박, 박근혜 정권이라고 해도 전교조를 법외노조로 함부로 밀어내지는 못했을 거예요. 학부모들이 들고일어났을 테니까요. 1980~90년대와 같은 학부모들의 지지가 있었더라면, 그런 결정을 쉽게 못 내렸을 겁니다. 그런데 부모들의 지지 자체가 약해지니까 아무리 전교조 조직 전체를 놓고 부당한 결정이 내려지고 탄압이 벌어져도 일반 학부모들 대부분이 별 관심을 두지 않게 된 겁니다. 뭐, 그런가 보네 하는 거예요. 분명히 전교조가 잘못한 부분도 있습니다. 그건 확실하죠. 그러나 저는 여기에서 그것 이외에 또 다른, 더 큰 하나의 흐름이 있다는 것을 말씀드리려고 합니다.

학교의
헤게모니를 쥔 사람들

전교조의 모토가 참교육이었잖아요. 제대로 된 교육을 하자.

그러면 학교에서 교과 과정을 짜고 교육 방향을 정하는 사람은 누구일까요. 학교의 주인들이겠죠. 관청이 됐건, 교장 교감이 됐건, 학교 내에서 교육 내용을 좌지우지하는 건 학교의 최고 권력을 가진 사람들입니다.

전교조가 교육의 품질을 참교육으로 하자, 교육 과정을 바꾸자, 라고 하는 게 학교 입장에서 볼 때는 학교 내부의 최고 권력에 도전하는 거거든요. 주도권·헤게모니라고 하는데, 전교조는 사실 헤게모니 싸움을 시작한 겁니다. 그런데 그 상대가 누구냐는 거죠. 교육부인지, 각 지방 교육청인지, 학교의 교장·교감들인지. 기존의 학교 운영에 전반적인 헤게모니를 장악하고 있던 사람이 과연 누구냐, 하는 문제입니다.

전교조가 그저 촌지 받기 싫다, 아이들한테 비정상적인 교육하기 싫다, 교사로서의 자존심을 지키고 싶다, 라는 식의 다분히 순진하고 감성적인 측면에서 문제를 제기했다면, 상대는 그렇게 호락호락한 사람들이 아니었던 겁니다. 사립이건 공립이건 상관없이 초·중·고등학교의 헤게모니를 장악하고 있던 세력, 그 세력의 관점에서 보면 전교조는 자신들한테서 월급 받는 조무래기 평교사들이 머릿수 믿고 모여서 그동안 자신들이 누려온 신성 불가침한 권력을 빼앗겠다고 덤비는 세력으로 여겨졌을 겁니다. 그들 입장에서 전교조는 존재해서는 안 될 단체였던 겁니다. 그래서 십 몇 년 동안 그들은 전교조의 이미지를 희석시키고 악화시키기 위해 노력했습니다. 그 사람들은 교총 같은 곳은 물론, 언론이나 교육부도 움직일 수 있는 힘을 가지고 사회 각 분야를 제어하면서 전교조의 토대라 할 수 있는 학부모들과 사회 전반의 지지를 약화시켜온 거죠.

일반적으로 어떤 분야에 부조리가 만연하면 그 부조리를 없애겠다는 변혁 세력이 나타나고 그 세력에 반하는 카운터파트counterpart가 등장합니다. 부조리가 만연한 상태에서 이익을 보던 사람들이겠죠. 이런 사람들을 우리는 흔히 변혁을 반대한다고 해서 '반동'이라고 부르는데, 이 용어는 북한에서 많이 쓰기 때문에 우린 쓰면 안 됩니다.(웃음)

사실 반동이라는 용어 자체가 문제가 되지는 않아요. 반동 외에도 북한에서 쓰는 바람에 우리가 못 쓰게 된 좋은 우리말이 많습니다. 대표적인 것이 '동무'예요. 박근혜 대통령의 어머님인 육영수 여사가 육영재단을 만들어서 어린이 잡지를 만들었는데, 그 잡지 이름이 《어깨동무》였어요. 그건 내버려두더라고요. 1970년대에는, 동무 이야기만 해도 바로 잡혀갔다고 하거든요. 그거 말고도 북한에서 쓰는 용어를 쓰면 국가보안법으로 잡아갔습니다. 그런데 반동은 반동이죠, 뭐. 반동을 대체할 수 있는 용어가 없어요. 그 반동 세력이 분명히 존재합니다.

진정한 변화는 변혁을 요구하는 세력이 반동 세력을 이겼을 때 시작됩니다. 그 전세가 역전되면 퇴행하는 거고요. 좋은 쪽을 향한 변혁이 순조롭게 한번에 이루어진 적은 별로 없습니다. 우리 사회도 민주주의가 서서히 발전하다가 지금은 다시 퇴행하는 중인 것 같아요. 사회의 모든 변화는 사인$^{\sin}$파를 그리는 경향이 있어요. 좋아지다가 나빠지다가 하면서 전체 평균치가 조금씩 높아지는 거죠. 별다른 근거는 없는 저만의 철학입니다.(웃음)

교육계의 반동 세력, 즉 기존의 헤게모니를 쥐고 있었고 지금까지의 것들이 전교조에 의해 바뀌는 걸 싫어하는 세력, 그 사람들은 누구인가. 바로 학교의 주인들이죠. 학교를 가지고 있는 사람들. 여기서 의아한 점이 생깁니다. 교육은 원래 공적인 요소가 강한 분야죠. 공교육 시스템은 다 국가가 운영해야 정상이잖아요. 공교육과 사교육을 구분할 때, 사교육은 학원이고 공교육은 학교인 건데, 우리나라에서는 공교육 영역에 속하는 수많은 학교가 사립학교거든요. 사립학교는 주인이 따로 있어요. 그런데 사립학교가 왜 공교육인가, 이런 의심을 품어볼 필요가 있다는 거죠.

사립재단은
어떻게 권력을 갖게 되었나

전교조에 헤게모니를 빼앗기지 않으려는 사람들이 학교의 주인이라는 말씀을 드렸는데, 우리나라는 사립학교를 소유한 사람들의 권력이 매우 큽니다. 이 사람들이 공립학교 교장, 교감들에게까지 영향을 주고 있어요. 공립학교의 교장, 교감들이 잘리면 사립학교에서 받아줄 수가 있거든요. 교장, 교감들처럼 직급이 높은 교사들의 연합체인 교총도 그 사람들이 장악하고 있다고 봐야지요. 더구나 사립학교 재단들은 돈이 많아요. 여러 학교가 엮여 있으니까요. 재단을 통해 모은 돈으로 그들은 사회 각 분야에 막강한 지배력을 행사하고 있습니다. 그러면 도대체 이 사람들은 언제부터 이렇게 많은 수의 사립학교를 세우고, 이를 통해 우리 사회 특정 분야의 헤게모니를 쥐게 되었을까요?

신식 교육이 실시된 일제강점기 동안 우리나라에는 많은 신식 학교들이 세워졌습니다. 그런데 이 학교들이 해방 이후 제대로 운영되지 못해요. 교사들 대부분이 일본인이었으니까요. 한국인도 있었지만 일부에 지나지 않았어요. 그래도 건물은 남았으니까 거기에서 학교를 운영하면 되겠다고 생각했는데, 바로 한국전쟁이 터지는 바람에 그나마 남아 있던 건물마저 다 부서져버립니다.

학교는 대개 땅이 넓고 건물이 커서, 전쟁이 터지면 전투의 중심지가 됩니다. 폭격도 많이 당하게 되죠. 전후 국가를 재건해야 하는 상황에서 교육 시설을 다시 확립하려고 보니 남아 있는 학교가 없는 거예요. 그때 국가 재정이 뭐가 있었겠습니까. 그런 상황에서 국가는 돈은 없지만 학교를 만들어야 한다는 중압감에 시달리고 있었어요.

우리나라, 특히 호남지역에는 대지주가 많았습니다. 호남의 넓은 평야에 웬만큼 논을 가지고 있는 사람들은 계속해서 땅이 늘어날 수밖에 없어요. 앉아 있기만 해도 소작료가 계속 들어오고, 그 돈으로 새 땅을 삽니다. 또 돈을 빌려갔다가 못 갚는 사람이 있으면 대신 땅을 빼앗아와서 계속 땅을 늘려나갔죠. 이 지주 계급이 해방 후 상당히 막강한 세력으로 사회 전반에 영향력을 행사하게 됩니다.

민주당의 원조 격인 한민당이라는 당이 있습니다. 이 한민당은 해외 유학파 엘리트들과 그 사람들에게 돈을 댔던 지주들이 중심이 되어 만든 당입니다. 그 무렵 자식들을 해외로 유학 보내서 엘리트를 만들 정도의 재력은 지주들한테밖에 없었거든요. 부르주아 정당이었던 거죠. 이 한민당이 나중에 민주당의 원류가 된다는 건 참 아이러니한 일이기도 합니다.

한민당을 결성해 이승만과 권력 싸움을 벌였던 지주 세력이 가장 두려워한 건 토지개혁이었습니다. 일제 치하에서야 사람들이 소작농으로 고생하고 지주들에게 소작료를 갖다 바치고 하는 게 다 일본 때문이라고 생각했겠죠. 하지만 해방이 되자 사람들은 이제 나라가 민중에게 땅을 좀 나눠줄 거라는 새로운 생각을 하게 되고, 실제로 농지를 나눠달라는 농지개혁을 국가에 요구합니다. 거기에 기름을 부은 것이 북한입니다. 김일성은 초반부터 무상몰수, 무상분배라는 원칙에 따라 전면적인 토지개혁을 실시합니다. 그런데 김일성이 시행한 토지개혁은 우리가 생각한 것과는 좀 달라요. 그쪽은 무상으로 몰수한 다음에 분배를 안 했잖아요. 그냥 국유화했죠. 그렇게 공동 농장을 만들어 공동 경작을 하면서 생산성이 떨어지기 시작했습니다.

그러나 남한 농민들이 보기에 북한은 지주들에게 땅을 몰수해 농민들이 농사지을 수 있게 해준 겁니다. 그러다 보니 남한에서도 농지개혁 요구가 생기기 시작한 거죠. 이승만도 이 점을 잘 알았어요. 이승만이 그걸 모를 정도로 바보는 아니었습니다. 그래서 이승만은 사회주의자였던 조봉암을 농림부장관으로 임명해 농지개혁*을 맡깁니다. 조봉암은 훗날 이승만의 정적이 되어서 사형선고를 받은 인물이죠.

여하튼 조봉암은 농지개혁을 아주 성공적으로 마칩니다. 조봉암의 농지개혁은 농지를 1인당 상한선을 정해서 나눠준 뒤, 10년 거치 15년 상환 이런 식으로 할부금을 갚게 하는 것이었습니다. 지주든 농민이든 저마다 불만이 생길 수밖에 없는 개혁이었

---

* 1949년 6월 21일 제헌국회에서 제정한 농지개혁법農地改革法은 농지를 농민에게 적절히 유상 분배함으로써 자영농 육성과 농업 생산력을 증진해 농민 생활을 향상시키려는 목적에서 나온 법안이다. 농지개혁법에 따른 농지의 매수·분배 사업은 미군정의 귀속농지 매각사업과 함께 대한민국 농지개혁의 주요 사업 중 하나였다.

어요. 지주들은 땅을 빼앗겨서 불만이고, 농민들은 무상으로 땅을 준 건 아니기 때문에 불만이고. 그래도 어쨌거나 우리나라 소작농들 가운데 상당수가 해방 이후 자작농이 될 수 있었던 것은 조봉암의 농지개혁 덕분이었습니다.

그래서 어떤 관점에 따르면 남한이 전쟁에서 지지 않은 이유는 다 이 농지개혁 덕분이에요. 북한군은 서울을 점령한 다음 우리가 너희를 해방시키러 왔노라, 이렇게 얘기하고 싶었거든요. 전국에서 농민들이 다 봉기할 줄 알고요. 그런데 전쟁이 일어나기 직전에 농지개혁이 완성돼요. 그러니까 난생처음 땅을 받아서 농사지으려고 하는 순간에 북한이 내려온 거죠. 야, 니들 왜 왔어, 이렇게 된 거예요.(웃음) 그 봉기를 기다리면서 북한군이 서울에서 사흘을 지체하게 됐고 전쟁의 양상이 사뭇 달라졌다는 겁니다. 이런 해설이 정설은 아니지만, 타당성이 있다고 봐요.

그만큼 이승만 정권에서 이루어진 농지개혁은 의미 있는 사건이었습니다. 농지개혁이 지주계층에게는 엄청난 공포였지만, 그들의 땅을 모두 빼앗은 것도 아니에요. 일종의 계약을 통해 몰수했고 그 비율도 60퍼센트 이하였거든요. 그러니 남은 농지만 해도 어마어마했을 거 아닙니까. 농지 외에 산이나 벌판도 많이 가지고 있었고. 그런데 이 사람들이 전쟁 끝나고 돌아와서 생각하니 억울한 겁니다. '사람들이 원하니까 정부가 땅을 빼앗아서 나눠주는구나. 돈은 10년 있다가 받으라고 하네. 나 이렇게는 더

이상 못하겠다. 내 땅을 어떻게 보호할 수 있는 방법이 없을까?'
해서 그 방법을 연구하기 시작합니다.

그때, 학교가 필요한데 건물 올릴 땅도 돈도 없는 정부와, 자기 땅을 보호하고 싶은 지주의 이해관계가 딱 맞아떨어진 거죠. 내가 이제부터 지역사회 발전과 후학 양성을 위해 내 땅을 이만큼 잘라서 학교를 짓는 데 내놓겠다, 이러면 정부가 돈을 반쯤 부담하고, 또 지역 유지들이 돈을 모아줍니다. 아, 저분이 저렇게 훌륭한 일 하시는데 우리도 힘을 보태야지. 그러고는 얼기설기 건물을 짓습니다. 그러면 정부에서는 어, 학교가 하나 생겼네, 하고 교사를 파견합니다. 땅을 사서 건물 짓고 학교 만들 예산은 없어도 교사를 뽑고 월급 줄 정도의 예산은 정부에 있었거든요. 당시 정부에서 주는 교사 월급이 아주 박봉이기도 했고요. 교사 월급만으로는 굶어 죽기 딱 좋은 시절이었죠. 따라서 아주 적은 예산만으로도 학교 운영은 가능했다는 겁니다.

이렇게 해서 학교가 생기고 교사가 오면 주민들이 달려옵니다. 왜? 내 아이를 가르쳐야 하니까. 동네 주민들이 와서 나무 잘라다가 책상 만들어주고 겨울 되면 땔감 날라주고, 선생들이 굶는다고 하면 와서 밥해다 줍니다. 전 세계적으로 교육열이 가장 높은 나라가 우리나라잖아요. 내 자식을 가르칠 수 있는 학교가 생겼는데, 내가 뭘 못하겠느냐. 이런 식으로 한국전쟁 이후 지주들이 설립한 학교들이 생기기 시작합니다.

학교를 지으면
돈을 번다?

그런데 문제는 지주계급이 내놓은 땅, 이 학교 부지의 소유권이 원래 주인에게 있다는 겁니다. 여기에서 사학재단이 생기기 시작한 거예요. 정부는 이런 방식으로 학교를 유지하는 것이 크게 효율적이라고 여겼을 겁니다. 왜냐? 학교 설립에 큰돈이 안 들고, 교사 월급만 내주면 학교 운영에 필요한 돈의 상당 부분을 학교가 자체적으로 조달하고, 나머지는 지역사회에서 내주니까요. 땅 주인은 팔짱 끼고 앉아서 명예를 얻습니다. 저분은 후학 양성에 뜻을 둔 훌륭한 분이야, 라고요. 그리고 정부에서 준 교사 봉급 조금 떼먹고, 학생들 월사금 조금 떼먹고 하면서 옆에다 땅을 사서 학교를 또 짓습니다. 국민학교 지었으니까 이제 중학교를 지어요. 그러고 나서 또 고등학교를 짓습니다. 고등학교 짓는데 인건비가 너무 비싸면 학생들한테 벽돌 나르라고 시켰어요. 학생으로 부족하면 학부모들까지 불러서 시켰고요. 왜냐? 지역에 학교가 생겨 좋으니까요. 벽돌을 자기 돈으로 사다주기까지 했어요. 이런 식으로 발전한 게 우리나라 사립학교들이에요. 어마어마한 일이죠.

저는 사학재단에 대해 알아보면서 가장 희한했던 게 왜 사립학교에 정부 지원금을 주는가 하는 것이었습니다. 학생들한테서 등록금 많이 받고, 사립학교에 시설 다 있으니 그걸로 운영하면 될 텐데 말이죠. 또 명색이 재단인데, 재단이면 돈이 많을 거 아닙니까. 그 재단을 운영해서 나오는 이자 수익금, 이런 걸로 알아서 운영해야 진정한 사립이라고 할 수 있죠. 그런데 실제로 한번 따져보세요. 우리나라 교육청에서 사립학교에 지원하는 돈이 사립학교 전체 운영비의 60퍼센트가 넘습니다. 지금도 반 이상의 돈을 정부가 대주고 있어요.

자, 이런 역사를 가진 사립학교가 성장하면서 사립학교 하나 가지고 있으면 돈이 된다는 소문이 퍼집니다. 그다음부터는 사업 잘해서 돈 많이 번 사람들도 적당한 규모의 땅을 사서 건물 짓고 학교 이름 붙이고 학생들 몇백 명씩 마구 받습니다. 예전에는 공터에 건물 지어서 인가도 받지 않은 채 운영하는 학교가 아주 많았습니다. 한국전쟁 이후 출생률이 급증하다 보니 정부에서는 학교가 하나라도 더 필요했기 때문에, 이처럼 무허가로 운영되던 학교에도 인가를 내줍니다. 그 와중에 또 어떤 학교는 운영난에 빠진 다른 학교를 사들여서 본격적으로 사학재단을 설립하기 시작하죠. 여기서 돈 벌어서 여기다 놓고, 또 여기서 돈 벌어서 저기다 놓고. 학교를 계속 늘려가면서 재벌급으로 성장하게 됩니다.

이때 사립학교를 소유하고 운영하기에 진짜 적합한 직종의 사람들이 나타납니다. 대형교회들이죠. 교회들이 학교를 사기 시작합니다. 학교를 세우는 거죠. 왜냐? 기본적으로 사립학교도 영업을 고려하지 않을 수 없기 때문에 학교가 적당한 위치에 있어야 하고, 학생들이 많이 몰려야 하죠. 교육청에서 주는 지원금도 학생 수에 비례해서 지급됩니다. 이런 측면에서 교회는 학교를 운영하기에 좋은 조건을 갖추고 있습니다. 학교를 지으면 신도들의 자녀들이 학교에 올 수 있잖아요.

이런 식으로 사학집단과 대형교회들이 연계되어 운영되기 시작합니다. 그 사람들에게는 이렇게 쉬운 사업이 없는 거죠. 분명히 내가 월급 주는 것처럼 교사들을 뽑았는데, 그 월급의 70퍼센트를 정부에서 내줘요. 재단 이사진에는 사돈의 팔촌까지 가족들을 앉혀 경영하고요. 그러면 이사회 내부에서 학교 재산을 어떻게 쓰건 아무도 상관하지 않는 거죠. 그러다 보니 충암학원* 같은 비리 사학이 넘쳐나게 됩니다.

이 문제를 어떻게든 좀 해결해보려고 참여정부에서는 사학재단 이사회 8~9명 중 1~2명 정도는 정부에서 파견하겠다는 내용을 담은 사학법 개정안**을 냅니다. 재단 운영의 투명성을 위한

---

* 1965년에 건물 하나로 시작한 충암학원은 현재 1천억 원대 자산을 갖춘 대형 사학재단으로 성장했다. 충암유치원, 충암초등학교, 충암중학교, 야구 명문 충암고등학교 등이 포함되어 있으며, 90년대부터 각종 비리가 터지면서 사학 비리의 백화점이라는 비난을 듣고 있다.

** 2005년 개정 사립학교법에 따르면, 기존 이사회 임원에게만 부여되었던 이사 선임권이 개방형 이사제의 도입으로 이사진의 4분의 1 이상이 학교운영위원회(대학평의원회)가 추천하는 외부 인사로 채워지게 되었다. 또한 이사장의 배우자·직계존비속 등 일정한 자는 학교장에 임명

조치였습니다. 정부 재산이 그만큼 많이 들어가니까요.

이 사학법 개정안이 나오자마자 이명박을 비롯한 한나라당 의원들이 다 촛불 들고 거리로 나왔어요. 그쪽 집단이 촛불 들고 나온 건 아마 유사 이래 처음일 겁니다. 그만큼 그 사람들에게는 사학재단이 중요하다는 거죠. 거기에 박근혜도 있었습니다. 우리가 이름 아는 한나라당 출신들은 거의 다 있었습니다. 그 집회에 나온 사람들은 한마디로 이렇게 정리가 됩니다. 교회와 연관이 있거나 학교와 연관이 있는 사람. 이명박은 소망교회와 연결되어 있죠. 박근혜는 사학재벌, 아주 큰 사학재단의 주인이에요. 영남학원, 영남대학교, 영남대학교 의대, 뭐 어마어마한 사학이죠.

사회적 권력을 가진 사학집단은 돈도 많아요. 아주 유복한 집안이죠. 학교를 운영하니까 사회적 신망도 높아요. 집안 아이들을 열심히 가르칩니다. 이 집안 자녀들이 대개 공부를 잘해서 법조계로 많이 갑니다. 법조계로 갔다가 정치권으로 간 사학재단 출신 정치인으로 대표적인 인물이 나경원이죠. 나경원 말고도 무지하게 많습니다. 한나라당과 새누리당을 놓고 제가 한번 그 수를 세어봤는데 40퍼센트 가까이 됩니다. 직접적으로 사학재단과 관계있는 사람이요. 자기가 사학재단 집안 출신이거나 자기

될 수 없으며 이사회의 구성에서 친족관계에 있는 자의 비율을 3분의 1에서 4분의 1로 축소했다. 아울러 내부 감사가 강화되어 감사 1인을 학교운영위원회(대학평의원회)에서 추천하게 되며, 예산·결산의 공시도 의무화됐다.

부인이 그쪽 출신이거나 사학재단 관련된 일을 하거나, 그런 사람들이 국회의원의 거의 절반에 육박하는 거예요.

나경원 의원의 아버지 나채성 씨는 공군 출신이에요. 뭔가 해서 돈을 많이 벌었나 보죠. 홍신학원이라는 학원을 설립했는데, 홍신학원은 화곡중학교, 화곡고등학교를 가지고 있어요. 나경원은 그 집안의 장녀입니다. 나경원이 자꾸 서울시장이나 서울시 교육감을 노리는 이유가 아버지를 포함한 후견인들 때문입니다. 그 사람들은 나경원을 교육감으로 만들고 싶어 하는 것 같아요. 서울시의 교육 정책을 좌지우지하기 위해서요.

사학재벌과 충돌한
전교조의 몰락

자, 이렇게 우리는 전쟁 직후부터 아주 긴 역사를 통해서 사회권력의 한 축을 당당하게 장악한 사학재벌이라는 권력 집단을 두게 됐습니다. 전교조가 그 존재를 알았는지 몰랐는지는 확신할 수 없습니다. 아마 아는 사람도 있었겠죠. 그렇게 몇십 년에 걸쳐서 부를 축적하고, 사회 각계각층의 인맥과 혼맥으로 잘 짜인 그물 같은 조직에다 대고 학교의 헤게모니를 넘겨라, 전교조는 그렇게 말한 겁니다.

전교조가 1997년도 김대중 정부에 이르러서야, 그것도 희대의 악법이라 불리는 비정규직 법안을 받아들인 노동계의 엄청난 양보를 통해서야 겨우 합법화될 정도로 힘들었던 이유가 뭘까요? 그렇게 많은 평교사들이 나서고, 그렇게 많은 학부모들이 지지하고, 그렇게 많은 학생들이 지지하는데도 그토록 합법화가 어려웠던 이유는 배후에서 이를 결사적으로 반대하는 아주 힘센 집단이 있었기 때문이라는 겁니다. 하지만 그들도 당시의 불같은 분위기를 막진 못했던 거죠.

그러나 그들은 결코 포기하지 않았습니다. 긴 세월이 흐르는 동안 전교조의 이미지를 조금씩 조금씩 깎아내리고, 지속적으로 언론을 동원해 선전하고, 전교조 조합원들이 사소한 문제라도 일으키면 대서특필하도록 배후에서 지원한 겁니다. 그로 인해 전교조에 대한 일반인들의 지지율이 점차 떨어지자마자 바로 정부 부처를 움직여 전교조를 법외노조로 전락시켜버렸습니다. 이게 단순히 전교조 조합원들이 못해서일까요? 물론 큰 틀에서는 못한 게 맞지요. 상대보다 잘했어야죠. 그런데 상대가 너무 힘이 센 겁니다. 그들은 이 사회를 지배하고 있는 세력이에요.

정말 어이가 없는 게, 우리나라 대형교회들이 '서울시인권조례'를 반박하면 교총에서 교회를 옹호하는 성명을 냅니다. 교총이 왜? 다 연결되어 있기 때문이죠. 같은 집안이라서 그런 거예요. 사학법 때문에 문제가 생기면 교회에서 신자들이 도와줍니다. 제가 우리나라 권력 집단을 정치권 빼고 재벌, 언론, 사학과 교회로 이야기했는데, 물론 그중 제일은 재벌이죠. 삼성만큼 센 곳이 어디 있겠어요. 사학재단 다 합쳐봐야 삼성의 10분의 1도 안 될 텐데요. 그런데 맨파워, 인적 네트워크는, 사학재단과 교회를 합치면 우리 사회의 절반 정도를 차지하고 있을 것 같아요. 전교조는 겁도 없이 거기에 덤벼든 거죠.

빙산의 일각이라는 말이 있습니다. 전교조가 처음 나왔을 때 사립학교 교장이나 재단 이사장들은 저 평교사 몇 명이 무슨 힘이 있나 이렇게 생각했을지도 몰라요. 혹시 얼음의 비중이 얼마나 되는지 아십니까? 저는 이상하게 그런 수치를 잘 기억해요. 0.917. 얼음을 물에 띄웠을 때 물 위로 나오는 건 10퍼센트도 안 됩니다. 전교조는 배를 몰고 가다가 물 위에 나와 있는 그 조그만 걸 보고 덤빈 거예요. 그러다가 물밑에 있는 90퍼센트의 암초에 부딪혀서 배가 침몰하는 중입니다.

전교조가 법외노조로 전락한 과정을 세부적인 내용까지 설명드릴 수는 없고, 제가 평교사 조합원 두 분과 길게 인터뷰한 내용을 전에 〈딴지일보〉 기사*로 정리한 적이 있습니다. 그 기사를 참고해보시면 좋을 것 같습니다. 그리고 전교조가 법외노조로 나가는 긴박한 상황에 딴지라디오에서 당시 전교조 대변인 하병

---

* 〈딴지일보〉, '평조합원이 바라본 전교조' (http://www.ddanzi.com/ddanziNews/1616225).

수 씨와 인터뷰* 한 것도 있습니다. 이것도 제가 진행한 프로그램입니다.(웃음) 그런 걸 참고하면 세부적인 내용을 아실 수 있을 겁니다. 제가 아무리 좋게 이야기하려고 해도 지금 상황은 이 큰 헤게모니 쟁탈전에서 전교조가 크게 밀리고 있는 상태입니다. 1980~90년대에서 크게 후퇴했다고밖에 볼 수가 없어요.

그러면 전교조는 모두 실패했는가? 아니죠. 실제로 촌지는 많이 없어졌죠. 그런데 요즘 촌지가 양극화돼 부활하더라고요. 예전처럼 어려운 사람들이 1, 2만 원 주는 촌지는 다 없어졌어요. 어려운 사람들은 촌지 안 주죠. 그런데 강남 부유층을 중심으로 도는 두꺼운 촌지가 있다고 합니다. 얼마 전에 제가 현직 교사한테 들은 이야기인데, 실제인지 농담인지 구분이 안 갑니다. 강남의 어떤 학부모가 선생님에게 촌지 좀 주려고 교사 계좌로 100만 원을 보낸다는 게 실수로 천만 원을 보낸 거예요. 큰일이잖아요. 그래서 어렵지만 전화를 했다는 거예요. 자기가 100만 원을 보낸다는 게 실수로 천만 원을 보냈으니, 900만 원을 좀 돌려주십사하고. 그랬더니 교사가 기왕 이렇게 된 거 1년 치라고 생각하라고 했답니다. 그래서 그 학부모가 돌려받지 못했다는 얘기가 있는데, 아무튼 옛날과는 촌지의 차원이 다른 거죠.

제가 자꾸 개인적인 경험을 이야기해서 죄송한데, 제 바로 손

---

* 딴지라디오, '딴지 이너뷰' – 전교조 대변인 하병수 씨와의 인터뷰(http://www.ddanzi.com/index.php?mid=endBroadcast&category=1176716&document_srl=1598646).

위 누님이 현직 초등학교 교사입니다. 제 누님은 항상 남부교육
구청 같은 곳의 학교에만 부임합니다. 그런 학교에 가면 학급 인
원의 3분의 1 정도가 붕괴되어가는 가정의 아이들입니다. 어느
해던가 초등학교 2학년을 맡았는데, 하루는 아이들이 어떤 아이
옆에 안 앉겠다고 그러더래요. 원래 그런 아이들이 아닌데 왜 그
런가 했더니 그 아이한테서 냄새가 나더라는 겁니다. 며칠째 옷
을 못 갈아입은 상태에서 오줌을 싼 거예요. 그래서 그 아이를
데리고 집에 찾아가봤더니, 엄마는 집을 나갔고 아빠는 알코올
중독인 거예요. 수학여행 갈 때 돈이 없는 아이들도 부지기수입
니다. 부자 동네에서는 잘못해서 돈 천만 원을 보냈더니 1년 치
라고 생각하라는 교사도 있는데 말이죠. 이게 우리 사회가 직면
하고 있는 양극화의 실체예요. 이게 서울이라는 한 도시에서 실
제로 벌어지는 일입니다. 똑같이 교육대학 나와서 십 몇 년 경력
이 쌓인 교사들이 겪는 차이예요.

이 아이들이 가난한 집 아이건 부잣집 아이건 어떻게든 교육
시켜 제 궤도에 올려서 사회로 내보내야 하고, 합리성과 제정신
을 갖춘 유권자로 길러내야 한다는 사명감에 불타는 교사들은
어떻게 해야 하는가. 또 우리 사회는 그 사람들을 어떻게 도와줘
야 하는가.

지금 우리 사회는 그들을 도와주기는커녕 외면하고 있잖아요.
전교조 교사들이 나쁜 짓 더 많이 한다, 전교조 교사들이 촌지

더 많이 받는다, 전교조 교사들이 이상한 거 많이 가르친다, 이렇게 생각하는 학부모가 더 늘어나고 있고요. 학교 운영위원회는 사실상 교장의 사조직이나 마찬가지거든요. 그런데 교장들 중에는 교총 관련자가 많습니다. 전교조 관련 평교사들은 주임교사도 못 돼요. 승진하는데 필요한 절차를 잘 못 밟거든요. 학교 교육은 과거로 회귀하고 있고, 거기에 빈부 격차라든가 양극화 따위의 문제가 끼어들면서 밑바닥부터 붕괴하고 있는데, 이런 문제에는 아무도 관심을 기울이지 않잖아요.

관심 있는 건 오직 대학입시죠. 맨날 대학입시만 가지고 공교육이 붕괴한다고 이야기하잖아요. 왜? 공교육만 받아서는 대학가기 힘드니까. 우리나라에서는 사교육 이야기하면서 사립학교는 신경도 안 쓰고 학원만 문제라고 하죠. 더 서글픈 일은 사학재단 문제만큼이나 심각한 진짜 사교육 산업, 즉 입시학원들을 부흥시켜서 공교육 붕괴에 중요한 역할을 담당하고 있는 사람들이 1980년대에 사회 변혁을 위해 앞장서서 싸우던 바로 그 운동권 출신들이라는 겁니다. 도대체 어디서부터 꼬였는지 모르겠어요. 이 문제는 어디서부터 풀어야 하는 거죠?

사회를 바꾸기 위한 운동에도
변화가 필요하다

저는 이런 문제를 생각하다 보면 머리가 너무 복잡해져서 아예 다 없애고 처음부터 시작해보자, 이런 생각도 들어요. 1980년대에 CA(Constituent Assembly)라는 그룹이 있었습니다. CA는 우리나라가 초대헌법부터 잘못 만들었다, 그러니 헌법부터 다시 만들자, 이렇게 주장한 제헌의회 그룹으로, 다 털어버리고 처음부터 국가를 다시 만들자는 주장을 했습니다. 물론 받아들여질 리가 없었죠.

그런데 뭔가 참으로 답답합니다. 노동계도 그래요. 귀족노조 문제도 그렇고. 민주노총은 거기에 전혀 대처하지 못하고 있을 뿐더러, 민주노총 자체가 이미 조직이 너무 늙어버렸어요. 1980년대에 20대 나이로 노동운동에 뛰어든 사람들이 지금도 노조위원장을 하고 있고, 20~30대 젊은 직원들은 비록 정규직도 별로 없지만 노조를 무서워하고 있죠. 붉은 깃발 휘날리는 죽창과 이상한 조끼. 무섭기도 하지만 디자인도 너무 구리잖아요. 막 이렇게 노래하는 거 싫고. 저도 이제 그거 싫거든요. 그만했으면 좋겠어요.

아무튼 제가 모든 걸 털어버리고 다시 시작하자는 건 헌법을 다시 만들자는 게 아니라, 우리가 1980년대부터 쌓아온 그 방식을 너무나 오랫동안 고수하고 있는 건 아닌가, 이 사회를 바꾸기 위한 방법에는 변화가 없지 않았느냐, 그러니 그 방법에 변화를 주자는 뜻입니다. 꽤 많은 분들이 이런 생각을 하고 민주노총 분들도 이런 생각을 하는데, 관성 때문에 운동의 방법이 잘 바뀌지 않는 것 같아요. 그러니 어쩔 수 없다, 하던 대로 하자, 해버리니 10년 반짝 되는 듯하다가 지금 20년 후퇴하고 있는 겁니다.

우리가 근본적으로 무얼 잘못하고 있는지 반성이 필요한 시기입니다. 우리 사회가 바뀌기를 바라는 진보 개혁 세력, 사회 변화 운동 세력, 시민운동 단체 사람들이 뭔가 매너리즘에 빠져서 하던 대로만 하고 있는 게 아닌가. 심지어 어떤 분야에서는 아직도 80년대 운동권 용어를 그대로 씁니다. 그리고 운동 방식, 이것도 좀 바뀌어야 합니다. 맨날 광화문이나 시청 앞에서 시위한다고 모입니다. 그러면 트럭 불러서 무대를 꾸미죠. 몇 명이 무대에 올라 연설하고 공연 좀 하고 사람들 박수 치고, 그러다 끝나면 집에 갑니다. 이런 식의 운동을 20년 동안 해왔어요. 그건 또 어떤 관성이 붙느냐 하면, 예컨데 무대 시설을 설치하는 업자들이 있고 그 업자들에게 돈을 줘야 합니다. 그 업자들 사이에 생태계가 구성됩니다. 현장에서 상자에 모금해서 그 사람들 돈 주고 그럽니다. 모금한 돈이 다른 비용이 아니라 트럭 비용으로 나가요. 그런 일을 왜 반복하는가.

뭔가 젊은 층의 눈으로 볼 필요가 있고, 그동안 사회가 얼마나 바뀌었는지 똑바로 바라볼 필요가 있습니다. 전교조나 민주노총을 비롯해 우리 사회의 변화를 바라는 모든 세력이 가장 잘못한 지점이 바로 이것입니다. 자기 변화에 게을렀다는 것.

물론 전교조의 상대가 막강한 사람들이라는 사실, 잘 압니다. 그렇지만 전교조가 지금까지 해온 일을 보면 20~30년 전에 견주어 변한 게 없어요. 몇백 명이 모여서 세미나 하고 결의문 낭독하고, 어디서 모이자 그러면 깃발 들고 가고. 이렇게 계속해오고 있는 거예요. 그러니 시대에 뒤떨어질 수밖에요.

가슴 아픈 일이지만, 저는 단순히 이 사회가 변하기를 바라는 것만으로는 충분하지 않다고 생각합니다. 무엇보다도 똑같이 변해야 한다고 생각했던 사람들이 과거 20~30년 동안 어떤 일을 해왔는지 알아야 하고, 그 사람들이 뭘 해서 성공했고 뭘 해서 실패했는지 다 알아야 해요. 그리고 그것을 바탕으로 앞으로 될 만한 방법을 연구해야 합니다.

솔직히 저도 모르겠어요. 어떻게 바꾸어야 하는지. 하지만 앞으로 바뀌어야 한다는 것을 인식하고, 바꾸려고 애쓰는 사람들이 우리 사회에는 많습니다. 하고 보니까 또 답답한 이야기가 되고 말았지만, 한마디로 말해서, 시대에 뒤떨어지지 말자는 얘기입니다. 오늘 이야기는 이걸로 마치겠습니다.

국방

우리가 자주 국방이 안 되는 이유

휴전 지역에 사는
우리

　객관적으로 볼 때 한반도는 전 세계에서 가장 위험한 지역 중한 곳입니다. 세계적으로 제일 위험한 지역이 중동이라고 하는데, 외국에서는 한반도를 중동과 동급으로 본다고 하네요. 판문점 같은 곳은 거의 팔레스타인급으로 보고요. 그 사람들이 틀리지 않은 게, 실제로 북에서 남으로 폭격도 하고 우리도 대응 사격을 하고 그러잖아요. 주민들이 대피하고, 병사들이 다치기도 하고, 해상에서 군함들끼리 싸우기도 하죠. 이런 일이 먼 과거의 일은 아니잖아요. 외국인들이 보기에 한반도는 준전시 지역인 거죠.

　제가 친하게 지내는 선배 한 분이 이스라엘계 회사의 본사 연구소에서 일하게 됐어요. 중동 쪽에 있는 도시로 가서 근무해야 하는데, 가면서 엄청 걱정했대요. 수시로 테러가 벌어지는 곳에서 어떻게 사나 하고요. 그래도 주변 사람들이 안전하다고 해서 갔답니다. 가보니까 생각보다 훨씬 안전하더라는 거죠. 조금 안정된 다음 주변 동료들한테 물어봤더니, 남한이 더 위험한 지역 아니냐, 그래서 이리로 탈출한 거 아니냐고 하더랍니다. 그 말을 듣고 안에서 보는 것과 밖에서 보는 시각이 차이가 있구나, 하고 느꼈다더라고요. 우리나라 사람들은 적응해버렸지만, 사실 한반도는 위험하고 불안정한 지역이라는 판단이 맞습니다.

그런데 남북 대치 상황의 내막을 알고 정치적으로나 사회적으로 접근해봤을 때 전쟁이 일어날 가능성은 그렇게 크지 않은 것 같아요. 남북 모두 국내의 정치 상황에 따라 소규모 군사적 도발을 이용할 뿐, 실제로 전쟁을 벌이겠다는 의지는 없는 것으로 보입니다. 더구나 한반도의 대치 상황은 남한과 북한만의 문제가 아닙니다. 둘만의 문제였으면 싸워도 열댓 번은 싸웠을 겁니다. 한반도 상황은 주변 강대국의 이해관계와 밀접하게 연관되어 있지요. 그래서 당사자인 북한도 남한도 마음 놓고 선제공격하기 어려운 겁니다. 그렇게 큰 세력들이 얽혀 있기 때문에 겉으로 위험해 보이는 것과 달리 안전하다는 거죠.

공식적으로는 전쟁을 중단한 지 벌써 60년이 넘었어요. 그런 지역에 살고 있는 사람으로서 국방이나 군사 문제에 관심이 없으면 안 되죠. 비록 재미없다 해도 관심을 기울여야 해요. 그리고 군사력은 역사에서 언제나 중요한 위치를 차해왔습니다. 정치적인 견해나 각자 추구하는 가치 또는 이해관계가 엇갈릴 때, 실질적인 무력이 결정적인 영향을 끼친 경우가 많았습니다.

만약 구한말에 조선이 강한 군사력을 보유하고 있었다면 동학 농민 운동 당시 일본이나 청나라 군대가 이 땅에 들어오지 않았을 테고, 한일병합韓日倂合까지 가지도 않았겠죠. 그 무렵 조선 땅을 노리는 나라는 많았어요. 청나라는 조선을 아예 자기네 속국이라 여겼고, 러시아도 탐내고 있었고요. 그런데 일본이 강한 군사력을 바탕으로 그 나라들을 하나하나 한반도에서 몰아냅니다. 그러니까 군사력이 꽤 많은 것에 관여한다는 점을 알 수 있죠. 따라서 군사력에 대한 관심과 군사력이 작동하는 메커니즘에 대한 이해가 있어야 세계 역사의 흐름을 어느 정도 예측할 수 있습니다.

오늘 강의를 준비하면서 생각해보니, 이런 발언은 오해를 살 수도 있다는 생각이 들었습니다. 저는 전쟁 예찬론자가 아닙니다. 어떤 조건이 붙건 간에 전쟁은 나쁜 것입니다. 무슨 일이 있어도 전쟁은 절대 일어나지 않아야 합니다. 선제 행위로 전쟁을 일으키는 것은 국가 간의 심각한 범죄행위에 해당합니다. 그렇기 때문에 우리가 할 수 있는 모든 방법을 동원해 전쟁을 막아야 한다는 것은 무조건 진리입니다.

그렇지만 실제 역사에서는 전쟁이 계속 벌어집니다. 현대 사회에서도 아주 위태위태한 곳이 많죠. 따라서 군사력, 국방에 관한 문제를 한번쯤 제대로 짚고 넘어갈 필요가 있다고 생각합니다.

핵무기가 불러온
긴장

군사력 이야기를 하려면 핵 이야기를 해야 합니다. 20세기 들어 원자핵물리학이 아주 드라마틱하게 발전합니다. 핵분열 에너지를 폭탄으로 활용할 수 있을지 모른다는 아이디어는 독일 물리학자들이 최초로 생각해냈습니다. 당시 물리학자들은 나치가 핵폭탄을 개발할까 봐 몹시 두려워했어요. 그래서 미국이 핵무기 개발을 제안하자 유수의 학자들이 모여들어 맨해튼 프로젝트를 진행한 결과, 세계 최초의 핵무기를 개발하게 됩니다. 그런데 엉뚱하게도 그 핵무기는 나치가 아닌 일본을 대상으로 쓰입니다.

일본을 대상으로 핵무기를 사용하겠다는 결정은 알면 알수록 복잡한 결정이었던 것 같습니다. 이오지마 전투나 오키나와 전투에서 미군이 너무 많이 죽으니까 전쟁을 빨리 끝내고 싶은 마음도 있었겠죠. 또 오키나와 같은 곳에서 민간인들이 집단 자살하는 것을 보면서 미국이 좀 질린 면도 있었어요. 실제로 자기네가 일본에 상륙하면 일본 사람들이 다 자살하는 거 아니냐는 걱정을 했답니다.

어쨌든 일본에 핵폭탄이 투하된 것은 끔찍한 비극이죠. 히로시마에서 핵폭탄이 터지는 그 순간에 약 40만 명의 사람이 죽었습니다. 이건 상상을 초월하는 수예요. 맨해튼 프로젝트에 참여했던 물리학자들 중 어떤 사람은 이 결과를 보고 자살했을 정도로 사람들은 경악을 금치 못했어요. 그리고 아주 많은 물리학자들이 반핵운동을 펼칩니다. 아인슈타인도 미국 대통령에게 편지를 보내고요.

그런데 이미 발전한 기술은 사라지지 않아요. 따라서 핵무기와 관련한 전략 개념을 냉철한 마음을 가지고 생각해봐야 합니다.

먼저 컴퓨터의 아버지라 불리는 존 폰 노이만John von Neumann이 만든 MAD(Mutual Assured Destruction)라는 개념이 있습니다. MAD는 1960년대 이후 미국과 소련이 맞닥뜨린 상황을 가장 논리적으로 설명하는 개념으로, '상호확증파괴'라고도 합니다. 미·소 양측은 핵무기를 경쟁적으로 개발함으로써 서로를 수십 번은 더 멸절시킬 수 있는 양의 핵무기를 보유하게 됩니다. 그러나 서로 너무나 많은 핵무기를 보유하는 바람에, 어느 한쪽이 선제공격을 할 경우 상대는 살아남은 무력을 이용해 역공격을 하게 되고, 이 때문에 양측이 동시에 모두 멸망하게 되는 상황을 말하는 것입니다. 이런 상황에서 합리적이고 이성적인 지도자라면 상호절멸을 의미하는 선제 핵 공격을 감행할 수가 없는 거죠.

미국과 소련의 관계가 딱 그랬어요. 소련이 미국을 공격해서

지하에 숨겨져 있는 핵무기 사일로들을 완파할 수 없는 거죠. 50 퍼센트쯤 파괴했다고 해도 나머지 핵무기가 소련을 다 파괴하고도 남을 정도가 되니까요. 미국도 마찬가지입니다. 미국이 소련을 선제공격해도 시베리아나 우크라이나에 있는 무기를 다 없앨 수 없는 데다가, 그럴 경우 미국도 완파된다는 거죠. 이런 MAD 상황에서는 역설적으로 전쟁이 벌어지지 않습니다. 굉장히 위험한 상황이지만, 그렇기 때문에 역설적으로 안전한 상황인 겁니다.

MAD와 반대되는 개념은 UAD(Unilaterally Assured Destruction), 즉 '일방확증파괴'입니다. 핵무기는 워낙 파괴력이 강하기 때문에, 만약 어떤 나라가 몇천 개의 핵무기를 보유하고 있다면 상대편 나라를 완전히 멸절할 수 있다는 뜻이죠. 완전히 확증 파괴를 할 수 있다는 겁니다. UAD는 어느 한쪽이 나는 네 반격에 상관없이 너를 완전히 없앨 수 있다, 그런데 너는 그럴 수 없다, 이런 상황입니다. 그러면 이쪽이 완전히 유리해지는 거죠. 이렇게 되면 그 나라에 굴복할 수밖에 없는 권력관계가 생겨버립니다.

그런데 불행인지 다행인지 2차 대전 이후 미국과 소련은 어느 한쪽이 앞서나가지 못하고 MAD 상태에 들어갑니다. 그래서 꽤 오랜 기간 평화가 유지된 측면도 있습니다. MAD 상황을 완전히 굳혀버린 것은 핵잠수함의 도입입니다. 양쪽이 핵무기를 너무 많이 만들어내다 보면 한쪽이 밤중에 몰래 공격해서 다른 쪽의 핵무기를 다 없애버릴 수 있겠다고 생각할 수도 있잖아요. 그걸 결정적으로 못하게 한 게 바로 핵잠수함이죠.

기존의 디젤 잠수함은 디젤을 태울 때 산소를 소비하는 탓에 물속에 오래 머무를 수가 없어요. 물 밖에서는 산소를 이용해 디젤을 태우고, 물속에서는 배터리를 사용하다가 산소가 떨어지면 다시 올라와야 해요. 그런데 핵잠수함은 산소를 소비하지 않는 상태에서 발전 용량이 충분하기 때문에, 오히려 그 전기를 이용해서 산소를 만들어낼 수 있습니다. 먹을 것만 충분하면 6개월이고 1년이고 바다 밑에 있을 수 있다는 얘기죠. 심지어 북극해 얼음 밑에서도 6개월 이상 버틸 수 있습니다. 그러니 거기에 뭐가 있는지, 얘를 어떻게 공격해야 할지 전혀 알 수 없다는 거죠. 예를 들어 UAD 상황인 줄 알고서 소련이 미국을 공격해 완전히 절멸시켰다고 가정해봅시다. 그런데 미국 핵잠수함들이 쓱 올라와서 소련을 공격한다면, 소련 또한 완전히 멸망할 수 있다는 거예요. 핵잠수함은 워낙 무장이 강하니까. 핵잠수함의 존재는 MAD를 UAD로 착각하지 않도록, 당신이 우리를 어떤 식으로 공격하더라도 우리는 반격해서 당신을 초토화할 수 있다는 걸 보여주었죠. 인류가 만들어낸 것 중 가장 파괴력이 강한 무기가 역설적으로 평화를 지켜주고 있는 거예요. 그렇다고 핵잠수함을 많이 만들자는 말은 아니고요.(웃음)

그런데 냉전시대 동안 미국과 MAD 상황을 유지하던 소련이 경제적인 이유로 1991년 공식적으로 붕괴하고 맙니다. 군사적인 관점에서 볼 때 지금 세계의 패권은 미국이 쥐고 있습니다. 미국이 어느 정도냐 하면, 물론 각 나라마다 국방비 쓰는 건 비밀로 하기 때문에 정확히 알 수는 없지만, 미국의 국방비는 국방비 지출이 많은 세계 2등부터 20등까지 나라들의 국방비를 합친 것보다 많습니다. 그러니까 이제는 냉전시대와는 또 다른 상황이 빚어지고 있는 겁니다. 현재 세계의 군사 문제를 생각할 때는 미국이라는 나라의 존재를 염두에 둘 수밖에 없어요. 그래서 일단은 미국의 뜻을 따르고, 그다음에 제대로 생각을 해보는 거죠. 오늘날 미국의 신경을 건드리는 나라는 북한밖에 없습니다.

북한
핵무기를 둘러싼 쟁점들

이런 상황에서 전 세계 모든 나라의 안보문제를 다 다룰 수 없으니까 우리와 가장 밀접하게 연관된 북한의 핵무기 문제만 조금 살펴보고 가죠.

북한 핵무기와 관련한 논점은 몇 가지로 정리할 수 있습니다. 먼저, 북한은 핵무기를 보유했는가. 보유했다고 보는 사람이 많죠. 이제 북한에 핵이 없다고 생각하는 사람은 거의 없어요. 핵실험도 여러 차례 했고요. 그런데 핵실험 규모로 추정하건대, 북한의 핵무기는 수준이 낮은 듯합니다. 북한의 핵무기는 히로시마와 나가사키에 떨어진 핵무기보다 살짝 발전한 형태로, 약 50년 전에 쓰이던 핵무기 같아 보입니다. 그런 구닥다리 핵무기를 가지고 있는 거죠. 그것을 원하는 시각과 원하는 지점에 정확히 떨어뜨릴 수 있는 기술력이 있는지도 의문이고요. 북한이 핵무기를 쐈는데 안 터질 수도 있고 반만 터질 수도 있는 거예요. 물론 그것만으로도 충분히 위험하긴 하죠.

다음으로, 그 핵무기를 원하는 곳에 쏠 수 있는 능력은 있느냐. 핵폭탄을 운반할 수 있는 수단에는 여러 가지가 있지만, 크게 두 가지입니다. 하나는 미사일이고 다른 하나는 미사일을 포함한 잠수함입니다. 북한에서 발사해서 지구 반대편 미국까지 도달할 정도의 미사일이 있다면 아주 위험해집니다. 그러나 그게 아직 불완전한 단계로 보입니다. 북한의 미사일은 원래 이라크에서 만든 무기를 수입해서 개량한 것으로 보입니다. 미국에서는 북한이 핵무기를 보유한 것은 인정하지만 운반체가 취약하다고 평가하고 있습니다.

그래서 북한이 쏜 핵폭탄이 미국 본토까지 날아갈 가능성은 거의 없다고 보는데, 위험한 건 한국과 일본이죠. 북한에서 가까우니까요. 게다가 남한은 미사일이 아니라 대포에 넣어서 쏴도 되는 거리죠. 또한 북한에 잠수함이 많다고는 하지만 경운기 수준이라는 것이 우리나라 해군의 평가입니다. 소리가 너무 시끄러워서 출동하면 어, 오네, 하고 알 수 있다고 해요. 왜냐하면 북한은 자체적으로 잠수함을 개발한 적이 없기 때문입니다. 주로 2차 대전 때 소련에서 개발한 구형 잠수함을 가져다 개량한 것들입니다. 대부분 디젤엔진이어서 시끄럽고요. 그래서 잠수함을 포기하면 미사일은 불완전합니다. 북한의 미사일 기술을 긍정적으로 평가해주면 일본까지는 날릴 수 있는 수준으로 보입니다.

그러면 북한이 미국을 공격 못하는가. 맞습니다. 미국까지 날릴 수 있는 미사일이 있다고 해도 북한은 매우 심각한 UAD 상황에 빠져 있습니다. 북한이 미국을 조금이라도 건드리면, 바로 그 순간 북한은 석기시대를 방불케 하는 폐허가 될 겁니다. 따라서 북한이 미국을 핵공격하겠다는 의지를 갖기는 힘들 거예요. 광기에 빠진 군부 세력이 쿠데타로 국가를 전복하려다가 실패해서 겨우 핵무기 발사 시설만 점거했다고 가정했을 때, 자기들이 다 죽겠다는 각오로 핵무기를 쏠 수는 있겠죠. 그렇게 완전히 극단적인 상황이 아니면 북한이 핵무기를 발사할 가능성은 없어요.

미국은 그렇다 치고, 그러면 일본이나 남한을 공격할 가능성은 없느냐. 북한이 일본을 공격했다, 그러면 역시 북한은 당장 석기시대가 됩니다. 남한을 공격해도 마찬가지죠. 왜냐. 미국이 일본이나 남한과의 우호관계 때문이 아니라, 일본이나 남한이 미국 경제에서 차지하는 비중이 너무나 크기 때문에 일본이나 남한에 대한 공격을 자국에 대한 공격으로 간주하기 때문입니다.

따라서 조금 전에 얘기했듯 말도 안 되는 미친 상황이 아니면 실행할 수 없는 거예요. 그렇지만 만약 미친 상황이면 할 수 있는 거 아니냐. 그 미친 상황에 대비하기 위해서 미국은 남한과 의논해서 작전 계획을 바꿨습니다.

전통적으로 남한군의 기본적인 전시 행동 요령은 '작계 5027'인데 이것은 옛날 개념이고, 이명박 정권 때 '작계 5029'가 추가됐죠. 이것은 북한이 미친 상황에 빠져드는 걸 막자는 개념입니다. 북한 내에서 군부가 무장 반란을 일으키거나 하면 미국이 바로 북한에 개입하겠다는 겁니다. 아까 이야기한 상황 자체를 막아버리자는 거죠.

그러나 이것을 북한 처지에서 생각하면 굉장히 심각한 도발입니다. 예를 들어 우리 처지에서 본다면, 전두환이 12·12 사태를 일으켰다, 그러면 미국이 들어와서 우리나라를 다 때려 부수는 거죠. 왜? 전두환 못 믿겠다고 그러면서요. 이건 굉장히 심각한 주권 침해죠. 그런데 미국이 바로 그런 작전 계획을 짜고, 심지어 그 작전 계획을 남한과 함께 훈련한다는 거예요. 이것 때문에 연평도에 포탄이 날아온 거고요. 하지 말라는데 강행하니까. 사실 중국도 이 훈련을 하지 말라고 합니다. 국제법상으로도 위법이거든요. 하지만 미국은 눈곱만큼의 위험도 감수하지 않겠다는 거예요.

아무튼 결론은 북한이 미국이나 남한, 일본에 핵공격을 감행하기는 어렵다는 것입니다. 정파적인 이해를 떠나 국제 관계 차원에서 봤을 때 그렇다는 거예요. 만약 북한의 핵무기 수준이 어느 정도를 넘었다면, 미국이 절대 내버려두지 않겠죠. 지금쯤 난리가 났어야 합니다.

북한이
핵무기를 만드는 이유

그렇다면 핵공격을 할 가능성도 없고, 의지도 거의 없는데, 북한은 왜 핵무기를 만드는가. 이런 질문이 자연스럽게 나오겠죠. 저는 세 가지 관점에서 볼 수 있다고 생각해요.

첫째는 외교적인 이유에서입니다. 북한은 핵무기를 외교적인 카드로 써왔고, 실제로 효과를 봤습니다. 부시 대통령 때도 북한은 핵무기를 통해 다양하고 폭넓은 지원을 이끌어냈죠. 대규모 중유 공급 계획도 있었고, 비료며, 쌀이며, 금전 지원까지 받아냈죠. 물론 그중 상당 부분은 우리가 냈습니다. 김영삼 정부 때부터 우리가 많이 냈어요. 핵무기 개발을 중단한다는 조건으로 돈을 줬는데, 이게 애매합니다. 사실 관계가 좀 복잡한 게, 북한의 태도를 옹호(?)하는 입장에서는 미국이 북한에 약속했던 중유 공급 계획을 일방적으로 중단했기 때문에 북한이 핵무기 개발을 재개했다고 보는 사람이 있어요. 그런데 이건 약간 문제가 있습니다. 미국이 중유 공급을 중단한 이유 자체가 북한이 몰래 핵무기를 개발했기 때문이라는 겁니다. 이것은 근거가 좀 있어요. 북한 비밀 연구실에서 우라늄 정제 시설을 가동하는 게 들통났거든요. 북한이 약속을 어긴 거죠. 어쨌거나 북한은 이런 식으로 외교상의 카드로 쓰기 위해 핵무기를 개발해왔습니다.

북한이 핵무기를 개발하는 또 다른 이유는 북한 주민들의 민심을 잡기 위해서입니다. 북한은 전 세계에서 보기 드물게 왕조가 이어지는 나라잖아요. 해방 이후부터 김씨 일가가 계속 권력을 세습하고 있죠. 문제는 북한의 주민들입니다. 1990년대에 북한 주민들이 힘든 시간을 보냈는데, 공식 명칭으로 '고난의 행군 시기'라고 합니다. 이름은 멋있지만 단순한 식량 부족 사태예요. 홍수 등 자연재해로 흉작이 들어서 식량이 부족해지면서, 해외 원조를 받아도 국민 중의 상당수가 굶는 상황이 벌어진 거예요. 당시 북한 정권, 김정일은 이 상황을, 시련을 극복하고 강성대국의 길로 간다는 의미의 '고난의 행군'으로 표현했습니다. 우리는 주체적으로 국가를 운영하는 나라이며 간악한 미제의 마수에 넘어가지 않기 위해 강성대국이 돼야 한다, 군사적으로 강한 나라가 돼야 한다는 거죠. 그렇기 때문에 우리는 핵무기를 만든다. 그리고 봐라, 만들었지 않느냐. 너희는 자부심을 느껴야 한다. 이런 식으로 핵무기 개발을 내부 정치용 카드로 썼다는 겁니다. 그게 사람들의 관심을 돌릴 수 있는 카드가 되죠. 독재정권이 흔히 쓰는 방법이에요. 이해가 가죠. 외교적으로나, 내부적으로 핵무기가 필요하니까 일석이조라는 겁니다.

2000년도에 들어서면서 북한의 식량 문제가 약간 해결됐습니다. 그때부터 고난의 행군이 끝났다고 선포했으니까요. 그러면 외교적 카드와 대내적인 문제 때문에 핵무기를 개발했는데, 돌파했으니까 이제 접어야 하는 게 아닌가 생각할 수 있습니다. 미국과의 관계에서도 미국이 한두 번 당하더니 이제는 더 이상 거들떠보지 않잖아요. 대신 '작계 5029' 같은 거 만들어서 협박하고 있죠. 너네 정권에 문제가 생기면 우리가 쳐들어갈 거다, 이건 일방적으로 쳐들어가겠다는 선언이거든요.

그러면 핵무기 개발을 중단하는 게 합리적일까요? 아니라는 거죠. 저는 북한이 핵무기를 개발하는 데 첫 번째, 두 번째 이유를 능가하는 세 번째 이유가 있다고 봅니다. 이렇게 생각하는 분들이 꽤 많습니다. 북한은 원래 전통적으로 유명한 무기 수출 국가입니다. 재래식 무기도 많이 수출하고 있고요. 이란이 최근 핵무기를 보유했다고 선언했는데, 북한이 대포동 시리즈 같은 미사일을 이란에 수출했습니다. 얼마인지는 정확히 모르지만 비싸게 팝니다. 그뿐 아니라 소총이라든가 재래식 탱크, 개인 화기 따위를 많이 팝니다. 그런데 국제 무기 시장의 고객은 대부분 정상적인 단체가 아니라 테러 단체들이죠. 테러 단체들은 아주 비싼 가격에라도 무기를 살 수밖에 없습니다. 특히 요즘 문제가 되는 테러 단체들은 나름대로 오일 머니를 확보하고 있어서 돈이 있습니다. 그렇다면 그 사람들을 상대로 가장 확실하게 돈을 벌 수 있는 건 핵무기라는 거죠. 이건 어디까지나 제 추정이니까 확실하지는 않습니다.

다만 실제로도 북한은 핵무기 소형화에 매진하고 있습니다. 핵실험 자체는 성공했는데 아직 소형화·안정화가 안 돼서 고민하고 있어요. 만약 자동차로 운반할 수 있는 1톤 미만의 핵무기를 안정적으로 만들어낸다면 북한은 테러 집단에 팔려고 할 겁니다. 세계에서 제일 힘센 건 돈이거든요. 북한이 그 사실을 잘 아는 걸 보니까, 우리보다 더 자본주의 국가 같아요.(웃음) 이렇게 웃으며 얘기하지만, 만약 진짜로 북한이 돈을 위해 핵무기 기술을 개발하고 있다면 그건 정말 인류 차원의 심각한 범죄입니다. 당장 중단시켜야 할 일이기도 하죠.

미국도 이 점을 우려하고 있습니다. 북한이 만든 핵무기가 국경을 넘어 밖으로 나가는 걸 몹시 두려워하고 있죠. 그래서 여러 가지 경제 제제 조치를 취하고 디테일한 기술 보강을 방해하려고 노력합니다. 이제는 돈을 주거나 지원해도 멈추지 않는다는 걸 알아버린 거예요. 북한 핵문제와 관련해 가장 어려운 점이 바로 여기에 있습니다.

그렇지만 애석하게도 이와 관련해 우리 정부나 우리 사회가 할 수 있는 일이 거의 없어요. 저는 그게 제일 답답하고 짜증 나는데, 우리 정부가 뭔가를 할 수 있는 상태가 되려면 아주 먼 길을 돌아왔어야 합니다. 북한과 경제협력을 하거나 해서 북한에 대한 우리의 영향력을 강화했어야 하는데, 국민의정부와 참여정부를 제외한 모든 역대 정권이 북한에 대한 우리의 영향력을 강화하기보다는 영향력을 발휘해달라고 미국에 부탁하는 쪽으로 더 관심을 기울였습니다.

미국은 결국 북한이 핵을 해외에 수출하지 못하게끔 막을 거예요. 그런데도 이런 방해를 뚫고 북한이 핵을 수출한 사실이 밝혀진다면 미국은 가만있지 않을 겁니다. 저는 이게 한반도에서 가장 위험한 요인이라고 봐요. 미국이 진짜 작계 5029를 발동할 수 있는 거죠. 핵 개발 시설에 폭격을 가할 수도 있지요. 실제로 클린턴 대통령 시절에는 핵 개발을 중단시키기 위해서 폭격 직전까지 갔어요. 물론 이런 상황이 또 벌어질 가능성은 낮지만요.

한반도에 진짜 위기가 닥쳤는지 아니면 말로만 위기 상황인지를 알 수 있는 가장 정확한 지표는 우리나라에 주둔하고 있는 미군 가족들의 동향입니다. 클린턴 대통령 시절에 우리나라 정부는 아무런 경보도 발령하지 않았는데, 미군과 그 가족들은 대피 훈련을 했어요. 여기서 대피한다는 건 지하 방공호에 숨는 게 아니라 비행기 타고 나가는 거죠. 어떤 순서로 태워 날라야 할지, 어떤 경로로 움직일지 연습했다는 거예요. 클린턴이 공격을 개시했으면, 개시하기 몇 분 전에 훈련받은 대로 대피했을 겁니다. 그런데 미국이 북한을 치면 북한이라고 가만히 있겠습니까? 역시 전면적으로 공격하고, 한반도 전체가 불바다가 되겠죠. 결과적으로 한반도는 석기시대가 되고요.

저는 북한이 핵무기 개발을 포기해야 맞다고 봅니다. 그건 우리한테도 위험하고, 북한한테도 위험하니까요. 북한이 핵무기 개발을 포기하겠다고 하면 남한에서 큰 폭으로 지원할 필요도 있습니다. 단, 진짜로 포기했다는 걸 확인할 수 있을 때요. 그런데 북한이 그렇게는 안 할 것 같습니다. 왜냐하면 북한은 그걸 굴복이라고 생각하기 때문이죠. 자기네가 핵무기를 개발해서 주도권을 쥐고 싶은데, 그렇게 하지 않겠다는 이유로 지원 받는 건 자존심이 상할 수도 있습니다. 자존심이 상한다는 건 기분 문제가 아니라 북한 내부에서 정권을 유지하기 힘들어질 수도 있다는 거예요. 북한 주민들이 싫어할 수도 있거든요.

핵무기는
국가 안보에 도움이 될까?

북한의 핵무기 문제 다음으로 중요한 논란거리가 핵무기를 보유하는 것이 어떤 자위自衛 수단이 될 수 있는가, 자신을 위험으로부터 지킬 수 있는 수단이 될 수 있는가입니다. 무척 많은 분들이 우리도 핵무기를 보유해야 한다는 주장을 펴고 있습니다. 그 문제를 따지기 위해 먼저 다른 나라의 경우를 살펴보겠습니다.

전 세계에서 핵무기를 보유한 국가로 우선 미국과 러시아를 꼽을 수 있습니다. 미국은 핵무기를 보수하고 유지하는 비용만 해도 다른 나라 국방비 전체와 맞먹을 정도가 됩니다. 그래서 미국은 핵무기를 줄이고 싶어 하죠. 그리고 프랑스, 영국, 중국입니다. 이 다섯 개 나라가 핵확산금지조약NPT(Nuclear Nonproliferation Treaty)에서 공식적으로 인정하는 핵 보유 국가예요.

그런데 프랑스와 영국은 왜 핵무기를 보유하고 있느냐. 2차 대전이 끝나고 나치 독일이 망한 다음 미국이 핵무기를 만드니까 영국과 프랑스도 핵무기를 보유하려고 하죠. 당시 유럽에서는 미국을 중으로 하는 북대서양 조약기구NATO(North Atlantic Treaty Organization)와 소련을 중심으로 하는 바르샤바 조약기구WTO(Warszawa Treaty Organization)가 대립하고 있었죠. 그것을 구실로 자국의 핵무기 보유를 정당화했어요. 그런데 지금 그 결정을 몹시 후회하고 있습니다. 핵무기를 유지·보수하는 비용이 많이 들어서요. 핵무기를 폐기했으면 좋겠는데, 폐기할 명분을 못 찾고 있습니다. 핵무기는 유지 비용보다 폐기 비용이 더 많이 들어갑니다. 일시불로 들어가거든요. 그래서 영국과 프랑스에서는 핵무기 보유가 국가 안보에 도움이 되는지를 놓고 논란이 많아요. 저는 도움이 안 된다고 생각합니다. 그들은 경제적으로나 군사적·정치적으로나 이미 충분히 자신들을 지킬 능력이 있습니다. 영국이나 프랑스에 비해 독일이 우위를 차지하는 것 중 하나가 핵무기가 없다는 점입니다. 당연히 핵무기 유지 비용이 하나도 안 들지요. 아마 국가 경제에 도움이 좀 될 겁니다.

중국은 이런 상황과는 또 다릅니다. 중국은 국가 안보 때문에 핵무기를 보유하고 있다고 생각되지 않습니다. 현대 사회에서 중국을 쳐들어갈 나라가 어디 있겠습니까. 오히려 중국이 쳐들어올까 봐 걱정하는 나라가 많죠. 중국은 그냥 중화사상 때문에 핵무기를 보유하고 있는 거 같아요. 다른 나라에 있는 건 우리도 가지고 있어야 한다. 그 이유 말고는 중국의 행동을 이해할 수 없어요. 중국은 인공위성도 만들고, 로켓도 쏩니다. 앞으로 중국이 국제적인 헤게모니를 쥐게 될 수도 있어요. 또 미국과 중국의 대립에 따라 전 세계가 양분될 가능성도 있고요. 물론 지금은 아니죠. 한때는 미국은 지는 해고 중국은 뜨는 해라고 생각했는데, 요즘 보면 그것도 아니더라고요. 중국의 성장률이 급속히 둔화되고 있는 걸 보면요.

그런데 핵확산금지조약에서 인정한 공식 핵무기 보유국 말고도 핵무기를 보유한 국가가 있습니다. 바로 인도와 파키스탄입니다. 이 나라들은 국가 안보 때문이 아니라 종교적인 이유에서 가지고 있는 것 같아요. 서로 상대국 때문에요. 그렇지만 과연 인도가 파키스탄을 상대로, 파키스탄이 인도를 상대로 핵공격을 할 것인가. 지금처럼 미국이 헤게모니를 쥐고 있는 상황에서 인도가 파키스탄을 공격하면 인도가 석기시대가 되겠죠. 미국 때문에요. 미국이 모든 걸 잡고 있는데 누가 감히 핵공격을 할 수 있겠습니까.

핵공격을 할 만큼 미친 사람들이 있다면, 지금은 IS밖에 없어요. 그래서 미국이 IS를 신경 쓰고 있습니다. 그들이 진짜 위험한 대량살상무기를 보유한다고 하면, 미국이 바로 쓸어버릴 겁니다. 예전에 미국이 이라크를 쓸어버렸듯이요. 물론 걸프전 때는 석유 욕심 때문이기도 했지만. 아무튼 인도와 파키스탄도 핵무기를 보유할 이유가 없어요. 주변 국가들 중 인도와 파키스탄의 국가 안보에 위협을 주는 나라가 없으니까요.

또 한 곳, 사실상 핵무기를 보유하고 있는 나라는 이스라엘입니다. 제 생각에는 IS만큼 나쁜 나라가 이스라엘이에요. 이스라엘은 중동 협박용으로 갖고 있는 거 같아요. 이스라엘을 공격할 나라가 어디 있겠습니까. 물론 중동 여러 나라에서는 공격하고 싶겠지만, 지금으로서는 그럴 만한 상태가 아니에요. 4차, 5차 중동전쟁 때 중동은 번번이 다 졌습니다. 따라서 이스라엘도 안보 때문이 아니라 오히려 남을 위협하려고 핵무기를 보유하고 있는 거죠.

핵무기를 가진 국가가 또 있습니다. 최근에 자신들이 핵무기를 보유하고 있다고 스스로 밝힌 이란입니다. 이란은 미사일은 북한에서 사들였고, 자기네 핵물리학자들이 핵분열을 성공시켰다고 합니다. 이란도 핵실험을 두 번인가 했을 거예요. 그런데 그쪽의 핵무기 상태는 북한보다 좋지 않습니다. 그렇다면 이란은 과연 국가 안보 때문에 핵을 보유하고 있는 걸까요. 이란은 오래전부터 이라크와 적대 관계에 있죠. 그러나 지금 이라크는 후세인 이후 미국에 의해 국력이 거의 붕괴된 상태입니다. 따라서 적대적인 상대가 없는데도 이란이 굳이 핵무기를 보유한 이유도 누군가로부터 자신을 지키기 위해서는 아닌 것 같습니다.

결국 전 세계에서 자기네 나라를 지키기 위해 핵을 보유한 나라는 없는 거예요. 미국마저도 핵무기를 줄이고 싶어 합니다. 물론, 자기 나라 헤게모니가 침해받지 않는 범위 내에서요. 그리고 남은 게 북한인데, 북한이 핵무기를 개발하는 세 가지 이유 중 어느 것도 국가 안보 때문은 아닙니다. 북한의 잠재적 적국은 미국이에요. 미국을 상대로 핵무기 한 개 가지고 있는 게 국가 안보에 도움이 될까요? 오히려 더 위험하죠. 언제든 미국이 들어와서 핵무기를 해체하려고 할 수 있으니까. 차라리 우리는 없어, 하고 뒤로 빠지는 편이 안전하죠.

언뜻 생각하면 핵무기라는 강력한 무기를 갖추는 게 국가 안보에 도움이 된다고 생각할 수 있습니다. 그러나 오늘날 세계 정세를 보면 핵무기 보유가 오히려 국가 안보에 위해가 된다는 것을 알 수 있습니다. 그래서 지금 대한민국이 핵무기를 보유해야 한다고 주장하는 분들의 이야기에는 별로 공감이 가지 않습니다. 또 실제로 핵무기를 보유하는 것이 국가 안보에 아주 조금 도움이 된다 하더라도, 너무 많은 돈이 듭니다. 만드는 데도 많이 들고, 유지하고 보유하는 데도 많이 듭니다. 그런데 도대체 어떤 이점이 있기에 우리가 그렇게 많은 돈을 들여서 핵무기를 보유해야 하는가. 아무리 손익계산을 해봐도 손해일 수밖에 없습니다.

대한민국 군대는
어떻게 만들어졌나

이제 우리 군대 이야기를 해보죠. 우리 군대는 지금 어떤 상태인가. 이 이야기를 하려면 역시 과거로 가야 합니다.

일제강점기를 거치면서 조선의 군대는 궤멸합니다. 조선의 군대가 마지막으로 군대다운 일을 한 것은 1882년 임오군란壬午軍亂을 일으킨 거죠. 봉급으로 주는 쌀에 모래가 섞인 것에 분노해서 무위영武衛營과 장위영壯衛營의 군인들이 들고일어난 게 임오군란입니다. 임오군란으로 조선의 군대는 거의 해산되고, 일부는 무장한 채로 반란을 일으키다가 의병이 되고, 또 일부는 독립군에 들어가기도 하면서 조선의 공식 군대는 역사 속으로 사라졌습니다. 지금 나는 조선 군인의 후예다, 이렇게 주장하는 사람은 아무도 없잖아요.

우리나라 군대는 일제강점기가 끝나고 창설됩니다. 국가 주도의 군대 창설이 허용된 것은 공식적으로 해방 이후였습니다. 하지만 일제강점기에도 우리 군대가 있긴 했습니다. 크게 두 계열의 군대, 즉 중국 국민당과 친했던 우익 계열로 대한민국임시정부에서 관리하던 '한국광복군'과 그 반대쪽에 사회주의 계열로 가장 세력이 큰 '동북항일연군'이 있었죠. 그런데 이 두 군대 모두 나라를 잃었을 때 만들어졌으니 정식 군대라고 보기는 어렵습니다. 광복군은 사실상 국민당 정부 소속 군대의 지시를 받습니다. 임시정부에 속해 있던 군대의 상당수 장교가 중국인이었고요. 동북항일연군은 중국 공산당 팔로군八路軍 소속이었습니다. 국민당 정부와도 싸웠지만 일본군과 주로 싸웠죠. 무지하게 잘 싸웠다고 합니다.

해방 이후 남한에는 국방경비대라는 이름으로 군대가 창설되는데, 여기 참여한 사람들은 세 부류로 나눌 수 있습니다. 하나는 일본군 출신, 즉 일본군에 들어갔던 한국인이죠. 백선엽*, 백인엽

---

*1920~. 만주국 육군 군관학교 9기로 졸업한 후 항일 무장 독립 세력을 토벌했던 간도 특설부대 장교로 복무했으며 만주국 중위로 광복을 맞았다. 미군정 시기 남조선국방경비대에서 활동했고 1950년 대한민국 국군 장군으로 한국전쟁 참전했다. 전역 후 같은 군인 출신인 동생 백인

형제 같은 사람들이 유명합니다. 올바른 일은 아니었다고 봐요. 또 하나는 일제에 의해 군대에 강제로 끌려갔던 학병들로, 그 사람들이 꽤 큰 세력을 유지했어요. 그리고 임시정부에서 돌아온 광복군이 있었지만 초기에 다 쫓겨나고 맙니다.

남한의 군대 명칭은 남조선국방경비대에서 대한민국 국군으로 바뀝니다. 북한 군대는 조선인민군이죠. 그래서 한국전쟁 때 인민군과 국방군이 싸우잖아요.

1945년에 해방이 되고, 1946년 1월 미군정의 주도로 남조선국방경비대가 창설되는데, 1개 연대 병력 수준이었다고 합니다. 2천에서 2천 5백 명 정도죠. 한 국가의 군대가 겨우 그 정도 규모로 창설된 거예요. 그런데 이걸로 실망하시면 안 됩니다. 임시정부의 기록에 따르면, 해방 직전인 1945년 4월 광복군 소속 군인이 339명이었습니다. 한 나라의 군대 규모로 보기 힘든 수준이죠. 2개 중대쯤 되는 병력입니다. 요즘 한 동네 예비군보다 적어요.

그에 비해 조선인민군은 좀 복잡해요. 조선인민군은 소련군에 속했던 조선인을 중심으로 소련에 의해 창설됩니다. 그때까지만 해도 인민군의 세력과 규모는 작았어요. 인민군 세력이 급격히 확장된 건 1948년 조선의용군의 4개 사단이 합류하면서부터입

엽과 함께 인천 지역에 '선인학원'을 설립했다. 인천대, 인천전문대 등이 포함된 선인학원은 이후 대표적인 비리 사학으로 논란을 빚다가 1994년 공립화됐다.

니다. 규모가 장난 아니죠. 그중 제일 유명한 부대가 리홍광 장군이 이끌던 부대였어요. 이 부대가 조선인민군 6사단인데, 한국전쟁 당시 북한군 중에서 가장 센 부대였어요. 그런 부대가 사단급으로 증설되면서 병력이 순식간에 몇 만 단위가 됩니다. 남한 군대가 몇천 명 단위일 때 조선인민군은 비교도 안 될 만큼 강력해지죠.

초기에 김일성은 조선의용군 소속 군인들을 받아들이려 하지 않았어요. 자기와 다른 경로를 걸어온 사람들이라 컨트롤할 수 없기 때문에요. 그런데 김일성이 전쟁을 계획하면서 중국과 협의해 그들을 받아들였습니다. 그렇게 조선의용군 출신들이 북조선 인민군의 주축이 되고 한국전쟁에서 활약하게 된 거죠.

그러다 보니 한국전쟁 초기에 국군은 인민군과 게임이 안 됐어요. 서울이 사흘 만에 함락되고, 낙동강까지 밀려 내려가는 데 얼마 걸리지도 않았죠. 사실 남조선국방경비대를 만들고 국군을 창설한 사람들 대부분이 전투 경험이 거의 없는 젊은 사람들이었어요. 일본군 출신도 병사들이 많은 게 아니라 장교들 몇이었고, 군사력이라고 할 만한 게 없었습니다. 장비도 미군이 쓰다 남은 것을 썼고, 공군이라고 해야 프로펠러 정찰기 몇 대, 총 몇 정이 전부였을 정도예요. 반면 인민군은 소련의 지원으로 무기도 충실했고, 리홍광 장군처럼 전투 경험이 풍부한 군관과 병사들이 많았습니다.

한국전쟁과
주한미군의 탄생

그래서 이승만은 굉장히 겁을 먹게 됩니다. 인민군이 너무 강력하다는 걸 깨달았거든요. 한국전쟁도 미군이 개입하지 않았으면 북한의 승리로 끝났을지 모릅니다. 결국 이승만은 자력으로 국가 안보를 유지할 자신감을 상실합니다.

전쟁 중에 이승만은 대통령으로서 가지고 있던 국군통수권을 미군 사령관, 공식적으로는 유엔군 사령관에게 넘깁니다. 전쟁이 끝나갈 무렵 휴전 협정을 맺을 때도, 협정 일정을 지연시키면서까지 '한미상호방위조약'이라는 약속을 미국으로부터 받아내려고 합니다. 한 국가의 수장으로서 격에 맞지 않는 행동이죠. 북한은 당당하게 하나의 국가로서 미국과 협상하고 있는데, 남한 대통령은 전쟁이 끝난 뒤에 미국이 남한을 지켜준다고 약속하지 않으면 나는 휴전을 할 수 없다, 이런 이야기를 하고 있었던 거예요. 뭐, 좋습니다. 당시 남한은 전투력이 약해서 북한의 위협을 감당할 수 없었으니, 보기엔 안 좋지만 현실적인 판단이었을 수도 있겠지요.

이승만은 마침내 한미상호방위조약을 이끌어냅니다. 거기에 의거해서 한미연합사령부가 생겨나죠. 말이 한미연합사령부지, 한국에 주둔하는 미군 사령부에 남한 전체의 군대 통솔권을 맡긴 겁니다. 다행인지 불행인지 이승만의 아이디어는 성공했어요. 또 휴전 이후 지금까지 전쟁이 일어나지 않았으니 국가 안보는 지켜진 셈이죠. 그런데 그 후유증이 지금 발생하고 있습니다.

전쟁이 끝난 뒤로 세월이 많이 흘렀죠. 전쟁 당시는 물론이고 전쟁 직후만 해도 실질적으로 남한의 군사력은 북한에 비해 형편없었습니다. 모든 걸 미국과 유엔의 힘으로 틀어막고 있죠. 그런데 10년, 20년 시간이 흘러가면서 상황이 바뀌었잖아요. 이제 남한은 북한보다 경제력 면에서 현저하게 앞서고 있습니다. 국방 예산 비중이 예전과 같다고 해도 국방 예산으로 쓰는 전체 금액은 늘어났습니다. 어떤 사람은 1970년대 중반, 또 어떤 사람은 1980년대 초반으로 늦추어 보기도 하는데, 특정 시기부터 남한의 군사력이 북한을 앞서기 시작합니다.

그런데 남한이 북한의 군사력을 앞질렀음에도 우리나라는 이 기형적인 상황을 고칠 생각을 안 해요. 아까 말한 작계 5027의 핵심이 뭐냐. 북한이 침략하면 우리나라 군대는 최대한 시간을 끌다가 뒤로 물러나서 예비 사단을 증설하고 오키나와에서 온 미군과 합세해 공격한다는 거예요. 그러니까 우리나라 군대의 존재 이유는 미군이 올 때까지 시간을 버는 데 있는 거예요. 이건 잘못되지 않았나요? 왜 계속 이렇게 가느냐는 거예요.

조금 다른 측면이긴 하지만, 한미상호방위조약에서 미군을 옭아매기 위해 넣은 문구가 있습니다.

이승만은 한미상호방위조약에 한국에 비상 상황이 발생했다, 북한이 남침을 했다, 그러면 미군이 자동으로 참전한다는 조항을 넣고 싶어 했어요. 하지만 미국이 생각하기에 그건 본질적으로 불가능한 일입니다. 미국 입장에서 한국은 남의 나라잖아요. 북한도 남의 나라고. 그러니까 남의 나라가 남의 나라를 치는데, 자기네가 왜 자동으로 참전하느냐는 거죠. 이건 미국 실정법상으로 봐도 불가능합니다. 해외에 파병할 때는 의회의 승인이 필요해요. 의회의 재가가 떨어지기 전에는 파병할 수 없습니다.

이승만은 그게 불안했던 거예요. 한국전쟁 때 경험으로 보면 남한은 3일 만에 끝장날 수 있다, 그런데 미국 의회에서 파병을 결정하려면 최소 일주일이 걸린다. 이 문제를 어떻게 해결하는가 하면, 휴전선 근처에 미군 부대를 주둔시키는 거예요. 그러면 북한이 남침할 경우, 어떤 식으로든 미군을 건드리게 됩니다. 조준이 빗나간 포탄이라도 하나 떨어지겠죠. 미국 입장에서 볼 때, 해외 주둔하고 있는 미군은 자국민이죠. 국가와의 관계에 따라 달라지긴 하지만, 그 미군이 주둔하고 있는 곳은 보통 자기네 영토로 간주합니다. 그러니까 북한이 미국 영토를 침범하게 되는 셈인 거죠. 해외에 주둔하는 미군이 공격을 받으면 의회 승인 없이 전쟁이 가능해집니다. 일단 전쟁에 참여하고 사후 승인을 받는 겁니다.

이렇게 해서 주한미군이 탄생하게 됩니다. 항상 있어야 한다.

그것도 휴전선 근처에. 일종의 방패막이죠. 이것을 '인계철선人繼鐵線 전략'이라고 하는데, 건드리면 터지는 지뢰의 철사를 뜻합니다. 미군의 존재가 인계철선 같은 거죠. 이런 개념으로 주한미군이 계속 우리 영토에 주둔하면서 대한민국의 안보를 지켜왔던 거예요. 그런데 시간이 흘러서 이제는 우리가 북한보다 경제력이 몇십 배가 넘을 만큼 발전했고, 군사력도 커지고, 무기도 많아지고, 작전 능력도 좋아졌는데, 심지어 북한은 기름이 없어서 비행기 훈련을 못하는 상황까지 왔는데도 인계철선 전략을 고수해야 하느냐는 거죠.

작전권 환수, 어떻게 봐야 하나

그런데 이제 우리가 인계철선 전략을 유지하고 싶어도 더는 그럴 수 없게 됐어요. 1990년대 말부터 2000년대를 거치면서 미국은 전 세계 미군을 전략 기동군 체제로 재편하고 있습니다. 미국이 거의 전 세계에 주둔하고 있는 미군의 주둔 비용을 감당 못하는 상황이 됐거든요. 전 세계에서 한국만 유일하게 미군 주둔 비용을 대요. 우리나라에 주둔해서 안전을 보장해주니 감사합니다, 하고 돈을 내는 거죠. 그렇게 돈까지 내주니 미국으로서는 참

좋긴 한데, 다른 주둔지에는 돈이 많이 드니까 전체를 개편해서 주둔 거점 수를 확 줄이고 주둔 규모를 크게 늘리죠. 그게 가능한 이유는 한 군데만 주둔해도 기존 효과를 유지할 만큼 이동 시간이 빨라진 덕분입니다. 운송 기술도 좋아지고, 비행기도 많아지고요.

이런 노선 변화에 따라 미군이 한국에도 이러이러한 상황이라 주한미군을 빼야겠다고 이야기합니다. 그러자 잠재적 적국인 북한보다 훨씬 뛰어난 대한민국 군대가 깜짝 놀라는 거예요. 인계철선이 없어지는데 어떻게 하느냐. 이건 바꾸기 힘든 관성입니다. 참여정부 때 노무현 대통령이 장성들에게 "부끄러운 줄 알아야지" 하고 욕했던 게 이거잖아요. 한국 장성들이 여태까지 북한의 몇십 배나 되는 국방비를 쓰면서도 제대로 된 군대를 못 만들었다는 거죠. 그런데 핵심은 그렇게 욕한다고 해서 제대로 된 군대가 만들어지냐는 겁니다.

참여정부가 들어선 뒤 한미연합사령관에게 귀속됐던 작전통제권을 환수하려고 했습니다. 평시작전통제권은 환수받았지만, 전시작전통제권은 아직 못 받았습니다. 이명박 정부가 미뤘고, 박근혜 정부가 또 미뤘고요. 자, 그러면 과연 참여정부는 자주적이고 독립적인 국가를 만들기 위해 작전권을 환수받으려 했고, 이명박·박근혜 정부는 친미 사대주의적이고 외세 의존적인 정부라서 환수받지 않으려 했느냐. 그것만은 아닙니다. 현실을 생각해야지요.

우리나라 군대가 스스로 북한군을 막을 만한 충분한 능력이 있는데도 자꾸 미군을 물고 늘어지는 거라면 문제가 됩니다. 그런데 우리나라 군대에는 그럴 능력이 없어요. 모순이죠. 군사력이 훨씬 더 강한데도 능력이 없다는 겁니다. 거칠지만 단적으로 말하면, 우리나라 군대는 정보력이 없어요. 정보력을 안 키웠고, 또 못 키웠습니다. 우리나라 군대가 갖추고 있는 무기들은 북한을 압도하고도 남습니다. 그런데 군대에서는 가장 중요한 참모부의 순서가 G1, G2……, 즉 인사, 정보, 작전, 군수 이렇게 나가거든요. 인사가 중요한 건 당연하죠. 사람들을 배치하는 거니까. 그다음이 정보입니다. 그리고 한국 군대의 작전 능력은 세계 최강입니다. 림팩RIMPAC(Rim of the Pacific Exercise) 같은 훈련에 참가하면 상대편을 깜짝 놀래켜주고 올 정도입니다. 우리나라 보병들의 합동 훈련을 보면 미군 보병 제2사단장이 놀랄 정도로 잘해요. 1개 연대의 행군 속도가 미군 행군 속도의 2배 이상 됩니다.

그런데 문제는 정보력이 없다는 겁니다. 북한이 뭘 하는지 몰라요. 정보력을 키우려고 노력한 적도, 투자한 적도 없어요. 왜냐. 지금까지 다 미국이 했거든요. 이건 우리 정부의 잘못이기도 하지만, 미국의 잘못이기도 합니다. 군대에서 정보 계통에 있던 분들은 미국이 고의적으로 정보를 주지 않는다는 이야기를 많이 들었을 겁니다. 사실 우리나라 정보 장교들 개인의 능력은 다 뛰어납니다. 흐릿한 위성사진 줘도 다 판독합니다. 그런데 위성사진 자체가 없는데 어떡해요. 미국이 주는 것만 가져다 써야 하는데요. 위성사진이 없으면 정찰기라도 돌려서 사진 찍어야죠. 요즘 100만 원 주면 좋은 드론 삽니다. 이런 걸 시도할 생각도 하지 않고, 또 시도하겠다고 해봤자 허락도 나지 않습니다. 미군이 다 하는데 왜 너네가 이걸 하려고 하느냐. 미군도 반대합니다. 이런 세월이 몇십 년 된 거예요. 정보를 수집, 분석해서 판단을 내려 작전을 펼 수 있게 하는 체계의 한 고리가 끊어져 있는 거예요. 마치 몸은 다 자라서 청년이 되고, 힘도 세고 근육도 발달했는데, 눈과 귀가 없는 것과 같죠. 대한민국 국군이 지금 이런 상태인 겁니다.

이런 국군에게 전작권 환수해올 테니 너희가 직접 한번 해봐라 하면 무섭겠죠. 지금 군 장성으로 있는 사람들이 젊었을 때 육사에서 직접 하는 방법을 배운 적이 없어요. 미군이 다 했으니까. 현재 우리나라 장성들 나이가 대부분 40~50대쯤 되는데, 그 사람들한테 안 하던 일을 갑자기 하라고 하는 건 어쩌면 잔인한 일일 수도 있습니다. 그러니 무서워할 수도 있고, 받아들이기도 힘들 겁니다. 이런 관행을 고치려면 최소 30년은 걸린다는 거죠. 최소한 30년 이상의 플랜을 세워서 장기적 전망으로 가야 한다는 뜻입니다. 지금 당장 부끄러운 줄 알라고 해도 바뀌는 건 없습니다. 어떤 면에서는 전시작전통제권 환수를 연기하는 편이 더 나을지도 몰라요.

그런데 문제는, 연기만 하고 있으면 뭐 하냐는 겁니다. 바뀌어야 할 텐데. 안 바뀌잖아요. 군대에서는 맨날 군납 비리와 군대 내 인권 문제, 같은 이야기만 나옵니다. 물론 이게 가장 중요하다고 생각하지만, 어떻게 바꿀 것인지도 계획을 세워봐야 하지 않을까요. 작전통제권 환수는 사실 상징적인 문제거든요. 지금도 실제적인 최종 결정은 대통령이 내립니다. 한미연합사령관이 뭐라고 떠들건, 외국 땅에 주둔한 외국인일 뿐이잖아요. 지금 전쟁이 터질 판이라, 대통령이 결정하겠다는데, 한미연합사령관이 반대를 하겠습니까.

더 현실적인 문제는 북한이 당장 내일 아침에 쳐들어온다 해도 오늘 밤까지 우리나라 군대는 모를 거라는 거죠. 미국만 알거예요. 미국이 가르쳐주지 않으면 우리는 모를 겁니다. 연평도 포격 사건 때도 우리가 우왕좌왕했던 이유가 그런 결정을 내려본 적이 없었던 탓이에요. 그런 상황을 가장 잘 이해해야 하는게 대통령인데, 그때 대통령은 가죽점퍼 입고 벙커에 앉아서 뭘 하셨는지 잘 모르겠어요.

큰 틀에서 보면 지금 우리나라 군대의 심각한 문제는, 양적으로는 충분히 성장했고 작전 수행 능력은 세계 랭킹에 들 정도로 뛰어나지만, 독자적으로 활동할 수 있는 중요한 고리, 그중에서도 특히 정보 능력이 결여되어 있다는 것입니다. 이 문제는 한국 전쟁 뒤에 생겨난 아주 원초적인 결함이지만, 단기간에 바꾸기는 힘들 겁니다. 장기적인 계획을 세워서 고쳐나가야 해요. 이 결함을 고치지 못하면 우리나라 군대는 영원히 독자적인 군대로 활동하지 못할 수도 있어요. 끔찍한 일이죠.

그러나 바뀔 거라 믿습니다. 우리나라도 슬슬 위성을 가지기 시작했으니 정찰기도 돌릴 수 있고, 조기 경보기 같은 것도 도입해서 쓸 수 있어요. 정보 관련 능력은 정말 중요합니다. 그리고 지금 일본과도 정보와 관련한 무슨 조약을 맺으려고 하는데, 그게 양날의 검이죠. 대개는 위험성만 부각되는데, 장점도 있습니다. 이제는 미국도 약간 귀찮아하는 것 같아요. 야, 한국 너네도 좀 알아서 해보면 어떻겠니, 이런 태도가 조금 엿보여요. 그러니까 한국과 일본이 뭘 맺어서 두 나가라 정보를 교류할 수 있는 장을 자꾸 만들어주려고 해요. 일본과 한국으로 이어지는 라인에 돈이 너무 많이 들기 때문이에요. 중국의 확장을 막는 게 미국의 목적인데, 한국과 일본이 알아서 막아줬으면 좋겠다고 생각하는 것 같습니다. 뭐, 우리에겐 그리 나쁜 기회는 아니라고 생각합니다. 새로운 역할을 수행할 수 있으니까요. 이렇게 현실적으로 접근 해야겠죠.

모병제가
답이 될 수 있나

우리 피부에 와닿는 이야기는 이런 거대 담론이 아닐 겁니다. 군대의 폐해를 사회적으로 어떻게 최소화하고 군대 운영의 효율을 올릴 수 있는가. 이런 것도 군사력과 관련된 중요한 이야기죠.

군대와 관련해서 대표적인 논쟁 주제인 모병제 이야기를 해봅시다. 우리 사회에서 모병제의 장점과 단점에 대해 가장 많이 알고, 모병제를 도입하면 어떤 일이 벌어지는지 시뮬레이션도 많이 해보고, 그래서 모병제에 대해 가장 많이 아는 게 군대입니다. 제가 군대에 있을 때만 해도 국방연구소에서 모병제와 관련한 논문이 엄청 많이 나왔습니다. 열심히 고민하고 연구하고 있다는 거죠.

그런데 큰 틀에서 볼 때 모병제가 안 된 이유는 장성들의 수가 줄기 때문이에요. 간단히 설명하자면 이렇습니다.

우리나라가 보통 60만 대군이라고 하는데, 전국에 사단급 부대가 50여 개 있습니다. 사단장이 50명 있는 거죠. 기본적으로 50여 개의 별자리가 남아 있는 겁니다.

그런데 모병제를 하게 되면, 국방비 예산으로 60만 명을 다 월급 줄 수가 없어요. 병력을 줄일 수밖에 없다는 거죠. 병사가 줄면 군사력이 약해지지 않을까 싶겠지만, 아닙니다. 병사는 결국

시키는 것만 하면 되는 거 아닙니까. 병사 비율을 줄이고 예비군을 쓰면 되죠. 평시 체제는 장교와 하사관 체제로 가동하고, 병력은 60만에서 20만으로 줄입니다. 일반인들은 군대에 가는 게 아니라 6~8주 정도의 군사 훈련만 받고, 1년에 1~2주 정도 반복 훈련을 받는 거죠. 훈련 받은 것을 잊어버리면 안 되니까요. 그리고 전쟁이 일어났을 때 군대에 가면 되는 거죠. 장교와 하사관만 움직이면 군대가 훨씬 효율적으로 변할 수 있습니다. 벌써 2~3년 전에 국방부에서 내린 결론입니다.

그런데도 그렇게 못하는 이유는 무엇보다도, 앞에서 잠깐 언급한 바와 같이 장성들의 일자리 때문입니다. 평시 병력이 줄면 사단이 줄어들고, 사단이 줄면 사단장 자리가 없어집니다. 장성들은 가뜩이나 진급이 밀려 있는 형편인데, 모병제를 도입할 경우 자리가 줄어든다는 것은 심각한 문제입니다. 그런데 이런 변화에 대한 결정권은 모두 장성들이 쥐고 있거든요. 그들이 제 발등을 찍을 수 있는 결정을 스스로 내릴 수 있을까요? 어려운 애기죠.

그다음 큰 문제는 모병제가 실시됐을 때 모든 군대가 빈민으로 가득 찰 가능성이 있다는 것입니다. 군대가 아무리 좋아져도 사회의 일자리보다는 좋을 수 없습니다. 결국 군대에 지원하는 사람들은 하층계급일 확률이 높아집니다. 이 점은 모병제로 움직이는 미군을 보면 알 수 있죠. 미군의 하급 병사들 거의 대부분이 그린카드 때문에 들어옵니다. 영주권을 따기 위해서요. 그 렇다고 병사 한 명에게 연봉을 1억씩 줄 수는 없잖아요. 그만큼 의 예산도 없고요. 그렇게 되면 사회 양극화가 더 가속화하는 거 죠. 하층계급에 대한 복지 정책? 실시하지 않을 겁니다. 정 힘들 면 군대 가라고 하겠죠. 군대 가면 먹여주고 재워주니까요.

그리고 더 큰 문제가 있습니다. 사실 군대는 가지고만 있어야 지 쓰면 안 되는 조직입니다. 하지만 이라크에 파견하거나 평화 유지군으로 파견하거나 군대를 쓸 일은 계속 생깁니다. 지금 우 리 사회에서는 파병이 큰 문제입니다. 우리 아들딸들이 가는 거 잖아요. 그런데 모병제가 되면 사람들이 파병에 관심도 없을 거 예요. 어차피 돈 받고 가는 용병들이니 나하고는 관련 없잖아, 이 렇게 생각하는 사람이 많아질 겁니다. 그 밖에도 모병제가 유발 하는 문제는 많습니다. 모병제가 정답은 아니라는 뜻이에요.

정답은 징병제와 모병제의 중간 어디쯤에 있을 거예요. 징병 제와 모병제를 적절하게 유지하면서 최적화한 답을 찾아야 합니 다. 그런데 우리 사회에서는 그런 논의 자체가 몹시 어려워졌어 요. 군대 이야기만 나오면 성차별 문제가 나오면서 이야기가 이 상하게 흘러갑니다. 여자들은 군대도 안 가면서! 그러면 남자들 은 임신도 안 하면서! 이런 식이죠. 가장 저급한 형태의 논쟁이 되어버린다는 거죠.

군대,
바뀔 수 있다는 희망

저는 오히려 바로 지금이 국방에 관한 새로운 전기를 마련할 수 있는 시점 같다는 생각이 듭니다. 국방과 관련해 새로운 과제들이 제기되고 있거든요. 미군은 가겠다고 하죠. 가야지 그럼 어떻게 하겠어요. 미군이 계속 있어주는 이유는 우리가 엄청나게 돈을 주기 때문이에요. 돈도 협상해서 주는 게 아니라 미군이 일방적으로 정한 데 따라 이유 없이 줍니다. 미군은 우리나라에 조금 더 있을지도 모릅니다. 그렇지만 태평양 라인에서 미국 군대가 재편되면 결국 빠질 겁니다. 왜냐? 남한에 주둔하는 병력이 아깝거든요. 그러면 인계철선 문제는 사라지는 거죠. 그리고 전시작전통제권도 언젠가는 환수해야 할 겁니다. 이걸 미군이 가지고 있는 게 국제적으로 보기가 안 좋거든요. 그럴 때까지 시간이 얼마 안 남았습니다.

뿐만 아니라 더욱 위협적인 요소가 있습니다. 아이들의 수가 줄어든다는 거예요. 이건 막을 방법이 없어요. 인구가 줄면 어떤 문제가 생기느냐. 우리나라 입영 대상자 신검 기준이 몹시 낮아집니다. 예전에는 공익요원으로 갔을 아이들이 다 현역으로 갑니다. 이제는 군대 규모를 유지할 수가 없습니다. 여태까지 국방력을 유지하겠다면서 60만을 유지한 거, 장성들 일자리 때문에 그런 거예요. 그러나 이제 더는 할 수가 없어요. 여성들까지 마구 입대시킬 수는 없잖아요. 인구 감소도 하나의 압박 요인이 되는 거죠.

군대가 스스로 변하기를 기대하기는 어려울 것 같아요. 그런데 어떻게 변해야 할지는 잘 알고 있거든요. 실제로 시민단체 사람들이 아무리 떠들어봐야 국방연구소 연구원 한 사람보다 몰라요. 전 세계 전사戰史를 꿰고 있는 사람들이거든요. 덕후들이 잘 안다고 해도 전공자를 당할 순 없게 마련이죠. 그런 사람들이 다양한 대책을 생각하는 중이고 여기에 시민단체의 압력, 군대가 변해야 한다는 국민적 공감대, 정권 차원의 노력이 더해져야 합니다. 우리가 바꾸기 싫다고 해서 안 바꿀 수 있는 게 아니에요. 이제 병력 유지는 꿈같은 이야기라는 걸 다 알게 되겠죠. 결국은 바뀔 수밖에 없는 거예요. 바람이 있다면, 바꿀 때 좀 제대로 바꾸자는거죠. 그러려면 현재 우리 군대의 문제를 많은 사람들이 이해하고 있어야 합니다.

작전통제권 문제도 너무 민족 중심적 관점에서 바라보지 않았으면 합니다. 무조건 환수해야 한다? 환수할 수 있어야 환수를 하죠. 작전통제권을 써본 적이 없는데 어떻게 환수합니까. 정보라인을 강화하고 군사 체제를 재구성해야 한다? 그러면 그 비용을 어떻게 마련하나요. 군인 수를 줄이면 된다? 국방 예산의 가장 큰 부분을 병사들 식비와 피복비가 차지하거든요. 군인 수만약 30만 명 줄이면, 우리나라 병사 1인당 자가용 승용차 한 대씩 줄 수도 있습니다. 1년 동안 병사들 먹이고 재우는 비용이 어마어마합니다. 그거 털어내면 장교들 월급 두 배로 올려도 됩니다. 그러면 장교들 품질이 훨씬 좋아지겠죠. 막다른 골목에 몰렸다, 해결 방법이 없다, 이런 게 아니고 대처 방안이 다 마련되어 있습니다.

저는 우리나라 군대 문제는 우리 사회의 다른 문제들에 비해 훨씬 낙관적이라고 생각합니다. 바꿀 수 있는 여력이 있고, 의지가 있고, 돈이 있습니다. 이제 더 이상 변화를 미룰 만한 명분도 없습니다. 그동안 대한민국 군대가 나쁜 일도 많이 했죠. 양민도 많이 학살했고, 5·18 광주민주화항쟁 때는 광주에 특전사도 파견했습니다. 다 사과해야 합니다. 그리고 대한민국의 군대가 진정 새롭게 다시 태어나기를 기대한다는 말로 이번 강의를 마무리하겠습니다.

미래

선택은 우리에게 달려 있다

미래를
생각하다

드디어 마지막 시간입니다. 여덟 번의 강의를 어떻게 하나 걱정이 태산이었는데 벌써 마지막 시간이 되었네요. 조지 버나드 쇼^{George Bernard Shaw}라는 사람 아시죠? 버나드 쇼는 자신이 쓴 묘비명으로 유명합니다. "I knew if I stayed around long enough, something like this would happen." 이 문장이 참 애매한 구어체여서 번역하기가 까다롭지만, 대충 번역하면 '내 우물쭈물하다 이렇게 될 줄 알았다' 이런 말이라고 합니다.

그런데 이 말이 죽음을 반기는 건지 거부하는 건지 모르겠습니다. 죽음을 반기는 거라면, 아, 내가 오랫동안 충분히 고생하다 보니 드디어 죽는구나, 죽음아 반갑다, 이런 뜻이겠죠. 또는 죽음을 거부하는 거라면, 내가 죽음을 준비하지도 않고 어영부영 시간만 보냈는데 죽음이 다가왔다, 이런 뜻이겠고요. 저는 버나드 쇼라는 사람이 평소에 쓴 글들을 생각해보면 둘 다 아닌 것 같습니다. 충분히 오래 살다 보니 이런 일도 일어나는구나, 죽기도 하는구나, 그런 의미에 더 가깝다고 생각합니다. 죽음 자체를 대수롭지 않게 생각하는 태도라고 볼 수도 있겠죠.

죽음은 누구에게나 불시에 다가옵니다. 저는 죽음을 큰 비극이라고 생각하지 않고, 그냥 어영부영하다 보면 금세 다가오는 거라고 생각하며 살고 있습니다. 그러니까 언제 다가올지 모를 죽음을 걱정하기보다는 살아 있을 때 행복하게 보내는 게 좋다고는 생각하는 거죠. 나 죽고 나서 위대한 업적이 다 무슨 소용인가, 살아 있는 동안 행복한 게 최고지, 이렇게 생각하는데 욕심 있는 분들은 이것저것 하고 싶어 하고 그러겠죠. 왜 이런 이야기로 강의를 시작했느냐 하면 미래 이야기를 하기 위해서입니다.

그런데 인간의 미래를 생각하다 보면 내가 살고 있는 내 삶이 나 하나, 그러니까 한 개체의 삶인지, 아니면 사람이라는 종의 역사 속에 한 부분을 이루는 건지 궁금해집니다. 우리나라 옛 어른들은 아들을 낳아 대를 잇는 것을 중요하게 생각했죠. 물론 종種이 아니라 가문을 생각했겠지만, 어쨌거나 우리 선조들은 전통적으로 한 종으로 이어지는 관점에서 생각했던 것 같습니다.

저는 선조들의 생각보다 진화생물학적인 관점에 더 흥미가 느껴져요. 예컨데 아프리카 물소인 '누gnu' 떼의 행태 중 이해하기 어려운 게 있어요. 거대한 무리를 이루고 사는 누는 워낙 수가 많기 때문에 한 지역의 풀을 금방 뜯어먹고 다른 지역으로 이동합니다. 다른 지역으로 가는 길에 강이 있고, 악어 떼가 살아요. 강에 들어가면 악어에게 바로 잡아먹히죠. 그렇지만 강을 건너기 위해서는 어떤 누든 먼저 물에 들어가야 해요. 한 개체의 입장에서라면 내 목숨이 무엇보다 소중하니 들어갈 리 없죠. 소도 바보가 아니니까요. 평소에는 악어가 있는 물속에 절대 안 들어가거든요. 그런데 그중 몇 마리가 먼저 물에 뛰어듭니다. 당연히 악어들이 공격합니다. 악어들이 그 누들을 포식하는 동안, 다른 누들이 강을 건너갑니다.

맨 처음 물에 뛰어든 그 누는 무슨 생각을 한 걸까요? 한 개체로서의 자기 삶을 더 중요시하도록 진화했다면 절대 뛰어들지 않았겠죠. 그러면 누 떼는 강을 건너지 못하고 다 굶어 죽었을 거예요. 따라서 개체의 삶을 포기하고 강에 뛰어든 누는 사람으로 치면 아주 이타적인 거죠. 내 한 몸 바쳐 우리 누 떼가 살아야 한다, 이러면서. 그러나 누가 사람처럼 추상적인 가치를 생각할 수는 없겠죠. 본능적으로 뛰어드는 거예요. 이렇게 말하다 보니, 처음 물에 들어간 누는 어쩌다 맨 앞에 서 있다가 떠밀려서 들어갔을지도 모르겠다는 생각이 드네요.(웃음)

진화생물학적인 관점에서 볼 때, 어떤 개체의 행동을 지배하는 것은 DNA에 기록된 본능이에요. 그 본능을 벗어나는 존재는 인간밖에 없고, 다른 동물들은 대부분 그 본능을 따릅니다. 개체의 삶보다 종의 영속성이 더 중요하다는 기준에 맞춰 행동하게끔 진화했다는 거죠. 진화의 기준은 자연선택에 따른다는 게 지금까지의 정설인데, 그렇게 되면 사람의 이타주의도 자연선택과 관련 있을 것 같네요.

그러니까 인간으로서 나 하나의 개체적인 삶이 중요한지 인간 종 전체의 관점에서의 삶이 중요한지를 이야기하고 있는데, 만약 이 문제가 유전적으로 관리되고 있다면 사람의 본능 어딘가에는 인간 종 전체를 생각하는 부분이 있을지도 몰라요. 이타주의적인 행동을 하거나 공동체를 위해서 행동하는 사람들이 있으니까요. 그러나 사람들은 분명 동물적인 본능을 벗어난 행위들도 하죠.

명확하게 결론을 내릴 수는 없지만 사람만 이타적인 행동을 하는 건 아닌데, 그것이 진화의 산물일 수도 있다는 겁니다. 대신 사람은 부분적으로 본능을 넘어섰고, 그 본능을 넘어선 부분이 바로 '문화'의 형태로 구현되고 있으며, 그 문화로 인해 이타적인 행동을 한다는 점을 얘기하고자 하는 것입니다. 그런데 그 문화라는 것도 대를 이어 전해지면서 진화한다고 볼 수 있죠. 덕분에 인간이라는 종이 현재 지구상에서 지배적인 종으로 자리 잡고 있는 것 같습니다.

어쨌든 이 고민에 명확한 답이 나올 수는 없겠지만, 내 삶은 한 개체의 삶인가 사람이라는 종이 만들어가는 삶의 일부분인가는 궁금한 문제긴 합니다. 또한 그 문제와 전혀 관계없이, 개체로서의 삶이건 종으로서의 삶이건 사람은 미래를 생각하게 됩니다. 내일 어떻게 될 것인가, 이듬해에는 어떻게 될 것인가, 10년 뒤에는 어떻게 될 것인가. 개인의 삶보다 인간 종으로의 삶을 중시하는 사람이라면 내 자손들은 어떻게 살 것인가, 이 지구상에서 인간 종은 어떻게 될 것인가 같은 고민을 합니다.

그래서 마지막 시간의 주제를 '미래'로 잡아보았습니다. 강의를 일곱 번 진행하면서 질문받은 점들을 고려해서 미래가 어떨지 생각해보기로 했습니다.

자, 미래는 낙관적일까요, 비관적일까요? 낙관적이라는 말도 사실 모호합니다. 과연 어떤 미래가 낙관적인 미래일까요?

어떤 미래를
선택할 것인가

〈엘리시움〉이라는 영화를 예로 들어 볼까요. 〈엘리시움〉에서 묘사하는 미래는 낙관적인가, 비관적인가. 영화를 안 보신 분들이 계실 것 같아서 먼저 줄거리를 간략하게 들려드리겠습니다. 영화의 배경인 2154년 지구는 범죄와 빈곤이 넘치는 황폐한 행성입니다. 대부분의 사람들이 지구 위에서 고통스럽게 삶을 이어가고 있죠. 그런데 일부 자본가와 부자들은 지구 궤도상에 거대한 위성을 띄우고, 지상과 거의 비슷하지만 황폐해진 지구와는 견줄 수 없는 쾌적한 환경을 만들어서 살아요. 아무런 다툼도 없이 평화롭기만 한 그곳에는 모든 병을 바로 치료할 수 있는 만능 치료기까지 있어요. 오염된 지구에서 고통스럽게 삶을 이어가는 99퍼센트의 사람들은 엘리시움에 살고 있는 1퍼센트의 사람들에게 노동력만 제공하다 죽습니다.

자, 이런 것이 우리의 미래라고 한다면 이런 미래는 낙관적일까요 비관적일까요. 〈엘리시움〉에 들어가 살 수 있는 사람들에게는 낙관적인 미래일 겁니다. 다른 사람이야 죽건 말건, 자기는 이상적인 삶을 살 수 있으니까요. 죽지도 않아요. 암에 걸려도 치료기에 들어가서 스캔 한 번만 하면 다 나아요. 하지만 지상에서 살아야 하는 사람들에겐 아주 비관적인 삶이죠. SF에서 흔히 묘사되는 디스토피아의 전형이에요. 그러면 사회적인 차원에서 봤을 때, 〈엘리시움〉에서 그리는 사회는 좋은 사회일까요 나쁜 사회일까요. 어떤 사람한테는 좋은 사회고, 어떤 사람한테는 나쁜 사회인데 말이죠.

마이클 샌델 교수의 《정의란 무엇인가》로 유명해진 존 롤스 John Rawls의 《정의론》을 이 문제의 길잡이로 삼아봅시다. 그런데 《정의란 무엇인가》는 제가 보기엔 사기성이 짙은 책입니다. 자기 이야기가 없잖아요. 그 책은 아무리 좋게 봐줘도 몇 가지 사례를 들고 존 롤스의 《정의론》을 현대적으로 재해석한 것밖에 없어요. 그것도 앞부분에나 독창적인 사례가 나오지 뒤에 가면 다 칸트 이야기예요. 그 책을 그렇게 많이 팔다니, 부럽고 얄미워라.(웃음)

롤스의 《정의론》에는 재미있는 개념이 무척 많습니다. 그중에는 '원초적인 상태original position'라는 개념도 있는데, 제가 뽑은 것은 '무지의 장막veil of ignorance'이라는 개념입니다. 이 개념이 저는 아주 재미있어요. 어떤 사회가 좋은지 나쁜지를 판단할 때, 어떤 막을 쳐놓고 그 뒤에서 사회를 관찰하게 하는 겁니다. 그러면 관찰자가 자신이 그 사회에서 살 의향이 있느냐를 토대로 판단하게 된다는 개념이죠. 관찰자는 무지의 장막 뒤에서 여러 종류의 사회를 봐요. 어떤 사회는 왕이 있고, 신하가 있고, 노예가 있는 사회. 어떤 사회는 그나마 민주주의가 시작되어 공화정을 막 시작하는 사회. 이 많은 사회 중에서 무지의 장막 뒤에 있는 사람이 고르는 사회가 제일 좋은 사회겠죠. 단, 관찰자는 자기가 선택한 사회에서 어떤 계층이 될지는 알 수 없어요. 왕국을 골랐을 경우가 자기가 왕이 될지 노예가 될지 모르는 거예요. 이렇게 알 수 없기 때문에 '무지의 장막'이라는 이름이 붙은 겁니다. 합리적인 선택을 하는 사람이라면 당연히 모두가 평등한 사회를 고를 거라는 예측이 가능합니다. 왜냐하면 왕국에서 행복한 사람은 왕과 귀족인데 그 비율이 너무 낮고, 노예의 비율이 무지 높거든요. 따라서 자신이 노예가 될 확률이 훨씬 높은 거예요. 노예가 되고 싶은 사람은 당연히 없을 테니, 안전하고 합리적인 선택을 하게 되는 겁니다.

여기서 안전하고 합리적인 선택이란 내가 최악의 상황에 있어도 기본적인 삶을 보장받고 행복을 찾을 수 있는 사회를 선택한다는 의미일 겁니다. 자신을 최하계층이라고 상정하고 그런 사회를 고를 것이다, 이런 논리가 진행되는 것입니다. 롤스의 《정의론》에 입각하면 인류가 만든 사회 중에서 가장 우수한 사회는 공화정 사회입니다. 어느 누구도 엘리시움이라는 거대한 위성이 있는 사회는 절대 선택하지 않을 겁니다. 그래서 〈엘리시움〉에서 그려진 미래는 비관적이라는 거예요. 내가 그 선택받은 1퍼센트에 들어서 엘리시움에 살게 된다 해도요.

이런 관점에서 보면 현재 한국의 기득권층은 생각이 너무 짧아요. 왜냐? 물론 전부 그렇다는 것은 아니지만, 대부분의 주류가 사회를 자신들의 기득권을 강화하는 형태로 변화시키기를 바라기 때문입니다. 그런 경향이 극단적으로 가면 엘리시움이 되는 거예요. 아마 그분들은 자신이 지금 기득권 세력이고 돈도 여유가 있으니까, 이 사회가 조금 더 기득권 세력에게 유리한 방향으로 변해도 자신은 계속 기득권 계층일 거라고 생각하시는것 같아요. 이건 헛된 기대죠. 세상은 언제 어떻게 바뀔지 아무도 모릅니다.

우리가 대단한 것처럼 보도하곤 하지만, 주식 투자로 세계에서 돈을 가장 많이 벌었다는 워런 버핏Warren Buffett 같은 사람은 현명한 선택을 하고 현명한 발언을 합니다. 돈 많은 사람들이 세금을 조금 더 내서라도 이 사회의 하층계급이 행복한 사회를 만들어야 한다고. 똑똑한 거죠. 그 사람이 그런 말을 하는 이유는 아마도 이 사회의 영속성을 생각하기 때문일 겁니다.

최하층민들의 삶이 어느 선 아래로 떨어지면 사회는 반드시 불안해집니다. 실제로 미국은 LA 흑인 폭동을 경험했습니다. 또 지금 미국에서는 히스패닉계 하층민 비율이 높아지고 있는데, 이 사람들 또한 성질이 만만치 않습니다. 여차하면 뒤집어엎을 수 있다는 거죠. 그러니까 그런 파국을 막기 위해서라도 여유 있는 사람들이 세금을 조금 더 많이 내서 사회 하층계급의 생활수준을 올려줘야 한다는, 아주 쉬운 논리에 입각한 발언입니다. 그런데 그 이야기가 우리나라에 들어오면 아주 양심적이고 도덕적인 부자의 모습으로 비치는 거죠. 그 사람은 단지 합리적으로 생각했을 뿐인데 말입니다.

이처럼 아주 소수의 사람들만이 행복한 삶을 누리고 나머지 사람들은 비극적인 삶을 사는 사회가 비관적인 사회라고 한다면, 낙관적인 사회는 과연 어떤 사회일까요? 엘리시움의 반대는 뭘까요?

과거 SF에서는 기술 발전으로 인류가 고도로 성장한 사회를 유토피아로 그렸어요. 인류가 우주선 타고 은하계로 진출해서 은하계 전체를 점령하는 식으로요. 그런데 요즘에는 가치관이 바뀌면서 미래의 유토피아 사회를 매우 검소하게 그리는 경향이 있습니다. 모든 사람의 삶의 질이 동등하게 높아지고, 물질문명보다 정신문명이 발전하고, 검소하게 생활하고, 순환 가능한 에너지를 쓰는 그런 사회로요. 물론 천문학적 변동이 일어나면 지구 자체가 파괴될 수는 있지만, 그러기 전까지는 환경을 오염시키지 않고 그 상태로 꾸준히 누구의 불만도 없이 유지될 수 있는 사회. 이런 사회를 유토피아로 간주한다는 거예요.

  그렇다면 우리는 어떤 미래를 살게 될까요? 새누리당에서 정권을 계속 잡으면 디스토피아가 될 확률이 높아요. 물론 새누리당에서도 워런 버핏 같은 사람들이 많이 나올 수 있다는 점은 인정합니다. 그렇지만 아직은 아니다, 지금까지는 그런 사람이 나온 적이 거의 없다고 할 수 있고요. 반대로 제가 설명한 대로 지속 가능하고 모든 사람이 기본적인 수준의 문화생활을 누리고 평화롭게 살 수 있는 그런 사회를 만들려면 녹색당이 집권해야겠죠. 그런데 그게 기본소득보다 더 어려운 문제예요. 녹색당이 정권을 잡는 것 자체가 SF죠.(웃음)

공유경제,
어떻게 볼 것인가

우리의 미래는 유토피아와 디스토피아 중 어디로 향할 것인가. 저는 이것을 노동환경 변화와 기술 발전 상태로 가늠해볼 수 있다고 생각해요. 제가 이 연속 강의의 첫 시간에 노동과 기술 문제를 이야기한 것도 이 때문입니다. 노동과 기술의 변화 양상에 따라 우리 미래는 어떻게 바뀔 것인가.

첫 시간에 이야기한 러다이트 운동 기억하시죠? 산업혁명 시기 기술 발전으로 노동환경이 급속히 바뀌면서 러다이트 운동이 벌어졌고, 이 운동이 발전하면서 노동삼권을 탄생시켰다는 이야기요. 그러나 기술 발전이 우리 사회에 항상 좋은 영향만 끼치는 건 아니라는 점도 이야기했어요. 기술이 고도로 발달해 생산성이 비약적으로 높아지면서 인간이 만든 시스템 가운데 그나마 가장 선진적인 사민주의가 지금 붕괴할 위기에 빠져 있다는 말씀까지 드렸습니다.

그런데 우리 사회의 현실과 이런 변화의 선두에 서 있는 미국 또는 유럽의 상황을 보면 이미 위기 단계에서 실질적인 붕괴 단계로 넘어간 것 같아요. 사민주의가 붕괴에 직면했다, 지금 우리가 직면한 불경기는 일시적인 불경기가 아니다, 이런 문제를 논의하고 있는 사이에 우리 사회는 벌써 한 발짝 더 나아간 거예요. 그 이야기를 해야 한다는 거죠. 어느 한 분야에서 시작된 변화가 사회 전체로 퍼지려면 옛날에는 10년, 20년이 걸렸지만, 지금은 몇 년 만에 퍼집니다. 사회의 변화 속도가 워낙 빨라졌거든요. 그사이에 바뀐 내용을 추가해놓고 미래를 생각해야겠지요.

그동안 새롭게 등장한 개념이 공유경제sharing economy입니다. 공유경제는 〈그것은 알기 싫다〉에서 다룬 적이 있기 때문에 몇몇 분이 자신 있게 고개를 끄덕이시는데, 제가 지금 여기서 이야기할 관점은 조금 다를 겁니다.

공유경제에 대해서 이것저것 읽고 공부 좀 하다 보니까, 공유경제가 좋으냐 나쁘냐를 따지기 이전에, 공유경제가 사회적으로 광범위하게 퍼진다면 우리 사회의 노동환경이 지금과는 전혀 다른 매우 끔찍한 양상이 될 것이다, 라는 생각이 들었습니다. 단순하게 표현하자면 '만인의 만인에 대한 경쟁'이라고 할 수 있죠.

옛날에는 재화와 상품을 기업이 생산했습니다. 주로 몇 안 되는 기업이 생산하고 여러 명이 소비하는 식이었죠. 그런데 공유경제상에서는 재화나 서비스를 공급하는 주체도 n명이 되고, 그것을 소비하는 주체도 n명이 됩니다. 엄청나게 복잡해지죠. 예전에는 상품을 생산하는 기업들끼리 경쟁했다면 이제는 모든 사람이 서로 경쟁해야 한다는 이야기가 됩니다.

지금까지 우리 사회가 노동환경 변화에 맞서 노동자를 보호하거나 그들의 행복을 지키기 위해 싸워온 방식은 모두 2차 산업에 초점이 맞춰져 있어요. 지금 우리나라에서 노동문제가 발생하는 곳은 다 2차 산업 현장이잖아요. 그렇기 때문에 어떤 생산자가 공장에서 무언가를 생산하고 있을 때 발생한 노동문제는 생산 자본을 소유한 사측과 노측이 합의를 통해 해결하잖아요. 그런데 만약 노동환경에서 그렇게 사측이라고 부를 만한 통일된 자본이 없어지고 그냥 모든 사람, 예컨대 우리나라 같은 경우는 5천만 명 중에서 2~3천만 명이 모두 공급자가 된다면, 기존의 노동운동 방식으로 이 문제에 대응할 수 있겠느냐는 생각이 든다는 겁니다.

물론 어느 한순간에 모든 생산수단이 다 개인화되고, 각자의 집에서 뭔가를 만들어 내다 파는 식으로 바뀌지는 않을 거예요. 왜냐하면 대량생산이 규모 측면에서는 이점이 있기 때문입니다. 천 개 찍는 것보다 백만 개 찍는 게 생산 단가를 훨씬 낮출 수 있어요. 이 같은 규모의 이점이 당분간은 유지될 겁니다. 그러나 한 분야 한 분야씩, 버스나 택시 회사처럼 특히 개인이 제공하는 서비스 분야는 다 사라질 수 있다는 거죠. 생산성 향상으로 재래식 생산라인에 필요한 일자리는 이미 급속도로 줄고 있습니다.

첫 시간에 이야기한 것처럼 구글 전체 인원이라고 해봤자 얼마 안 되죠. LG에서 밥솥 만드는 회사가 구글보다 훨씬 더 많은 사람들을 고용해요. 그런 회사들이 당분간은 유지되겠지만, 몹시 빠른 속도로 줄고 있는 게 현실인데, 공유경제가 활성화할수록 이런 일자리의 감소 추세가 가속화할 거라는 거죠. '만인의 만인에 대한 경쟁'이 활발해지고요. 그런 상황을 머릿속에서 어떻게 그려볼 수 있을까요. 공유경제라는 개념도 아직 생소한데, 그것이 일상화했을 때의 상황은 무엇을 토대로 유추할 수 있을까요.

대리 운전으로
공유경제 엿보기

고민을 하다 보니 뜻밖의 사례가 있었습니다. 지금 많은 사람들이 이용하고 있는 대리 운전이 그것입니다. 대리 운전은 아주 전형적인 공유경제 모델이에요. 우리나라에서는 음주 운전을 1980년대 말부터 법으로 처리한 것으로 기억하는데, 아무튼 음주 운전에 대한 처벌이 일상화되면서 대리 운전이라는 업종이 생겨났어요.

처음에는 대리 운전도 2~3차 산업 형태로 움직였습니다. 대리 기사들을 고용한 회사가 등장하고, 사람들이 대리 운전 회사에 전화를 걸면, 그 회사에서 기사를 보내주는 형태였죠. 그런데 이런 형태가 1990년대와 2000년대를 거치면서 바뀌었습니다. 지금은 회사가 명목만 남아 있어요. 대리 기사들을 몇천 명씩 고용하던 대규모 회사들은 갈수록 규모가 줄고 있습니다. 또 기사를 고용하고 있다 해도 예전처럼 직원에게 월급을 주는 식으로 관계를 맺고 있지 않아요.

대리 운전에 대해서는 〈그것은 알기 싫다〉에서 다룬 적도 있고, 〈딴지일보〉에도 대리 운전 기사 다큐멘터리의 인터뷰 기사 시리즈를 쓴 적이 있는데, 핵심은 그겁니다. 대리 기사를 고용하는 회사는 다 없어졌고, 흔히 말하는 '플사'(프로그램 회사를 줄여서 '플사'라고 하죠)만 남아 있어요. 플사는 쉽게 말해서 대리 기사들이 사용하는 앱을 만들고 공급하는 회사입니다. 이 앱을 어떻게 이용하느냐. 사람들이 1588-1588처럼 유명한 번호를 보유한 대리 운전 업체에 콜을 하면, 그 콜을 일종의 경매처럼 앱에 띄웁니다. 콜이 뜨면 대리 기사가 자기가 소속된 회사와 관계없이 가까운 곳에 있는 콜을 선점해요. 이미 개인 대 개인의 거래가 발생하고 있다는 거죠.

우리는 대리 운전을 이용한 뒤 대리 기사에게 비용을 지불합니다. 대리 기사와 회사의 관계가 희미하다고 하니까 그 비용이 거의 다 기사한테 간다고 생각하기 쉽지만, 실제로는 대리 운전을 해서 얻는 수입 중 50퍼센트 가까이가 비용으로 빠집니다. 기사가 콜 받아서 손님을 만나면 그때부터 거래가 시작되죠. 그런데 일대일로 손님을 데려다주고 2만 원을 받으면, 기사의 몫은 1만 원밖에 안 된다는 겁니다. 나머지 1만 원은 어디로 가느냐. 가장 큰 몫은 회사가 아니라 플사로 갑니다. 플사에서 수수료를 받는 거예요. 그리고 남은 돈 중 일부가 콜을 받아준 회사에 수수료로 나갑니다. 결국 대리 기사는 수익의 반밖에 못 챙깁니다.

그러면 그 업계에서 살아남은 최고 강자는 누구일까요? 프로그램 회사입니다. 프로그램 회사는 집중 효과가 있죠. 많은 기사가 쓰는 앱일수록 손님들이 선호하게 되어 있습니다. 내가 콜을 띄웠을 때 가장 빨리 올 거 아닙니까. 그러니까 군소 프로그램 업체들은 다 죽어버리고, 지금처럼 특정 회사의 독점 체제로 들어간 거예요. 겉으로 보기에는 독점이 아닙니다. 대리 기사와 무슨 계약을 맺은 것도 없어요. 유일하게 있다면 자기네 프로그램을 공개해서 그 프로그램을 다운받아 쓰게 만들고, 그 프로그램을 통해 콜을 받으려면 얼마를 입금해야 하다는 것밖에 없어요. 그 정도 거래밖에 없는데, 전국의 대리 기사들이 벌어들인 수입의 거의 30~40퍼센트가 꼬박꼬박 그 프로그램 회사로 들어가는 겁니다.

그럼 그 회사들은 대리 기사에게 뭘 해주고, 어떤 비용을 들이고 있을까요. 광고도 안 합니다. 광고는 오히려 1588-1588 같은 번호 광고를 하죠. 플사 광고는 한 번도 못 보셨을 겁니다. 그러나 업계에서는 그 회사 프로그램을 거의 다 쓰고 있는 겁니다.

이처럼 개인 간 거래인 공유경제 시스템이 극도로 활성화하면 결국 거래할 수 있는 플랫폼을 만들어주는 회사에서 상당 부분의 이익을 가져갈 겁니다. 이익이 옆으로 새면 어떤 일이 벌어질까요. 제공하는 서비스의 품질이 떨어지겠죠. 우리가 대리 기사 시스템을 분석해보니까 최근 논란이 되고 있는 우버나 에어비앤비 시스템이 앞으로 어떻게 갈지가 대략 보이는 거예요.

공유경제, 무엇이 문제인가

우버와 대리 운전이 다른 점은 우버 기사들은 자기 차를 가지고 다닌다는 것밖에 없습니다. 물론 택시를 이용하기도 하고 렌터카 회사의 차를 이용하기도 하는 등 다양한 형태가 있습니다. 초창기 우버가 우리나라에 들어왔을 때는 다 렌터카 회사와 같이 했어요. 리무진같이 좋은 차가 많은 렌터카 회사와 계약해서 우버에 콜이 뜨면, 손님이 지정한 기사가 서비스를 제공하고 돈을 받아오는 거죠. 우버가 점점 활성화하면 일반인도 참여합니다. 우버가 합법화되면 택시회사도 여기에 참여하겠죠. 이런 식으로 되다 보면, 서비스를 공급하는 사람은 자신의 여분의 노동력과 차를 가지고 서비스를 제공하고, 서비스를 소비하는 사람은 우버를 이용해 노동력과 자동차라는 서비스를 사게 될 겁니다. 당연히 돈은 우버가 벌고요.

문제는 또 있어요. 대리 기사의 경우와 똑같은 거죠. 경쟁이 심화되면 가격 경쟁이 붙습니다. 어떤 사람은 조금 여유가 있지만 어떤 사람은 지금 당장 몇만 원을 벌어야 하는데, 지금 이 거리가 분명 3만 원짜리 코스이지만 3만 원을 부르면 자기가 이 콜을 받을 수 없을 때는 그냥 2만 원에 받아버리는 거예요. 누구든 한 명이 시작하게 되면 조만간 모든 대리 기사가 그 거리를 2만 원에 가야 합니다. 이런 식으로 흘러서 지금 대리 운전 비용이 90년대보다 더 저렴해진 거예요. 생각해보세요. 90년대 초반에 대리 운전이 처음 나왔을 때, 서울 시내에서 4~5킬로미터 가는 데만도 10만 원쯤 나왔어요. 팁도 따로 줘야 했죠. 그러나 이제는 시외로 가면 3~4만 원 정도고, 서울만 벗어나지 않으면 1만~1만 5천 원 안에서 해결되죠. 어떤 경우에는 택시비보다 싸요. 우버도 그런 식으로 가격 경쟁이 치열해질 게 뻔하죠.

문제는 그게 다가 아닙니다. 회사에 소속된 택시 기사는 영업한 수익금을 몽땅 회사에 입금하고 자기는 회사와 약속한 월급을 받습니다. 입금액이 어느 정도 넘어가면 수당도 나오겠죠. 이렇게 하면 나름대로 여유 시간이 생겨요. 하루에 운전할 수 있는 시간이 제한되어 있기 때문에 쉬는 시간이 생기는 거죠. 영업용 기사들은 보통 12시간 일하고, 몇 시간 쉬고 그러더라고요.

그런데 이 플랫폼이 우버로 바뀐다면, 이 사람은 더 많이 일해서 돈을 더 벌지도 모릅니다. 그러나 이 사람은 중요한 걸 잃게 됩니다. 안정성을요. 오늘은 콜을 많이 받았는데 내일은 못 받을 수 있는 거죠. 회사에 있을 때는 영업이 잘 안 돼도 일차적으로 회사가 막아줍니다. 회사가 월급을 주기로 했으니까 일정액의 월급은 받아요. 영업 부진이 반복되면 회사가 월급을 깎거나 해고할 수도 있겠지만, 일시적일 때는 회사가 커버해줘서 노동자는 안정적인 수입을 올릴 수 있습니다. 안정적인 수입이 있느냐 없느냐는 한 사람의 삶에 아주 큰 차이를 가져옵니다. 미래를 계획할 수 있느냐 없느냐가 되거든요.

물론 공유경제는 보이지 않는 서비스, 보이지 않는 상품을 찾아냅니다. 에어비앤비 같은 경우 우리나라에도 본격적으로 영업하는 사람들이 생겼다고 하더라고요. 혹시 모르니까 간단히 설명해보죠. 어떤 사람이 서울에 원룸을 하나 가지고 있어요. 집은 지방에 있고 서울 원룸은 가끔 출장 올 때만 쓰기 때문에 한 달에 열흘쯤밖에 안 씁니다. 한 달에 20여 일이나 비어 있지만, 관리비도 내고 청소도 해야 하니 골치 아픕니다. 그런 사람이 인터넷에 정보를 띄워서 자기가 쓰지 않을 때 서울에 여행 온 사람이 그 원룸을 쓸 수 있게 해준다는 거죠. 그러면 집을 소유한 사람은 좋죠. 관리비라도 나올 거 아닙니까. 이처럼 전혀 돈이 안 될 거라고 생각했던 자투리 자본을 활용해 돈을 버는 겁니다.

유휴자본을 쓰는 에어비앤비는 초반에 무척 긍정적으로 인식되어, 기존 경제체제를 보완할 수 있는 좋은 대체제로 여겨졌습니다. 그러나 초반에 에어비앤비를 시작한 사람들은 조만간 도태됩니다. 왜냐. 에어비앤비를 전문적으로 노리는 사람들이 생겨나기 때문이죠. 자본을 잔뜩 투자해 원룸을 스무 개쯤 사서 설비를 잘해놓고 에어비앤비에 집중적으로 올리고, 페이스북에 광고하면서 에어비앤비의 수요를 다 가져갑니다. 사업이 되는 거예요.

이런 상황은 공유경제의 기본 개념에서 벗어난 것일 뿐만 아니라, 기존의 숙박업과도 충돌을 빚습니다. 그래서 꽤 많은 도시에서는 에어비앤비 형태로 숙박을 제공하는 게 불법으로 규정되어 있어요. 사실 숙박은 아주 위험한 거거든요. 한밤중에 무방비 상태가 됐을 때 누가 숙소에 침입할 수도 있고, 뜻하지 않는 사고가 생길 수도 있어요. 여성의 경우는 특히 더 위험하겠죠. 기존의 호텔이나 숙박업소 가격이 비싼 것은 보안 비용이 포함되어 있기 때문입니다. 그런데 에어비앤비에는 그게 없잖아요.

이런 복잡한 문제들이 많이 발생하는데 뼈대는 같습니다. 유휴자본을 활용할 수 있는 등, 처음에는 크게 이득이 될 것처럼 보여요. 하지만 시간이 지나면 오히려 서비스를 제공하는 노동자, 각 개인 공급자의 삶을 피폐하게 만들 가능성이 높습니다. 실제 수입은 별로 늘지도 않으면서 말이죠. 이건 비관적인 측면입니다. 수입과 관계없이 노동환경은 일단 열악해집니다. 앞서 말한 안정성의 상실도 매우 중요한 문제입니다. 경쟁이 너무 치열해질 수도 있고요. 이런 문제들에 대한 우려의 목소리가 굉장히 높습니다. 공유경제가 등장하면서 노동이라는 상품이 거래되는 형태가 바뀐 거잖아요. 예전에는 자본가가 세운 공장, 사측과 주로 거래했는데, 이제는 개인들끼리 노동을 거래하는 상황이 된 겁니다.

대가가 지불되지 않는
노동

이 정도 문제만으로도 충분히 머리가 아프고 혼란스러운데, 여기서 한발 더 나아가는 이야기가 있습니다. 분명히 노동을 제공했음에도 불구하고 거래조차 못하는 상황이 발생할 수 있고, 발생하고 있는 겁니다.

여러분이 웹사이트에 로그인 할 때 흔히 본 적이 있을 겁니다. 조금 왜곡된 문자들이 있지 않습니까. 이게 캡차CAPTCHA 시스템이라는 건데, 숫자를 보여주기도 하고 문자를 보여주기도 하죠. 그건 기계가 읽기 어렵습니다. 찌그러져 있기 때문이에요. 그러니까 사람만이 읽을 수 있는 왜곡된 문자를 이미지로 보여주고 그 문자를 정상적으로 입력해야 로그인 하거나 서비스를 이용할 수 있게 하는 거예요. 캡차 시스템이 나온 이유는 게시판 댓글로 광고를 하려는 소프트웨어들의 움직임을 막기 위해서였습니다. 여기까지는 노동과 아무 상관이 없죠.

　그런데 구글 내부에 있는 한 프로젝트 팀이 캡차에서 더 발전한 리캡차reCAPTCHA라는 시스템을 만들어냈습니다. 리캡차는 캡차와 똑같아요. 다른 점은, 캡차에서 보여주던 왜곡된 이미지 옆에 왜곡된 이미지를 하나 더 보여준다는 겁니다. 사람들은 캡차 하나만으로는 막기 어려우니까 강화하기 위해서 두 개를 설치했나 보다, 하면서 두 개를 열심히 입력합니다. 그런데 여기에 과연 무엇이 숨겨져 있을까요? 앞쪽은 기존 캡차와 비슷해요. 문자나 숫자나 왜곡되어 있는 형태가 뚜렷하게 보이는 거죠. 그에 비해 뒤쪽은 분명히 인쇄체 같은데 열악한 이미지를 보여줍니다. 그리고 단어예요.

　이게 뭐냐 하면, 구글이 진행하는 프로젝트 중에 구글 프린트라는 프로젝트가 있습니다. 구텐베르크가 금속활자를 발명한 이후에 나온 책을 전부 다 디지털화하겠다는 야심 찬 프로젝트죠. 그런데 대부분의 옛날 책들은 다 마이크로필름으로 보관합니다. 마이크로필름은 조그맣게 찍었지만 해상도가 높아서 크게 확대하면 잘 보이잖아요. 그걸 그대로 스캐너에 돌리면 이미지로 가지고 있을 수는 있어요. 그런데 그 책의 한 페이지를 이미지로 가지고 있어봐야 별 쓸모가 없습니다. 텍스트로 가지고 있어야지요. 그러기 위해서 OCRoptical character reader 프로그램(문자 인식

프로그램)이 엄청 발전합니다. 이미지를 스캔 받아서 OCR 프로그램에 걸면, 텍스트로 다 인식합니다. 그래서 19세기 중반 이후에 나온 책들은 OCR에 걸면 거의 다 해독해요.

그런데 그 이전에 만들어진 책들은 인쇄도 조악하고 종이의 질도 좋지 않고, 아무리 스캔 해봐도 이미지 품질이 좋지 않게 나옵니다. 기계가 못 읽는 경우가 많아요. 이렇게 기계가 읽지 못하는 단어를 잘라서 사람들에게 보여주는 겁니다. 그러면 사람들은 로그인을 하기 위해 소프트웨어가 읽지 못한 단어를 읽고 입력하겠죠. 이 답을 수집하는 겁니다.

하루에 보통 100만 명, 200만 명이 접근하는 사이트가 이 시스템을 사용했다면 구글은 앉아서 하루에 100만 개, 200만 개의 단어를 자동으로 읽어낼 수가 있는 겁니다. 물론 틀리는 경우도 있겠죠. 그럴 때를 대비해서 똑같은 단어를 한 번만 보여주는 게 아니라 여러 번 보여줍니다. 다수결로 결정하면 됩니다. 말하자면 이 단어를 입력한 사람들 중에서 가장 많은 사람들이 쓴 답이 옳을 확률이 높죠. 그러면 에러율이 있긴 해도 OCR 프로그램이 해독하지 못하는 아주 오래된 책의 내용을 디지털화할 수 있는 겁니다.

이 프로젝트는 아주 빠른 속도로 진행되고 있어요. 하루에도 기계가 읽지 못하는 수만 권의 책이 기계가 읽을 수 있는 책으로 바뀌고 있는 거예요. 몇 년만 더 지나면, 아니 몇 달일지도 모릅니다, 구글은 이 세상에 존재하는 모든 책의 디지털 버전을 갖게 될 수도 있습니다. 옛날엔 상상도 못하던 일이죠. 다들 비웃었습니다. 그거 스캔해서 OCR 안 되는데, 알바 동원해서 하면 인건비가 몇억 달러는 들어갈 텐데 하면서요. 그러나 구글은 이걸 돈 한 푼 안 들이고 해결했습니다.

그렇게 해서 구글이 보유하게 된 디지털화된 책의 가치, 이 가치의 주인이 누구냐는 겁니다. 컴퓨터 앞에 앉아서, 무슨 사이트인지 모르겠지만 로그인 한번 해보겠다고 열심히 입력한 전 세계 수천만 명의 것이잖아요. 거기에는 분명 노동이 들어갔습니다. 파편화하고 아주 하찮은 노동이지만, 그 파편화한 노동을 통해서 구글은 어마어마한 가치를 만들어냈습니다. 여기 한 번이라도 입력한 사람들에게 구글이 1센트라도 줄까요? 이처럼 거래되지 못한 노동이 생긴다는 거죠.

비슷한 예가 또 있어요. 번역입니다. 요즘 구글 번역기의 번역 수준도 빠르게 좋아지고 있습니다. 원래 번역은 문자열을 분석하는 기술로 이루어집니다. 점점 더 복잡한 로직으로 프로그램이 번역할 수 있도록 몇십 년 노력해왔지만 한계가 있습니다. 로지컬한 번역 프로세스로는 사람들이 아주 흔하게 쓰는 구어체나 일상적인 표현을 번역할 수가 없어요. 짧고 관습적인 표현은 대부분 논리적 구조가 없거든요. 말도 안 되는 경우가 많죠. 문법을 정확하게 지키면서 쓴 학술적인 논문을 구글에서 번역시키면 무섭게 잘 나오지만, 초등학생들이 나누는 대화를 번역시켜보면 엉뚱한 게 나오죠.

그러면 구글은 이 문제를 또 어떻게 해결할까요? 전 세계적으로 수많은 사람들이 영어를 배우려고 합니다. 그런 사람들에게 영어를 교육하는 사이트가 많죠. 영어를 배우다 보면 퀴즈를 풀 때가 있습니다. 그러면 이 문장을 번역하시오, 하고는 히스패닉을 주고 영어로, 영어를 주고 히스패닉으로 번역하게 한 뒤 그 데이터를 모읍니다. 답도 다 모읍니다. 여기에서도 다수결이 적용됩니다. 가장 많은 사람들이 답한 게 가장 잘된 답이겠죠. 이런 문장 수백, 수천만 개를 데이터베이스에 넣는 겁니다.

디지털 기술이 약할 때만 해도 이렇게 큰 데이터는 검색 속도가 느려서 쓸 수가 없었어요. 그러나 요즘은 빅데이터가 발달해서 검색 속도가 엄청나게 빨라졌습니다. 그러니까 이제는 구어체 문장을 논리적으로 번역하는 게 아니라 아예 데이터베이스에서 찾는 겁니다. 이 데이터베이스를 채우는 데는 언어학 전문가들이 아니라 해당 언어를 배우고 싶어 사이트에서 퀴즈를 풀고 있는 사람들의 분산된 노동력이 이용됩니다. 구글은 지구상에서 가장 강력한 번역 엔진을 공짜로 얻은 겁니다. 그걸 프로그래밍한 사람들의 노동력이 들어갔을 테니 아주 공짜는 아니겠지만요. 자, 이런 식으로 전 세계의 노동을 분산시켜서 어마어마한 가치를 생산했을 때, 그 가치의 주인은 누구이며 이 노동의 대가는 어떤 식으로 지불될 수 있을까요. 사실 지불이 불가능하죠. 대가가 주어지지 않는 노동입니다. 신기하죠.

미래를 결정짓는
키워드

구글의 사례를 통해 이제는 어떤 가치를 만들어내는 노동이 거래가 안 될 정도로 작게 잘라져서 전 세계에 분산되고 있다고 말씀드렸습니다. 기술의 발전은 노동환경을 우리 생각보다 훨씬 더 빠르게, 훨씬 더 많이 변화시키고 있습니다. 가장 큰 걱정은 우리가 그런 변화에 적응하고 대비할 시간 여유가 없다는 점입니다.

그 밖에도 구글이 저지른 나쁜 짓이 또 있습니다. 구글은 우버의 주식을 꽤 많이 보유하고 있습니다. 관심이 있는 거죠. 그러나 구글은 리무진 택시라든가 공유경제에는 다 관심 없습니다. 구글이 우버에 관심을 두는 이유는 무인 택시를 운영하고 싶어서입니다. 구글이 지금 무인 드라이빙 시스템을 만들고 있거든요. 택시 사업에서 가장 많은 비용을 지불하는 게 인건비잖아요. 그런데 어떤 회사가 기사가 필요 없는 택시를 백만 대 가지고 있다. 그러면 그 지역의 택시 사업은 다 망하겠죠. 누가 저항하겠습니까.

구글이 자꾸 차에 무얼 덧붙여서 테스트하고 그러더니, 이제
는 사고율이 거의 0에 수렴하는 무인 드라이빙 차가 나왔습니다.
도로에 뭘 바꿀 필요도 없어요. 무슨 문제가 생기면 바로 멈춰버
리니까요. 무인차는 앞뒤 차간 거리도 칼같이 지키거든요. 경찰
입장에서 보면 사람이 운전하는 차보다 무인차가 훨씬 좋아요.
음주 운전 안 하고, 신호 확실하게 지키고, 과속 따위 안 하고, 보
행자 구간 들어가면 속도도 정확히 지키거든요. 심지어 길거리
에 있는 다양한 표지판까지 다 인식하고 움직입니다. 우리 사회
에 무인 택시가 등장하면 사람들이 거부할까요? 저는 아니라고
봅니다.

독일은 고속도로에서 차가 달릴 때 핸들에서 손을 놓으면 불
법으로 규정하고 있어요. 안전을 위해서죠. 최신 차들 중에는 차
선을 인지해서 세팅해두면, 차선을 지키면서 쭉 가게 하는 오토
크루즈 기능을 탑재한 것도 있어요. 그런데 손을 놓으면 불법이
잖아요. 차에 감지기가 달려 있기 때문에 사람이 적어도 한 손은
핸들을 잡아야 해요. 그래서 테이프로 커피 캔을 묶어놓고는 팔
짱 끼고 앉아서 가는 사람들이 있어요. 무인차가 등장하면 독일
의 그런 법은 더 무용지물이 될 겁니다. 그래서 독일은 무인차
의 등장에 대비해서 법안을 준비하고 있어요. 캘리포니아에서는
벌써 착수했고요.

자, 구글이 무인 택시를 고려한다면 벤츠는 뭘 하고 있을까요. 벤츠는 무인 트럭을 선보였어요. 정확한 통계인지는 모르겠는데, 미국에는 트러커trucker, 즉 주 사이를 오가며 화물을 운반해주는 트러커들이 250만 명 정도 있다고 합니다. 미국 유통 부문의 상당량을 그들이 담당하고 있어요. 미국은 철도망이 좀 부실한데, 그렇다고 비행기로 운송하기엔 돈이 너무 많이 드니까 미국의 그 막대한 화물량을 엄청난 수의 트럭이 맡고 있습니다.

그렇게 막대한 화물을 담당하는 트럭이 어느 순간 다 무인트럭으로 바뀐다고 생각해보세요. 역시 경찰은 환영할 겁니다. 맨날 술 먹고 싸우고, 트러커들이 굉장히 거친 사람들이잖아요. 다 없어진다는 겁니다. 주유할 때 말고는 쉬지도 않고 20~30시간 계속 달릴 수 있죠. 사람이 모는 트럭에 비해 경쟁력이 몇 배는 높을 겁니다. 자, 그러면 미국에 있는 트럭 회사들이 트럭 운전사를 고용할 필요가 있을까요? 순식간에 250만 명의 실업자가 생기는 거예요. 어마어마한 노동환경의 변화죠. 이렇게 되는 데 몇 년 걸릴까요? 저, 3년 내에 무인 트럭이 도로에 등장한다에 500원 걸 수 있습니다. 좀 많이 걸까요?(웃음)

이런 현상을 보고 있으면 진짜 이 사회가 어떻게 되려고 하는 걸까 무섭기까지 합니다. 과연 입법부는 이런 상황을 고려하고 있는지 모르겠어요. 아마존에는 드론으로 상품을 배달하는 시스템이 있어요. 그러나 서울에서는 어떤 물체도 비행할 수 없게 되어 있습니다. 그러면 그 항공법을 변경해서 아마존이 서울에서도 드론 택배 시스템을 가동할 수 있게 해줄 건지. 서울 시내 강변도로며 올림픽도로에 무인 택시가 돌아다니게 해줄 건지. 만약 우리나라가 그건 위험하니까 안 하겠다고 거부를 했을 때, 다른 나라와의 경쟁력 문제는 어떻게 해결할 건지. 이런 문제를 고민하는 사람이 몇이나 되는지. 국회에는 부설연구소도 많던데 거기에서 그런 고민을 하고 있는지. 아니면 우리나라 자동차 회사가 하고 있는지. 현대차는 전기차로 어떻게 해보려다가 잘 안되니까 자꾸 다른 걸로 바꾼다고 그러는데……

노동환경이 이렇게 급격히 변하는 과정에서 우리 사회에 존재하는 노동자들은 자신들의 권리를 보호하기 위해 과연 어떤 일을 해야 할까, 어떻게 싸워야 할까 하는 겁니다. 어떤 면에서는 지금 딱 이 시점의 대한민국 노동자들이 과거 영국에서 방적기가 처음 발명됐을 때 러다이트 운동에 참여했던 노동자들과 비슷한 상황에 빠지고 있다고 생각합니다. 이대로 두면 노동자들이 이 상황에 효율적으로 적응하거나 상황을 호전시키기 힘들거라고 보여요. 그런데 노동자들이 변화를 포기하고 밀려나기 시작하면 우리 사회는 바로 엘리시움 같은 사회가 되는 거죠.

그러면 누가 엘리시움에 들어가겠는가. 우버 창업자와 임원들, 구글 임원들 같은 사람이 가는 거죠. 나머지 노동자들은 할 일이 없어져요. 그렇다고 이 사람들을 죽이지는 않을 겁니다. 자기네들이 만들어낸 상품을 써야 하니까, 최소한 생명을 유지할 수 있는 상태로만 놔두고, 자기들이 생산한 상품의 소비처로만 이용하겠죠. 이런 일 차근차근 진행되고 있는 것 같아서 너무나 무섭습니다. 지금까지의 이야기가 아주 비관적인 미래로 가는 시나리오예요.

그럴 수밖에 없을 것 같은데, 다른 가능성이 있을까요? 이런 상황을 우리가 어떻게 회피하죠? 무인차를 금지시키나요? 아니면 무인차를 연구하는 연구소에 불을 질러버릴까요? 기술 발전은 방해할 수 없다. 기술 발전은 거부할 수 없는 시대의 흐름이다. 이건 당연한 일입니다. 누가 반대하겠어요. 무인차보다 더한 것도 나올 겁니다. 이제는 무인 자동차끼리 레이싱 하는 대회도 나올 거고, 무인 비행기도 등장할지 모릅니다. 하긴 비행기는 무인이 오히려 더 안전할 수 있어요. 영화 같은 거 보면 많이 나오잖아요. 기장이 마약중독자라거나 하는. 로봇은 최소한 마약에 중독되지는 않을 것 아닙니까.

낙관적인
미래를 그리다

긍정적인 예상도 있긴 있을 테니 한번 찾아보기로 하죠. 극소수의 구성원들만 아주 좋은 환경에서 살고, 나머지 대대수는 극도로 악화된 환경에서 버티는 사회. 인류는 그런 사회를 아주 원시시대부터 많이 겪어왔습니다. 사실 원시시대가 공유경제가 이루어진 사회가 아닌가 싶어요. 부족 내에서 사냥 잘하는 사람은 토끼 잡아오고, 물고기 잘 잡는 사람은 물고기 잡아오고, 바꿔 먹었을 거 아닙니까. 어떻게 보면 공유경제 모델은 원시경제일지도 몰라요. 개인 대 개인의 거래니까.

그런데 원시적인 상태를 조금이라도 벗어나면 부족이 탄생하고 부족국가가 탄생하죠. 이런 과정을 살펴보면 결국엔 소수의 사람이 사회적 이익을 갈취한다고 봐야 해요. 플랫폼을 짜고 갈취하는 거죠. 예전에는 내가 토끼를 네 마리 잡아오면 한 마리는 물고기와 바꾸고, 한 마리는 과일과 바꿔서 먹고살 수 있었는데, 이제 토끼를 네 마리 잡아오면 부족장이 두 마리를 세금으로 뜯어갑니다. 이거는 뭐, 그냥 자연스러운 역사의 발전입니다. 그 과정에서 국가가 탄생하면서 포악한 왕과 부패한 귀족들이 생기는 거죠. 인류는 그런 시대를 무척 많이 겪어왔어요.

그나마 희망적인 것은 우리 선조들이 그런 상황에서 저항을 했다는 거예요. 한반도에서도 그런 역사가 많습니다. 왕후장상의 씨가 따로 있느냐며 싸웠던 노비도 있습니다. 왕과 귀족들이 부를 독점하고 나머지 사람들이 고통에 빠져 있는 상황을 역사 속에서 인류가 극복한 적이 있습니다. 바로 프랑스대혁명이죠.

영국은 또 다른 식으로 극복합니다. 미국은 영국과의 전쟁을 통해 민주주의 사회를 만들었죠. 무지의 장막 뒤에서 최소한의 합리적 판단을 할 수 있는 사람이라면 당연히 왕정체제보다는 공화정을 고릅니다. 왕정의 노예보다는 공화정의 시민이 훨씬 낫거든요. 아무리 돈이 없어도.

그렇게 최근 1~2백 년 사이에 상당 국가에서 민주주의, 공화주의를 다양하게 구현했습니다. 인류의 승리였죠. 서구 사회와 신흥 독립국가에서 민주주의가 빠른 속도로 구현되면서 인류 문명이 크게 발전했습니다. 물론 아직도 민주주의가 정착되지 않은 나라들이 많습니다. 중동 쪽 나라들이 다 그래요. 우리나라는 평가하지 않기로 하고. 북한도 안 됐고, 아프리카 여러 나라들도 전쟁 상태죠. 그렇긴 하지만 많은 사회에는 민주주의, 민주공화국이라는 시스템이 꽤 넓게 퍼졌습니다. 이것은 시스템의 힘으로 부가 독점되는 상황을 막을 수 있다는, 살아 있는 역사적 증거죠.

그런데 이제 무력이 아닌 자본이 부를 독점하는 상황이 벌어집니다. 하지만 이번에도 인류는 이 상황을 극복할 수 있지 않을까요? 과거에도 몇 번이나 그렇게 했으니까요.

물론 이건 아주 무책임한 발상입니다. 그런 상황을 극복하기 위해 뿌려지는 피는 어떻게 할 것이냐. 엄청난 싸움이 벌어질 텐데. 프랑스혁명 당시 파리에서 싸우다가 죽어간 사람은 얼마나 될까요. 어쩌면 우리는 그 과정을 한 번 더 밟아야 할지 모릅니다. 그러나 설령 그렇더라도 인류는 결코 쉽게 굴복하지는 않을 거라는 거죠. 역사가 분명히 보여주지 않았습니까.

공유경제의 긍정적 전망들

실제로 공유경제 대해 낙관적인 전망이 존재합니다. 요즘 많이 화제가 되고 있는 배달 앱 이야기입니다. 그게 사실 공유경제의 전 단계거든요. 예전에 동네마다 어지간한 가게들 다 나오는 책자가 문이나 우편함에 꽂혀 있지 않았습니까. 그거랑 비슷한 개념이죠. 그런데 차이점은 이 배달 앱들이 이런 음식점이 있다는 목록과 광고 문구를 보여주고 끝나는 게 아니라, 자기네를 통해 주문하도록 유도해서 수수료를 떼어간다는 거예요. 수수료가 만만치 않아요. 그래서 싫은 거예요. 당신들이 한 일이 뭐가 있다고 수수료를 많이 가져가느냐는 거죠.

그런 식으로 성공해서 계속 간다고 하면, 대리 기사 업계나 우버 업계와 똑같아져버립니다. 예컨대 중국집 주인도 피해를 보고, 중국 음식을 사 먹는 소비자도 피해를 보는 겁니다. 수수료가 빠져나가니까 중국집 주인은 받은 돈만큼 거기에 대한 충분한 서비스를 할 수가 없겠죠. 그러니 서로 피해라는 겁니다.

그런데 이런 단순한 형태의 플랫폼이라면 극복할 방법이 있어요. 저는 이것을 다양한 조직에서 구현할 수 있다고 생각합니다. 예를 들어 제가 살고 있는 의왕시 요식업협회에서 이런 앱을 만들어 무료로 나눠주고 사람들이 다 쓰게 만듭니다. 거기에서 수수료 같은 거 뗄 생각은 하지 말고요. 수수료는 늘 거래의 품질을 떨어뜨립니다, 돈이 새는 거죠. 적절한 이윤을 공급자가 먹고, 사용자는 충분한 가치를 가져갈 필요가 있어요. 사람들이 자주 쓰게 됐을 때 앱에 광고를 붙이면 돼요. 접속수가 많으면 광고 이익도 많이 발생합니다.

또 지자체 기준으로 배달 앱 같은 걸 만든다면 거기에서 발생한 이익을 지역사회에 환원할 수도 있습니다. 지역사회 또는 어떤 아파트에서 다 그 앱을 쓴다면 거기에서 나온 수익으로 정기적으로 노인정에 뭘 기부한다거나, 부녀회에 뭘 준다거나, 놀이터를 개선해준다거나 하는 식으로요. 이처럼 플랫폼 서비스를 누가 어떻게 만들고 유통시키느냐에 따라서 상황은 크게 달라집니다.

한때 우버와 비슷한 카셰어링car-sharing 시스템이 유행했습니다. 대규모 아파트 단지 같은 곳에서 공유 자동차를 서너 대쯤 사는 겁니다. 그리고 아파트 주민들 가운데 일정한 회비를 낸 사람은 그 차를 쓸 수 있게 하는 겁니다. 그러면 주로 서브 카를 가지고 있던 사람들이 서브 카를 처분하겠죠. 또는 일주일에 겨우 한두 번 쓰려고 차를 가지고 있는 건 너무하지 않느냐 싶으면 카셰어링을 하는 겁니다. 이런 건 충분히 가능하다는 거죠. 왜? 마진이 옆으로 새지 않거든요.

지역사회에서 할 수 있는 일은 다 하되, 비용은 최소화할 수 있는 방법이 있다는 겁니다. 지역 시민단체나 지역 학생단체가 나설 수도 있죠. 이렇게 해서 지역별로 운영되기 시작하면, 각 지역별 앱을 누군가가 통합할 수는 있을 거예요. 그러기 위해 정부에서 지원금을 주는 것도 생각해볼 만하죠. 이렇게 되면, 거기에서 발생하는 수익이 내부에서 순환되는 구조를 만들 수 있습니다.

아주 낙관적인 전망인데, 가능할까요? 가능성 여부는 오로지 우리에게 달렸습니다. 아까 결국 인류는 자본에 의한 독점도 극복해낼 것이다, 피 흘려가면서, 라고 했지만 전 그건 싫어요. 무섭습니다. 그런 일이 벌어지기 전에 그런 시스템에 맞서서 우리가 지역사회에서 할 일이 있다는 거예요.

그런데 그런 낙관적인 전망이 가능해진 것도 사실 기술 발전의 여파 때문입니다. 기술 발전이 이 모든 암울한 상황을 만든 것 같지만, 개인이 앱을 만들어서 플랫폼을 설치할 수 있다는 것도 기술 발전의 결과거든요. 과학기술에는 늘 양면성이 있게 마련입니다. 따라서 무조건 배척할 수만도, 무조건 신봉할 수만도 없는 거죠.

제너럴리스트,
미래 시민의 덕목

이 대목에서 조금 민망한 이야기를 짧게 할게요. 최근 트위터 상에서 고종석 선생님이 저더러 제너럴리스트라고 좀 과한 칭찬을 하시더라고요. 제너럴리스트란 사회의 일반적인 내용을 다 아는 사람, 그러니까 아주 얇고 넓게 아는 사람을 뜻합니다. 르네상스 시대에는 이런 사람이 무척 중요했어요. 대표적으로 레오나르도 다빈치를 들 수 있습니까. 제가 그런 사람이라는 게 아니고요. 르네상스 시대에는 모든 학자가 모든 학문을 연구했죠. 철학자가 물리학도 하고, 수학도 하고, 그림도 그리고, 기계도 만들었습니다. 아무튼 디테일하고 전문적인 사항은 전문가에게 맡기더라도 최종 결정권은 개인에게 주어지는 사회가 온다면, 우리 모두가 각 분야에 대해 조금씩은 알아야 하는 거죠.

다가오는 시대에는 일반 공화국 시민들이 제너럴리스트가 되어야 해요. 왜냐. 디테일한 기술은 전문가들이 개발합니다. 실제로 요즘 고등학생들은 조금 전에 이야기한 배달 앱 같은 거 사흘이면 만들 수 있습니다. 그렇게 만들 수 있게 된 건 수천 수만 명의 천재 엔지니어들이 이미 있었기 때문이에요. 그 사람들이 만들어준 툴을 사용하니까 레고 조립하듯이 아주 간단하게 만들 수 있는 거죠. 모든 분야가 다 그렇습니다. 건설 부문도 마찬가지예요. 내가 우리 집을 설계할 수 있을 것인가. 아직까지는 불가능하죠. 하지만 미래에는 난잡하게 그림을 그려도 고대로 만들어 줄 수 있는 건축 기술이 나올 거예요. 건축 기술 자체도 모듈화할 겁니다.

여태까지 완제품만 팔았아온 자동차도 마찬가집니다. 그 이전에 먼저 스마트폰을 이야기해볼까요. 구글에서는 조립 가능한 스마트폰 프로젝트가 벌써 성과를 보이고 있습니다. 별거 아닙니다. 멀쩡한 스마트폰을 때만 되면 다 버려야 되니까, 디스플레이 따로, cpu 따로, 스마트폰에 나오는 부품들을 따로따로 만들어서 하나의 판에 다 끼워 작동시킬 수 있게 하는 거죠. 완제품 상태로 판매하는 스마트폰에 견주어도 성능이 떨어지지 않는 제품이 나옵니다.

자동차 이야기를 하다 말았는데, 마찬가지예요. 아주 오래전 엔젤 투자자로 유명한 사람이 한 이야기입니다. 컴퓨터를 보면 인텔인사이드라는 익숙한 스티커가 붙어 있지 않습니까. 인텔은 컴퓨터가 아니라 cpu만 만드는 회사잖아요. 그 사람이 말하기를, 자동차 회사도 엔진만 만드는 회사가 나와야 한다고 했습니다. 예를 들어 로터스라면, 엔진 규격을 통일해서 어떤 차에도 로터스 엔진을 탑재할 수 있게 하는 거죠. 로터스인사이드. 마찬가지로 타이어도 따로, 동력도 따로. 이렇게 되면 사람들이 부품을 조립해서 자기한테 딱 맞는 자동차를 만들 수 있게 돼요.

이런 사회가 되면 깊이 알기보다는 넓게 아는 사람이 더 선호될 가능성이 많아요. 그런 의미에서 제가 미래형 인간이라고 주장하는 건 아닙니다.(웃음) 사회가 급변하면서 노동환경이 점점 열악해질 때, 이에 맞서서 내 권리를 지키려면 도대체 이 사회에서 어떤 일이 진행되고 있는지 정도는 알아야 한다는 점을 말씀드린 겁니다. 내 분야가 아니라고 해서 관심을 끊어버리면 우리가 어떻게 미래 사회에 대처할 수 있겠어요. 그래서 우리가 미래를 살아가는 시민으로서 반드시 알아야 할 이야기를 고르고 골라서 지금까지 한 겁니다. 물론 더 많은 게 필요하겠지만, 그것은 여러분 각자가 알아서 공부하셔야 하겠죠.

또 한 가지 희망적인 건 있어요. 저는 여덟 번 강연하면서 자본을 아주 극악무도하게 묘사했어요. 자본이 제일 무서운 놈이다. 이게 우리 사회를 지배하려고 들고, 막을 방법이 없고, 국가보다 더 세다고. 그런데 자본도 두려워하는 게 있어요. 자본은 점점 자기 확대를 꿈꾸지 않습니까. 즉 자본은 어딘가에 투자해서 상품을 만들어 많이 팔기를 원한다는 거죠. 자본이 가장 두려워하는 건 소비자예요. 삼성이 세상에 무서운 게 없는 것 같아도 소비자를 무서워합니다. 그래서 소비자의 불만 사항을 빨리 처리하려고 별의별 방법을 다 동원하는 거죠.

현대 사회를 살아가는 모든 사람은 다 소비자 아닙니까. 우리가 먹고살려면 소비자가 될 수밖에 없어요. 우리가 아무리 삼성

불매운동을 하고 남양유업 불매운동을 해도, 막상 가게에 가면 가장 싼 걸 사게 되죠. 그런데 이런 사람들이 르네상스적 제너럴리스트가 돼서 그 회사가 어떤 회사인지 다 알고, 내가 지금 하는 소비가 당장은 현명한 듯이 보이지만 내가 알고 있는 르네상스적 지식에 따르면 결국은 나한테 손해가 될 것이라는 점을 이해하게 된다면, 그때부터 그 자본은 망하는 겁니다. 남양유업 같은 경우가 그런 소비자들에 의해 타격을 받았죠. 인간의 망각 기능 덕분에 다시 살아나기는 했지만요. 아무튼 남양유업의 미래도 우리한테 달렸잖아요. 그런데 왜 소비자인 우리가 자본을 두려워하는지 모르겠어요. 아마도 소비자로서의 권리에 대한 자각이 부족하기 때문인 것 같아요. 내가 이 소비를 하면 나에게 이득인지 손해인지 그 메커니즘을 파악하지 못해서 자본에 휘둘리는 거지, 만약 다수의 소비자들이 그 메커니즘을 이해하게 된다면 자본은 순한 양처럼 우리 말에 복종하게 될 거예요. 어쩔 수 없죠. 마진율을 최소화하고 제대로 된 상품을 만들어야 할 테니 자본을 빼돌리지 못할 거예요. 우리가 다 지켜보고 있다면요. 제가 여러분에게 전해드릴 수 있는 유일한 희망은 바로 우리 모두가 소비자이며, 자본은 현명한 소비자를 가장 두려워한다는 것입니다.

끝까지 잘 들어주셔서 고맙습니다. 강연은 여기서 마치도록 하겠습니다. 모두 힘내시기 바랍니다. 감사합니다.

어쩌다 한국은

우리의 절망은 어떻게 만들어졌나

초판 1쇄 발행 2015년 12월 1일
초판 2쇄 발행 2015년 12월 30일

지은이 박성호
펴낸이 연준혁
편집인 김정희
책임편집 김경은
디자인 박진범

펴낸곳 로고폴리스
출판등록 2014년 11월 14일 제 2014-000213호
주소 (410-380)경기도 고양시 일산동구 정발산로 43-20 센트럴프라자 6층
전화 (031)936-4000 **팩스** (031)903-3895
홈페이지 www.logopolis.co.kr **전자우편** logopolis@naver.com
페이스북 www.facebook.com/logopolis123 **트위터** twitter.com/logopolis3

값 14,800원
ISBN 979-11-86499-21-4 03330

이 도서의 국립중앙도서관 출판시도서목록(CIP)은 서지정보유통지원시스템 홈페이지(http://seoji.nl.go.kr)와 국가자료공동목록시스템(http://www.nl.go.kr/kolisner)에서 이용하실 수 있습니다.
(CIP 제어번호 : CIP2015030090)